新经济研究丛书

中国高新技术
产业并购发展报告
（2019）

中关村大河并购重组研究院
王雪松　等　著

社会科学文献出版社
SOCIAL SCIENCES ACADEMIC PRESS (CHINA)

推荐序

并购是全世界高科技企业成长到一定阶段的必然选择。无论是谷歌 5000 万元收购安卓还是 Facebook 天价收购 WhatsApp，都清晰地体现了其战略，大的科技巨头都是经过数十次甚至上百次并购成长起来的。而国内的互联网巨头也都通过一系列的并购巩固自己的竞争地位。但高科技企业自身的行业特点决定其并购不同于其他行业。从并购的战略来看，因为技术竞争激烈，对创新要求高，很多收购往往是为了获取对方的技术，保持自身的创新能力，无论是在互联网行业还是在生物制药领域，我们都能看到很多大公司对技术创新型小公司的收购。消灭竞争对手，支付巨额保费购买生存险也是驱动很多高科技公司并购的原因。Facebook 对社交软件领域的收购即体现了这种思路。而补足业务短板、深挖护城河，以巩固市场地位则是更多高科技公司并购的出发点，无论是美团和大众点评的合并，还是亚马逊对全食有机超市的并购，都补齐了其自身业务短板，更好地建立起自己的核心竞争优势。

但高科技企业高度依赖人才，技术更新快，市场竞争激烈，整合往往面临更大的风险。收购完成后，若不能迅速完成很好的整合，往往会导致人才流失，收购意图无法实现。对于中国的高科技企业而言，并购市场发展并不十分成熟，很多企业的并购能力不足，经验也比较缺乏。资本市场对并购的理解和认知也处于一个逐步理性和成熟的过程，而并购又是一个实践的艺术，大量成功或失败的案例能让各方有一个理性的认知和理解，对于企业而言，也是在不断的实践和学习中才能逐步提升自己的并购和整合能力。在此背景下，雪松老师整理的《中国高新技术

产业并购发展报告（2019）》有着很强的现实指导意义，对于加深各方
对高科技企业并购的理解，提升企业自身并购重组的能力有很大的参考
价值。

晨壹投资创始人

刘晓丹

前　言

改革开放四十多年来，依托低成本竞争优势，中国经济实现了高速增长。随着劳动力成本上升和出口增速换挡，中国经济发展进入了以增长促发展的新常态，其本质是经济结构发生了根本性改变，增长动力从要素投入转换为创新驱动，高新技术产业取代劳动密集型产业成为宏观经济发展的新动能。未来，经济重心从传统化工业向高新技术产业和现代服务业升级转移是必然趋势。

经济转型期是并购重组的高发期。自经济增速换挡以来，国内产业整合进度加快，并购市场经历了高度繁荣和景气。2016 年，中国企业在世界范围内进行并购重组的规模达到历史最高的 3.9 万亿元，其中高新技术产业并购占比接近 50%。并购重组成为助推高新技术产业发展、助力中国经济转型升级的必要手段。

万里路常在，只是漫漫。在国内外多重因素的冲击下，2018 年并购重组市场增长放缓。一方面，受到全球资本市场避险情绪升温、我国资金面收紧、企业盈利能力下滑等多方面影响，2018 年末我国二级市场连续下跌，引发大范围质押爆仓风险；与此同时，前期并购风险暴露，商誉减值暴雷，加之定增、减持新规增加并购收益不确定性，国内上市公司并购活动锐减。另一方面，世界范围内贸易保护主义抬头，美国、欧洲等国家和地区加强外国投资审查，我国企业国际化并购遇阻。并购市场发展的停滞反过来对国内产业转型升级造成不小压力。

2019 年底，证监会对并购重组与再融资政策进行修订，为上市公司并购提供流动性支持，引导资金流向战略性新兴产业，并购重组市场回暖。我们相信，中国企业通过并购重组，加大研发投入、加快技术升级、提升行业集中度、出清落后产能、建立壁垒和"护城河"的高质量及可持续发展路线不会改变。

本书是中关村大河并购重组研究院跟踪研究中国高新技术产业并购重组市场变化的系列丛书的第二本。从市场、风险、创新集群、产业、案例和监管多个维度对中国高新技术产业并购进行深入系统的研究。本书详细整理了 2014 年至 2018 年高新技术产业并购领域的关键数据；以中关村为例，分析典型创新集群并购重组市场发展的特点及趋势，解读了资本对创新的促进作用；对人工智能、物联网等八大重要产业的发展、政策、产业链图谱、重大并购案例进行了深入剖析；在此基础上，回顾了 2018 年证监会上市公司并购重组审核委员会对高新技术产业并购的审核情况。

在本系列书籍研究撰写的 3 年时间里，我们以"咬定青山不放松，立根原在破岩中"的信念，坚持做着一些基础却非常重要的研究工作，在此过程中，要特别感谢给我们提供专业支持和帮助的专家学者、领导同事，希望本书能为读者刻画一幅高新技术产业并购的全景图。

王雪梅

目 录

市 场 篇

中国高新技术产业并购市场发展报告

摘　要：　中国企业在高新技术领域的并购正在从快速增长阶段进入
　　　　　"减速慢行"阶段。2014~2018年，中国高新技术领域并购
　　　　　整体呈波动变化趋势，并购金额从2014年的1760亿美元先
　　　　　增长至2015年的2555亿美元，再下降至2018年的1754亿美
　　　　　元。其中，2014~2017年，中国高新技术领域并购年均复合
　　　　　增速达到8.2%，是全市场并购增速的2.3倍，并且高新技术
　　　　　领域并购金额在全市场并购金额中的占比提高了近6个百分
　　　　　点，至47.4%。2018年受全球经济增长放缓、中美贸易摩擦
　　　　　升级以及资金面紧张等影响，高新技术领域并购进入"减速
　　　　　慢行"期，并购金额和宗数均出现下降。其中，并购金额较
　　　　　2017年同比降低21.2%，并购宗数较2017年同比降低
　　　　　3.9%。从并购地域看，我国高新技术领域并购仍然以境内并
　　　　　购为主，跨境并购占比呈明显上升趋势，由2014年的13%上
　　　　　升至2018年的18%，跨境并购区域开始呈现多元化趋势，以
　　　　　美国为首的并购目的地正在向欧洲和亚洲其他国家拓展。从

并购产业看，我国高新技术领域并购形成了以电子信息为主、生物与新医药为辅、其他高新技术产业并购均衡发展的格局。从并购资本市场来看，资本支持是并购成功的关键因素，境内上市公司是高新技术领域并购的主力军，现有并购以现金支付为主，多层次资本市场的完善将为高新技术产业并购的发展提供更有效的支撑，助力高新技术领域并购发展。

关键词： 并购阶段　并购特点　资本支持

2018 年全球经济格局动荡，多国央行货币政策紧缩、英国脱欧、中美贸易摩擦加剧、贸易"逆全球化"等一系列重要变化，均在不同程度上削弱了全球经济复苏的动能，加剧了全球金融市场的震荡。因此，2018 年是国内外经济形势发生深刻复杂变化的一年。

党的十九大指出，尽管世界大变局充满着风险与挑战，但我国发展仍处于并将长期处于重要战略机遇期。2018 年中央经济工作会议明确指出，我国要善于化危为机、转危为安，紧扣重要战略机遇新内涵，加快经济结构优化升级，提升科技创新能力，变压力为加快推动经济高质量发展的动力。因此，在当前世界政治经济格局重塑的大背景下，科技创新在新时代中国经济转型升级的过程中将扮演无可替代的角色，动力转换能否平稳衔接、持续到位，取决于产业结构优化的成效。而产业并购，能够帮助企业进行资源的共享、转移和整合，进而提高产业集中度、优化产业链、开发新技术和新产品、化解过剩产能和淘汰落后产能，最终实现产业结构的优化并推动经济转向高质量发展。

本报告立足并购市场，根据 2014～2018 年中国企业在高新技术领域发生的并购交易数据，从并购趋势、并购产业、并购地域以及资本市场四个维度进行统计分析，揭示我国高新技术领域并购近年来的发展特点，并着重分析2018 年全球动荡的经济格局对中国企业在高新技术领域并购产生的影响。

一 中国高新技术领域并购市场总体分析

随着中国经济进入新常态，并购成为促进高新技术行业整合、提升配置效率的重要途径。高新技术企业通过并购可以快速进入新领域，以较低的成本获得技术资源，提高并购双方研发能力和创新能力，缩短培养技术人才的时间，获得协同效应，提高并购方的盈利能力和核心竞争力，促进并购双方长远发展。因此，在2014年至2017年期间，中国高新技术领域并购的年均复合增速为8.16%，是全市场并购增速的2.3倍，并且在全市场并购金额中的占比提高了近6个百分点，至47.4%。高新技术领域的并购逐渐成为市场上不可忽视的重要组成部分。

但是进入2018年，伴随全球经济增速的进一步放缓及企业经营状况变差，企业并购变得保守和谨慎，全市场并购和高新技术领域并购均呈现明显的下降趋势。2018年全市场并购金额较2017年下降了18.9%，高新技术领域的并购金额较2017年下降了21.2%。相比2015年的并购高点，高新技术领域的并购金额大幅下降了31.3%，从2015年的2555亿美元下降至1754亿美元（见图1）。

此外，在2018年3月中美贸易摩擦不断升级以及贸易"逆全球化"的

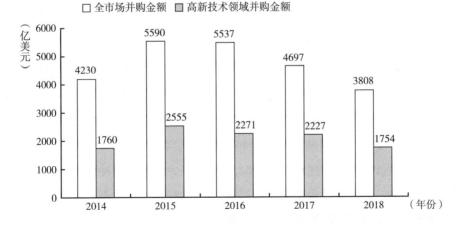

图1　2014～2018年中国高新技术领域与全市场并购金额对比

背景下，中国企业并购在 2018 年下半年进一步放缓。西方国家担忧丧失自身技术优势，为防止高端技术外流，加大了对外国企业跨境并购的审查力度，高新技术领域的并购更是在下半年大幅缩水。2018 年上半年高新技术领域并购金额较 2017 年上半年有小幅增加，2018 年下半年高新技术领域并购金额较 2017 年下半年缩减了 673 亿美元，降幅高达 45%（见图 2）。

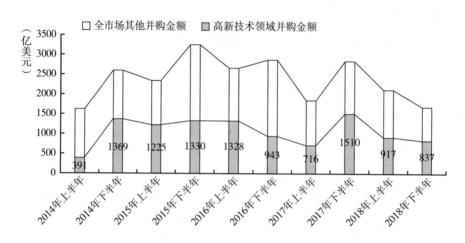

图 2　2014～2018 年中国高新技术领域与全市场半年度的并购金额对比

（一）高新技术领域并购特点

1. 高新技术产业并购的发展优于全市场，是我国优化经济结构的重要抓手

2014～2018 年，高新技术领域并购无论是并购金额增长率还是并购宗数增长率，总体优于全市场的增长。其中，2014 年高新技术领域并购发展最为迅猛，全年并购金额增速高达 178.4%，高于全市场并购金额增速约 87 个百分点；并购宗数增长率为 14.1%，高于全市场并购宗数增速 10 个百分点（见图 3）。

此外，高新技术领域并购金额市场占比与并购宗数市场占比在 2014～2018 年呈现波动态势并逐渐趋于稳定。5 年内，高新技术领域并购金额占比平均为 43.1%，并购宗数占比平均为 44.4%。2018 年高新技术领域并购宗数占比达到近五年的最高比例 45.2%，并购金额占比也高达 46.1%，两者均高于近五年的平均水平（见图 4），高新技术产业并购发展整体上优于全市场。

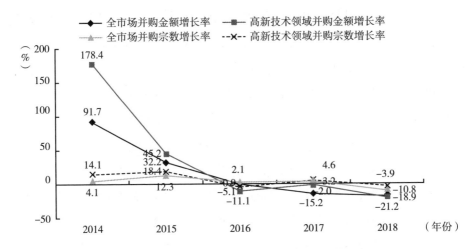

图3　2014～2018年高新技术领域与全市场并购金额/宗数增长率

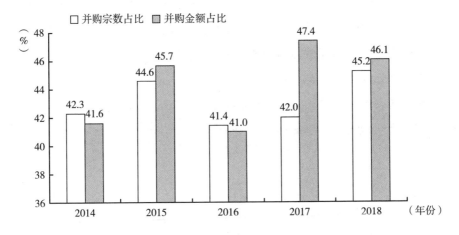

图4　2014～2018年高新技术领域并购金额/宗数占全市场比例

高新技术产业在经济发展中的作用日益重要，我国经济已经从粗放型发展模式转变为更加注重质量的高质量发展模式。2017年，我国高新技术产品出口占到我国对外出口总额的27.2%①，高新技术产业在我国的重要性日

① 刘钊宏：《改革开放40年中国经济发展及对全球的影响》，《价格月刊》2018年第11期，第68～72页。

益提升。产业转型升级的内生动力促使高新技术企业不断通过实施并购获取并整合新技术和新产品，为后续发展注入强劲动力。面向未来，中美贸易摩擦升级以及我国经济面临下行压力等因素均倒逼我国企业必须要有自主创新的意识，并加快增强自主创新的实力，通过高新技术领域的并购实现经济的转型升级，高新技术产业并购仍将是我国优化经济结构的重要手段。

2. 受资金面紧张的影响，高新技术领域并购进入"减速慢行期"

2014～2018 年，我国高新技术领域并购金额增速整体呈下降趋势。其中，2014～2015 年高新技术领域并购金额增速比 GDP 增速平均高出 104. 25个百分点，高新技术领域并购增长极为快速。但自 2016 年开始，我国企业高新技术领域并购增速低于 GDP 增速，且连续三年增长率为负数，我国高新技术领域并购进入"减速慢行期"。此外，从高新技术领域并购金额占GDP 的比例可知，2014～2015 年高新技术领域并购金额占 GDP 的比例在增加，但同样自 2016 年开始，高新技术领域并购金额占 GDP 的比例持续下降。2018 年，高新技术领域并购金额占 GDP 的比例为 1. 3%，较 2014 年下降 0. 4 个百分点（见图 5）。

从并购宗数看，我国高新技术领域并购自 2015 年达到高点后，在 2016

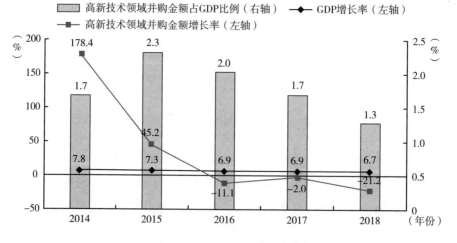

图 5　2014～2018 年中国 GDP 与高新技术领域并购金额增长率、
高新技术领域并购金额占 GDP 比例

年开始出现负增长，2016年并购宗数较2015年减少71宗，2018年并购宗数较2017年减少3.87%，至1340宗（见图6）。

图6　2014~2018年中国高新技术领域与全市场并购宗数对比

无论是从并购金额还是从并购宗数看，我国高新技术领域并购均呈现"减速慢行"的趋势，这主要是由于经济进入转型换挡期以及资金面收紧等宏观背景原因。第一，美国数次加息、中国数次上调人民币存款准备金率，全球货币政策处于紧缩状态，企业可支配的资金减少。第二，我国于2017年2月实施再融资新政，明确并购重组不得进行配套融资，对配套融资的用途也提出严格限制，配套融资难以用于补充流动性和偿还债务，同年资管新规征求意见稿发布，银行缩表，进一步加剧了市场资金面的紧张程度。第三，2015年、2016年的中央经济工作会议均明确提出，要把降低企业杠杆率作为重中之重，在去杠杆、降低负债水平的背景下，上市公司大股东频频出现股票质押爆仓的情况，加剧了上市公司在二级市场上融资的难度和短期偿债压力。第四，中美贸易摩擦升级，境外并购难度加大，上市公司并购活动随之减少。

3. 创新驱动传统产业向高新技术领域转型

传统产业长期以来都是我国经济的重要支撑力量，2009年传统产业的企业数量占到我国企业总数的2/3，创造了国内生产总值的87%和国家财政税收的 70%（2009 年）。但是传统产业毛利率非常低，最为典型的原材料、设备制造业两个行业，在 2005 年到 2017 年的 13 年间平均毛利率分别低于美股公司 12.17%、15.74%（见图 7）。因此，传统产业亟待转型升级。

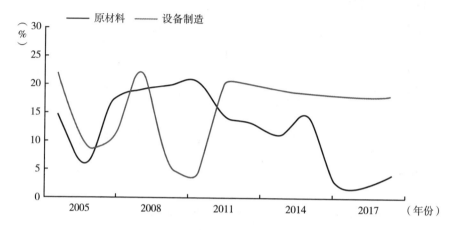

图 7 2005～2017 年传统行业美股公司毛利率与中国公司毛利率的差值

资料来源：兴业研究：《打破边界，传统产业的转型创新》，http：//vip. stock. finance. Sina. com. cn/q/go. php/v Report_ Show/kind/lastest/rptid/4368426/index. phtml。

创新驱动我国传统产业向高新技术产业转型升级，并购承担着帮助我国传统产业向高新技术产业转型的重要任务，同时，从高新技术产业的培育和发展途径看，在传统产业基础上"嫁接"或"裂变"，或者两种方式的融合是培育高新技术产业的重要途径①。2014～2017 年，中国企业由传统产业向高新技术产业转型的并购宗数增加 27%，并购金额增加 169%（见图 8）。

创新驱动传统产业向高新技术产业转型直接体现为我国相关产业增加值的大幅度提升。2016～2017 年，我国规模以上战略性新兴产业增加值同比增长率均超过 10%。其中，2017 年高技术产业增加值增长 13.4%，占规模

---

① 张银银、邓玲：《创新驱动传统产业向战略性新兴产业转型升级：机理与路径》，《经济体制改革》2013 年第 5 期，第 97～101 页。

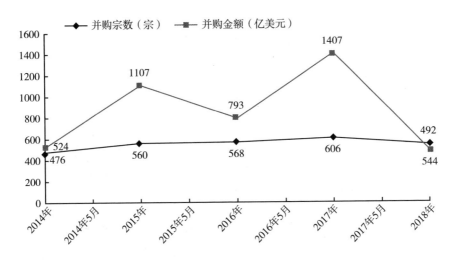

图 8　2014～2018 年中国企业由传统产业向高新技术产业转型的并购宗数与金额

以上工业增加值的比重为 12.7%[①]。步入 2018 年后，我国工业互联网、智能光伏产业发展三年行动计划出台，"智慧海洋"工程建设方案实施，同年上半年，我国新能源汽车、集成电路、工业机器人等高新技术代表产业的产量分别增长 68.6%、14.5%、21%。

4. 高新技术产业单笔并购金额回落

高新技术产业并购作为推动高新技术产业发展、"硬科技"落地的重要资本途径，开始逐渐转向重视质量与产业深度融合的新阶段。一方面，我国高新技术产业并购宗数近年来基本维持在 1300 宗左右；另一方面，并购金额增速逐年放缓。2014～2015 年，我国高新技术领域平均单笔并购金额从 1.5 亿美元提高至 2.2 亿美元（见图 9）。但随后高新技术产业进入整合和消化期，围绕"硬科技"技术突破、产业融合的并购更受企业青睐，高新技术产业并购重质量与产业融合的特征开始显现。中国证监会于 2016 年开始加强对并购重组的监管，盲目的跨界并购与"忽悠式""跟风式"并购受到重点遏制，违规信息披露与内部交易等行为也遭到严厉打击，并购重组在证监会的有效监

---

① 资料来源：《中华人民共和国 2017 年国民经济和社会发展统计公报》。

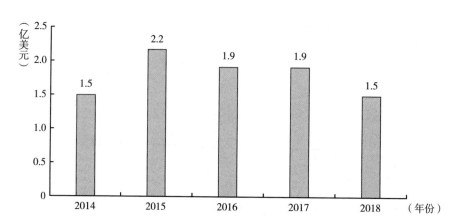

图9　2014～2018 年中国高新技术领域单笔并购金额情况

管下回归理性，大额并购重组明显减少。此外，国家发改委于 2016 年底在新的并购重组管理办法中，扩大了企业对外出资的监管范围，中国企业进行海外投资被纳入管理框架，超过 3 亿元的投资需要提前完成信息报备。在此背景下，2017 年，我国高新技术产业领域平均单笔并购金额为 1.9 亿美元，较 2015 年下降 0.3 亿美元。2018 年，平均单笔并购金额更是回落到 2014 年 1.5 亿美元的水平（见图 9）。

2018 年中国企业高新技术领域前二十大并购重组交易见表 1。

表1　2018 年中国高新技术领域并购重组金额前二十大交易

公告日期	并购重组事件	标的方所在行业	是否跨境并购	交易金额（亿美元）
2018.2	阿里巴巴收购蚂蚁金服 33% 的股权	电子信息—金融科技	否	198.0
2018.4	阿里巴巴联合蚂蚁金服收购饿了么 77% 的股权，收购后饿了么成为阿里巴巴全资子公司	互联网—外卖订餐	否	74.2
2018.10	云南白药通过向控股股东白药控股的三家股东云南省国资委、新华都及江苏鱼跃发行股份的方式，实现对白药控股 100% 股权收购	生物医药	否	73.2
2018.10	汉能移动能源控股对汉能薄膜发电的其他持股 26% 的投资人发出私有化要约收购	电子信息—半导体	否	70.0

续表

公告日期	并购重组事件	标的方所在行业	是否跨境并购	交易金额（亿美元）
2018.1	前锋股份收购北汽新能源100%股份	先进制造与自动化	否	62.9
2018.11	上海莱士收购Grifols, S. A（基立福）子公司Grifols Diagnostic Solutions Inc 的100%股权	生物医药—医药器械	是	50.0
2018.8	阿里巴巴旗下饿了么与口碑合并	电子信息—软件行业	否	49.6
2018.11	巨人网络与鼎晖、弘毅投资、宥盛资产以及其他投资人组成财团，共同对Alpha Frontier Limited 进行增资，并以其为主体收购以色列游戏公司Playtika Holding Corp 100%权益	电子信息—互联网游戏	是	44.1
2018.9	世纪华通收购盛跃网络100%股权	电子信息—互联网游戏	否	43.4
2018.8	包括德福资本、中银集团等在内的财团收购泰邦生物集团98%的股份	生物医药	否	39.6
2018.4	美团点评收购摩拜单车100%股权	互联网—共享经济	否	37.0
2018.10	闻泰科技收购荷兰芯片制造商安世半导体（Nexperia）65%的股份	电子信息—半导体	是	33.3
2018.7	清华紫光收购法国芯片制造商Linxens的100%股权	电子信息—零部件—芯片	是	25.7
2018.8	上海韦尔收购美国豪威96.08%的股份	电子信息—半导体	是	21.3
2018.3	阿里巴巴向总部位于新加坡的Lazada集团追加注资20亿美元	电子信息—互联网购物	是	20.0
2018.1	中国生物制药有限公司收购北京泰德制药24%的股份	生物医药	否	19.1
2018.4	TPG、凯雷投资集团领投，泰康保险、农银国际等投资持有百度分拆的百度金融服务事业群组58%的股份	电子信息—金融科技	否	19.0
2018.3	闻泰科技收购荷兰芯片制造商安世半导体（Nexperia）34%的股份	电子信息—半导体	是	18.1
2018.1	国家集成电路基金和上海集成电路基金通过增资分别持有中芯南方27.04%和22.86%的股权	电子信息—半导体	否	17.5
2018.4	携程收购一嗨租车86%的股权	先进制造与自动化—租车	否	14.9

二 中国高新技术领域跨境并购市场分析

近年来，我国高新技术领域的跨境并购渐次兴起，企业在全球范围进行资源配置的需求强烈。2014～2018年，我国企业高新技术领域跨境并购规模不断扩大，在整个高新技术领域并购金额中的占比上升迅速，从2014年的13%增加至2018年的18%。但受宏观政策影响，我国高新技术领域跨境并购整体上波动较大，呈现先增长后下降、整体实现增长的趋势。

我国高新技术领域并购当前仍然以境内并购为主，并购区域长期以美国为首，但在2018年美国CFIUS审核新规落地和中美贸易摩擦的负面影响下，中国企业海外并购意愿开始从美国逐渐转移到欧洲、亚洲的其他国家，并购区域日趋多元化。

（一）高新技术领域跨境并购市场特点

1.高新技术领域跨境并购受海外政策影响，增长趋缓

我国高新技术领域跨境并购整体上呈现增长趋缓的趋势。从跨境并购规模看，2016年我国企业跨境并购规模实现爆发式增长，跨境并购金额从2014年的232亿美元增长至2016年的1082亿美元，增长3.7倍，跨境并购规模在2016年更是与境内并购规模的差距缩小至约107亿美元，两者占高新技术领域并购总规模比例分别为48%和52%，创造出历史最小差值。随后，我国企业高新技术领域跨境并购规模出现严重下滑，2017年较2016年同比下降73.4%。2018年跨境并购规模虽然较2017年上升了11.8%，但仍然只有322亿美元，不足2016年的30%（见图10）。

从跨境并购宗数看，我国企业高新技术领域跨境并购在2016年达到巅峰的217宗，2017年、2018年则连续两年下降。2018年更是较2017年同比下降近30%，表明我国高新技术领域跨境并购在经历2016年的爆发式增长后呈现趋缓态势（见图11）。

我国高新技术领域跨境并购整体上增长趋缓的主要原因有以下几点。第

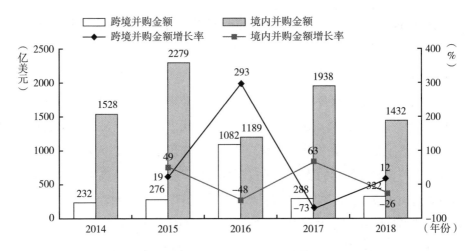

图10　2014～2018年中国高新技术领域境内外并购金额趋势

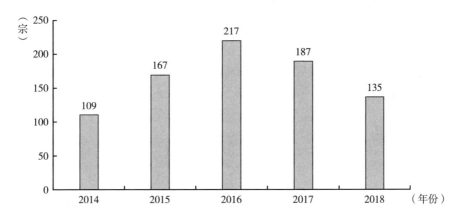

图11　2014～2018年中国高新技术领域跨境并购宗数趋势

一，跨境并购面临的国际监管政策收紧。我国企业在世界范围内大规模进行并购，不断获取发达国家标的企业的先进技术、研发团队和管理经验，助力我国在高新技术领域逐渐取得全球领先地位，引起了西方国家对丧失自身技术优势的担忧。因此，为防止高端技术外流，各国对跨境并购的监管政策不断收紧。根据联合国对各国投资法规的调查，2018年各国政府采取的投资规定中有30%是收紧规定，这是自2010年以来的最高比例。第二，汇率宽幅波动下，规范跨境资金流出。2016年以来，我国人民币汇率经历了宽幅波动，跨境并购增加导致的资本流出在很大程度上给国内汇率带来较大压力。为稳定人民币汇率，进一步引导资金有序流动，2017 年以来，中国人民银行、外汇管理局持续规范跨境资金流动，加强了对跨境并购的限制与审查力度。企业跨境并购面临的资金环境呈现显著变化，非理性、追概念及追热点式的跨境并购交易明显减少。第三，伴随我国科技实力增强与产业升级，我国在云计算、人工智能等新兴领域具备了与世界领先国家竞争的实力，高新技术企业对于跨境并购的标的质量与科技含量提出了更高要求，高新技术领域跨境并购迈向重质量发展阶段，"盲目型""跟风型"跨境并购减少。

2.高新技术领域跨境并购规模占比提升，但仍以境内并购为主

我国企业高新技术领域跨境并购从长期看呈现增长趋势。2014～2018年，中国企业高新技术领域跨境并购金额从 232 亿美元增加至 322 亿美元，跨境并购宗数从 109 宗增加至 135 宗，跨境并购规模占比也从 13% 增加至18%，高新技术领域跨境并购整体呈扩张趋势。但近五年来，我国高新技术领域境内并购规模约为跨境并购规模的 5 倍，我国高新技术领域仍然以境内并购为主（见图 12）。

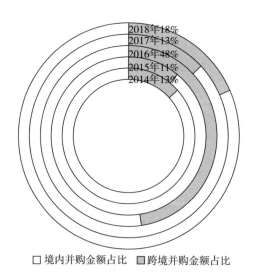

□ 境内并购金额占比　▨ 跨境并购金额占比

图 12　2014～2018 年中国高新技术领域境内外并购金额占比

3. 高新技术领域跨境并购头部效应明显

2014～2018 年，除 2017 年以外，中国企业高新技术领域前十大跨境并购的交易金额占全年跨境并购交易金额的比例增加，且均在 70% 以上（见图 13）。中国企业高新技术领域跨境并购头部效应明显，例如，上海莱士血液制品股份有限公司为加强全产业链血液制造能力和血浆销售能力，以近400 亿元人民币巨资收购天诚德国和西班牙 GDS100% 股权，成为 2018 年全市场并购金额第一大交易，同时也成为中国历史上最大的医药并购交易，该项跨境并购交易占 2018 年全年跨境并购交易规模的比例高达五分之一；为提升在全球游戏市场上的竞争力和市场份额，巨人网络斥资 305 亿元人民币收购以色列人工智能公司 Playtika100% 股权；闻泰科技以 339 亿元人民币收购安世半导体，以实现资源的互相转换和产业链的深度整合，成为中国半导体史上最大的跨境并购；等等。

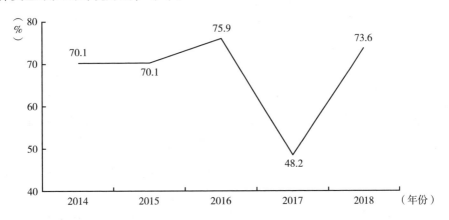

图 13　2014～2018 年中国企业高新技术领域前十大跨境并购金额合计占比

4. 高新技术领域跨境并购平均单笔交易金额高于境内并购

2014～2018 年，中国高新技术领域跨境并购单笔金额从 2.1 亿美元增加至 2.4 亿美元，而境内并购单笔金额却从 1.4 亿美元下降至 1.2 亿美元。此外，从近五年高新技术领域并购的平均单笔金额来看，跨境并购高达 2.5 亿美元，境内并购仅为 1.4 亿美元，跨境并购约为境内并购的 2 倍（见图14）。整体上，高新技术领域跨境并购平均单笔金额远高于境内并购。

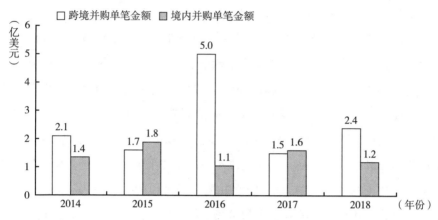

图14　2014～2018年中国企业高新技术领域境内外并购单笔金额

大规模的跨境并购交易助力我国企业在全球范围内进行资源的有效配置，并获得高新技术产业技术的关键突破，结构调整成效显著。在云计算、人工智能、大数据等新兴技术领域，我国已经成为最具国际竞争力的国家之一。

5. 高新技术领域跨境并购区域日趋多元

2014～2018年，美国保持着中国企业海外高新技术领域跨境并购第一大目的地的地位。其中，2016年是中国企业跨境并购的高峰，赴美并购规模在同年达到巅峰，是赴欧洲并购规模的2.66倍、赴亚洲其他国家和地区并购规模的1.64倍。但整体上中国企业赴美并购金额从2014年的89亿美元，下降到2018年的88亿美元。而欧洲作为中国企业第二大海外高新技术领域并购目的地，在四年的时间里并购金额从53亿美元上升至78亿美元，年复合增速接近10%。在以日本、韩国、新加坡为主的亚洲其他地区，中资企业高新技术领域跨境并购的金额也出现1倍多的增长（见图15）。中国企业高新技术领域跨境并购区域日趋多元，以美国为首的并购目的地正在向欧洲和亚洲其他地区拓展。

6. 高新技术领域跨境并购完成率全面降低

2018年中国企业赴海外并购高新技术企业的完成率出现不同程度的下降，其中赴欧洲并购完成率下降了25.9个百分点至51.5%；赴美国并购完成率下降了19.1个百分点至47.6%，且首次低于50%；赴亚洲并购完成率

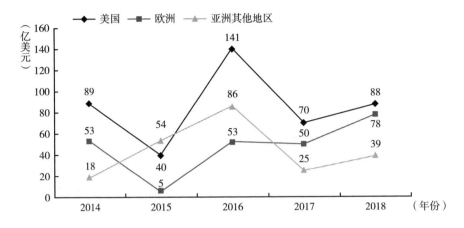

图 15　2014～2018 年中国企业高新技术领域跨境并购主要区域并购金额

也下降了 0.1 个百分点至 63.7%，但仍为跨境并购完成率最高的地区（见图 16）。我国高新技术领域跨境并购完成率近两年出现下降的主要原因之一在于海外监管政策趋严趋紧，并购难度不断加大。如 2018 年开始生效的 CFIUS 审核新规《外国投资风险评估现代化法案》，不仅进一步扩大了 CFIUS 的审查范围，还增加了对特定领域投资的强制性申报以及"特别关注国"名单。而我国位于这份名单的榜首，特定领域也明确指向高新技术领域。在此强监管下，中国企业并购高新技术领域跨境并购完成率出现大幅下降。

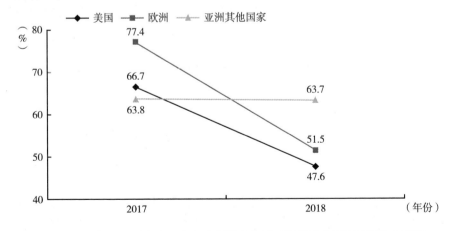

图 16　2017 年、2018 年中国企业高新技术领域跨境并购主要区域并购完成率

7. 中国高新技术领域"一带一路"沿线国家跨境并购放缓

伴随着 2014 年丝路基金设立、2015 年亚洲基础设施投资银行签约等一系列政策的落地实施，"一带一路"建设逐步从理念转化为行动。中国企业与"一带一路"沿线国家的并购交易日益活跃，2014～2017 年共发生并购交易额 437 亿美元，占跨境并购累计总额的 23.3%。但 2018 年我国高新技术领域"一带一路"沿线国家跨境并购规模只有 72.6 亿美元，约为 2017 年的三分之一（见图 17）。

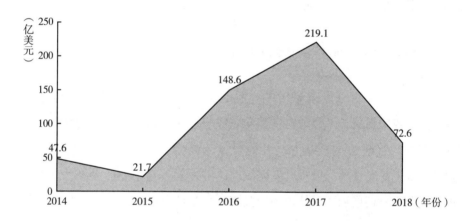

图 17 2014～2018 年中国高新技术领域对"一带一路"沿线国家跨境并购金额

2018 年，中国企业对"一带一路"沿线国家和地区高新技术领域的并购规模较 2017 年同比下降 66.9%；在前十大高新技术领域跨境并购国家和地区中，"一带一路"沿线国家和地区数量从 4 个下降至 2 个，并购金额占比也从 2017 年的 38.5% 下降至 2018 年的 22.2%（见表 2）。

表 2 2017 年、2018 年中国高新技术领域跨境并购金额 TOP10

单位：亿美元

2017 年		2018 年	
跨境并购目的地	跨境并购金额	跨境并购目的地	跨境并购金额
美　　国	93.9	美　　国	87.8
新　加　坡*	43.3	荷　　兰	51.4

续表

2017 年		2018 年	
跨境并购目的地	跨境并购金额	跨境并购目的地	跨境并购金额
印　　度*	27.5	以 色 列*	44.2
印度尼西亚*	24.4	法　　国	28.8
德　　国	23.9	德　　国	26.6
塞浦路斯*	23.3	新 加 坡*	22.4
日　　本	22.9	澳大利亚	12.8
巴　　西	21.7	英　　国	10.2
秘　　鲁	13.9	中国香港	9.5
比 利 时	13.3	韩　　国	6.1
"一带一路"沿线占比	38.5%	"一带一路"沿线占比	22.2%

注：*代表"一带一路"沿线国家。

（二）2018年中国企业高新技术领域跨境并购重组前十大案例

2018 年中国企业高新技术领域跨境并购重组前十大案例情况见表3。

表3　2018 年中国企业高新技术领域跨境并购重组金额前十大案例

公告日期	并购重组事件	标的方所在行业	交易国别	交易金额（亿美元）
2018.11	上海莱士血液制品股份有限公司收购西班牙 Grifols, S. A. 公司全资子公司 Grifols Diagnostic Solutions Inc. 100% 股份	生物与医药	美国	50.0
2018.11	巨人网络与鼎晖、弘毅投资、宥盛资产以及其他投资人组成财团，共同对 Alpha Frontier Limited 进行增资，并以其为主体收购以色列游戏公司 Playtika Holding Corp 100% 权益	电子信息—互联网游戏	以色列	44.1
2018.10	闻泰科技收购荷兰芯片制造商安世半导体（Nexperia）65% 的股份	电子信息—半导体	新西兰	33.3
2018.6	清华紫光收购法国芯片制造商 Linxens 的 100% 股权	电子信息—零部件—芯片	法国	25.7
2018.8	上海韦尔收购美国豪威96.08% 的股份	电子信息—半导体	美国	21.3
2018.3	阿里巴巴向总部位于新加坡的 Lazada 集团追加注资20 亿美元	电子信息—互联网购物	新加坡	20.0

公告日期	并购重组事件	标的方所在行业	交易国别	交易金额（亿美元）
2018.3	闻泰科技收购荷兰芯片制造商安世半导体（Nexperia）34%的股份	电子信息—半导体	新西兰	18.1
2018.11	莱士中国有限公司与科瑞天诚投资控股有限公司共同收购德国 Biotest AG 90.96%股权	生物与新医药	德国	9.3
2018.7	恒大集团收购香港时颖公司100%股份，间接获得 Faraday & Future Inc 45%的股权	先进制造与自动化—新能源汽车	美国	8.6

三 中国高新技术领域并购产业分析

高新技术产业以科技创新为主，在新一轮科技与产业革命蓄势待发的背景下，高新技术产业发展对我国传统产业转型、加快优化经济结构有着重大意义。我国的高新技术产业尽管起步较晚，但是在国家战略的指导和政策扶持下，产业发展非常迅速。2014～2018年期间，我国的人工智能与大数据、量子通信、深空探测等新兴高新技术产业已经走在世界前列，生物与新医药、高端装备制造等领域的高新技术企业也迈入国际市场的领先阵营，航天装备、核电设备等领域也取得阶段性突破。

我国高新技术产业的蓬勃发展离不开并购助力，高新技术企业在技术领先领域通过横向、纵向并购，整合产业链上下游并享受规模经济的红利；在技术落后领域则利用资金优势广泛开展跨境并购，外购专利和技术实现产业跨越式升级，不断增强技术实力和国际化竞争力。为顺应世界范围内产业升级的趋势，中国高新技术产业的并购热点也逐渐由制造业向电子信息业、生物医药业等具有高技术性质的行业转移，诞生了一批具有较强国际竞争力的高新技术领军企业。

（一）高新技术领域并购产业发展特点

2014～2018年，中国高新技术领域不断通过并购重组实现产业整合与转型升级，产业并购热点在五年间出现较大变化。并购热门领域由 2014 年的先进制造与自动化产业，转变为以电子信息为主、生物与新医药为辅以及其他高新技术产业并购均衡发展的局面（见图 18）。

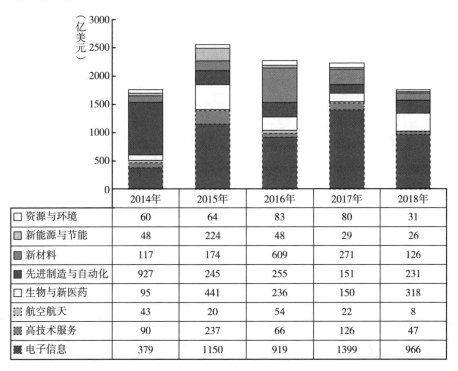

（亿美元）	2014年	2015年	2016年	2017年	2018年
□ 资源与环境	60	64	83	80	31
▨ 新能源与节能	48	224	48	29	26
▨ 新材料	117	174	609	271	126
■ 先进制造与自动化	927	245	255	151	231
□ 生物与新医药	95	441	236	150	318
▨ 航空航天	43	20	54	22	8
▨ 高技术服务	90	237	66	126	47
▨ 电子信息	379	1150	919	1399	966

图 18　2014～2018 年中国高新技术领域并购金额产业分布

从并购金额占比看，2014～2018 年，高新技术领域并购占比均值最高的为电子信息产业，其并购金额占比高达 46%；排在第二梯队的产业为生物与新医药、先进制造与自动化、新材料，这三个产业近五年的平均并购金额占比分别为 12%、17%、12%；排在第三梯队的产业为高技术服务、航空航天、新能源与节能、资源与环境，其平均金额占比均未超过 5%，其中占比最低的为航空航天产业，近五年并购金额的平均占比只有 1%（见图 19）。

从并购增速看，生物与新医药产业在我国本轮高新技术产业并购浪潮中

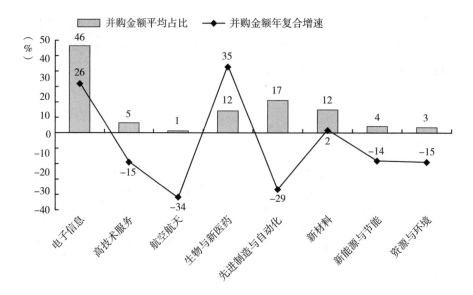

图19 2014～2018年中国高新技术领域各产业并购金额平均占比与年复合增速

发展最为突出。2014～2018年，我国高新技术领域并购金额年复合增速最快的产业为生物与新医药产业、电子信息产业。其中，电子信息产业发展稳定，近五年的年复合增速高达26%；生物与新医药产业通过并购实现快速发展，并购金额年复合增速高达35%，是高新技术领域并购规模增长最快的产业。

1. 电子信息是高新技术领域的领军产业，产业并购持续活跃

2014～2018年，电子信息产业逐渐发展成为我国高新技术领域并购的领军产业，年并购金额在整个高新技术领域并购金额中的占比分别为22%、45%、40%、63%、55%，提高了约1.5倍。2017年电子信息产业并购达到顶峰，金额高达1399亿美元。2018年受宏观环境和全球经济形势的影响，电子信息产业并购金额和宗数均有不同程度的回落，并购金额下降至千亿美元以下，为966亿美元；并购金额占比也下降了8个百分点至55%。

电子信息产业属于技术密集、资本密集、人才密集型产业，需要借助并购重组保持产业领先性，推动行业发展。目前电子信息产业正处于结构性调整和技术升级换挡的关键时期。一方面，传统的消费电子市场如手机、计算

机在保持规模优势的同时，迫切需要通过内生发展或者外延并购获得创新势能。另一方面，5G、人工智能、超高清视频等前沿技术研发和商用速度不断加快，产品逐渐走向高端化与智能化，智能手机、智能电视机等行业渗透率已超过80%，电子信息产业企业需要借助并购不断丰富产品线、提升客户满意度，并购始终是电子信息产业企业提升核心竞争力、深化产业链布局的重要途径。2018年韦尔股份收购北京豪威，豪威主营业务是CMOS图像传感器的研发与销售，韦尔和豪威的主要客户都集中在移动通信、平板电脑、汽车电子等领域，终端客户重合度高，此次并购交易不仅可以带动公司半导体整体技术水平的提升，还可以给公司带来智能手机、安防、汽车等领域的客户资源，最终助力公司实现协同创新和产业融合。

面向未来，电子信息产业仍然是各国抢占的战略制高点，云计算、大数据、物联网、5G、人工智能等新一代信息技术正在快速演进，并引发电子信息产业新一轮变革，电子信息产业将成为并长期成为我国实现信息强国的关键力量之一，电子信息产业并购将持续活跃。

2018年高新技术领域电子信息产业并购重组前十大交易见表4。

表4 2018年高新技术领域电子信息产业并购重组前十大交易情况

公告日期	并购重组事件	标的方所在行业	是否跨境并购	交易金额（亿美元）
2018.2	阿里巴巴收购蚂蚁金服33%股份	电子信息	否	198.0
2018.4	阿里巴巴收购饿了么77%股份	电子信息	否	74.18
2018.10	汉能集团收购汉能膜发电26%股份	电子信息	否	70.00
2018.8	阿里巴巴收购口碑网62%股份	电子信息	否	49.60
2018.11	巨人网络收购Playtika	电子信息	是	44.09
2018.9	世纪华通收购盛跃网络，盛大游戏注入上市资产	电子信息	否	43.39
2018.4	美团点评收购摩拜单车	电子信息	否	37.00
2018.10	闻泰科技收购Nexperia 65%股份	电子信息	是	33.34
2018.7	清华紫光收购Linxens	电子信息	是	25.72
2018.8	上海韦尔半导体收购OmniVision 96%股权	电子信息	是	21.27

2. 先进制造与自动化并购助力传统制造业转型升级与跨越式发展

2014 年我国先进制造与自动化产业并购在高新技术领域的表现最为突出，并购金额占比超过一半，达到历史最高峰。2015 年我国高新技术领域并购全面爆发，伴随其他产业并购的崛起，先进制造与自动化产业并购占比下降到 10% 的正常水平，2018 年我国先进制造与自动化并购迎来一小波高潮，并购金额较 2017 年增加 53% 至 231 亿美元。

我国制造业在并购的助推下，转型升级卓有成效。制造业增加值占全球比重上升到 25%，较十年前提高了 10 个百分点以上。但是我国距离制造强国还有一段距离，当前我国半导体设备和 3C① 自动化设备等制造业仍然处于进口替代的初期，加大国产化比例迫在眉睫，市场替代空间很大，因此需要借助并购不断提升核心技术实力。此外，在工业 4.0 的时代背景下，我国服装、家电、仪表等传统制造业面临的转型升级极为迫切，需要不断围绕产业链上下游展开智能制造并购，以加强关键技术实力，顺应时代发展，如杰克股份收购意大利 VBM 公司，后者是服装自动化设备全球领先企业，拥有高端自动化服装设备生产的先进技术，而杰克股份是中国缝纫机销量全球第一的公司，该收购有助于公司由传统的"缝制设备制造商"向"智能制造成套解决方案服务商"转型升级。

制造业是国家经济的血液，对国民经济的发展至关重要。自改革开放以来，我国制造业已经发展到"由大变强"的历史新起点，未来我国还需要通过并购持续助力制造业转型升级和跨越式发展，先进制造与自动化并购的活力将源源不断。

2018 年高新技术领域先进制造与自动化产业并购重组前十大交易见表 5。

---

① 3C 认证实际上是英文名称 "China Compulsory Certification"（中国强制性产品认证制度）的英文缩写，也是国家对强制性产品认证使用的统一标志。主要包括电线电缆、低压电器、信息技术设备、安全玻璃、消防产品、机动车辆轮胎、乳胶制品等。

表5　2018年高新技术领域先进制造与自动化产业并购重组前十大交易情况

公告日期	并购重组事件	标的方所在行业	是否跨境并购	交易金额（亿美元）
2018.1	成都前锋通过资产置换和发股的方式收购北汽新能源100%股权，北汽新能源得以成功借壳成都前锋	新能源汽车制造	否	62.9
2018.4	Ocean Link与携程联合体收购一嗨租车86%股份，收购后100%控股	汽车租赁	否	14.9
2018.1	霸菱亚洲投资有限公司及其相关联的财团收购一嗨租车90%股份，收购后100%控股	汽车租赁	否	14.1
2018.6	恒大健康产业集团有限公司收购香港时颖公司100%股份，间接获得Smart King公司全资子公司Faraday & Future 45%股权	新能源汽车制造	否	8.6
2018.4	深圳前梧桐并购基金收购上海游侠汽车有限公司41%股份	智能电动汽车制造	否	8.0
2018.11	宁波继峰汽车零部件有限公司收购德国格拉默（Grammer）59%股权	汽车零部件	是	7.0
2018.3	双星集团收购韩国锦湖轮胎（Kumho tire）45%股权	汽车零部件	是	6.7
2018.11	上海一汽股份有限公司收购天津一汽丰田有限公司15%股权	汽车制造	否	4.2
2018.3	孤星基金收购中澳煤层气能源公司100%股权	油气勘探开发	否	4.0

3. 布局蓝海领域，新能源与节能产业并购潜力巨大

2014～2018年，能源结构性调整使新能源与节能产业成为众多新兴企业聚焦的产业。在国家政策扶持下，风电、水电、光伏等子行业迅速扩张，年并购金额在2015年达到顶峰，为224亿美元。此后由于新能源补贴政策趋严、产业内部分化淘汰及竞争加剧等因素，2016年新能源与节能产业的并购金额回到2014年48亿美元的水平。2018年，新能源与环保产业并购

热度继续降低，并购金额下降到 26 亿美元，在高新技术领域并购总金额中的占比为 1.5%。

新能源与节能产业因高科技、高效能、可持续发展的特点，成为推动我国能源转型发展的重要力量。我国新能源领域在近年来已形成具有较强国际竞争力的完整产业链，但目前新能源正处于由补充能源上升为替代能源乃至主导能源的过渡期，前期的快速发展滋生了产能过剩等问题，新能源与节能产业需要通过并购重组快速获取先进技术和有效开发替代能源，最终平稳过渡到主导能源阶段。例如，2018 年华润电力收购英国海上风电场 Dudgeon，则是看中了 Dudgeon 作为全球第六大海上风电场的市场渠道和先进风电技术。华润电力作为传统的火电巨头，可借助此项目切入英国市场，并加强自身在风电领域的核心技术，扩大整体的产业布局。

立足全球能源变革发展趋势和我国产业绿色转型发展要求，着眼全球生态文明建设和应对气候变化的目标，新能源与节能产业将成为我国绿色低碳产业的支柱。处于成长期并向成熟期过渡的新能源与节能产业，需要通过产业结构重组实现健康发展。在此背景下，新能源与节能产业还将爆发出巨大的发展空间和市场增量，产业并购潜力巨大。

2018 年高新技术领域新能源与节能产业并购重组前十大交易见表 6。

表 6　2018 年高新技术领域新能源与节能产业并购重组前十大交易情况

公告日期	并购重组事件	标的方所在行业	是否跨境并购	交易金额（亿美元）
2018.10	华宝信托、农银金融收购怀化沅江电力开发有限责任公司41.18%股份	新能源与节能	否	4.32
2018.7	太盟亚洲资本二期收购上海宝钢气体有限公司51%股份	新能源与节能	否	2.93
2018.5	上海大众公用事业（集团）股份有限公司收购江阴天力燃气有限公司37.23%股份	新能源与节能	否	2.52
2018.8	工银金融、农银金融收购国家电投集团广西长洲水电开发有限公司35.07%股份	新能源与节能	否	2.16

公告日期	并购重组事件	标的方所在行业	是否跨境并购	交易金额（亿美元）
2018.12	杭州中泰深冷技术股份有限公司收购山东中邑燃气有限公司	新能源与节能	否	2.11
2018.7	百川能源股份有限公司收购阜阳国祯燃气有限公司	新能源与节能	否	1.98
2018.11	山东圣阳电源股份有限公司收购中民新能宁夏同心有限公司	新能源与节能	否	1.77
2018.9	北京顶信瑞通科技发展有限公司收购四川大通燃气开发股份有限公司 29.64% 股份	新能源与节能	否	1.45
2018.4	广西桂冠电力股份有限公司收购大唐集团广西聚源电力有限公司 66.49% 股份	新能源与节能	否	1.37
2018.8	中国燃气控股有限公司收购山东石油天然气股份有限公司 41% 股份	新能源与节能	否	1.17

4. 技术与产业的融合需求持续推动高技术服务产业并购的发展

我国高技术服务业作为现代服务业的重要内容和高端环节，伴随智能化发展及各行业对高技术服务日益增长的需求而迈入蓬勃发展阶段。但我国高技术服务业尚处于发展初期，存在创新能力不足、高端人才短缺等问题，因此近年来高技术服务企业不断通过并购的方式推动高技术服务业的快速健康发展，高技术服务产业并购随之壮大。2015 年高技术服务产业并购达到顶峰，金额为 237 亿美元，接近 2014 年的 3 倍，虽然 2016～2017 年交易金额有所回落，但 2017 年仍然是 2014 年的 1.4 倍。2018 年受国内外复杂经济形势的影响，高技术服务并购金额下降到 47 亿美元，在高新技术领域并购中的占比约为 3%。

高技术服务行业是以技术为基础的智力密集型行业，对于推动传统产业转型发展、催生新型消费、变革社会生产方式等均有重要意义。伴随云计算、大数据、移动互联网、物联网、区块链等新兴领域的发展，高新技术服务业所需的关键技术，如软件与信息技术、电商技术等都得到进一步加强，并且高技术服务业还将借助外延并购实现"技术与产业"的有效融合，进而推动行业发展。例如，2018 年互联网巨头腾讯和吉利联合收购中国铁路总公司旗下动车网络科技有限公司（以下简称动车科技），即是为了通过并购实现"产业＋服务"的进一步融合。动车科技的主要业务是为中国高铁乘客提供无线宽带服务，腾讯和吉利收购后，将有望借助动车科技的网络业务布局和技术优势，有效切入高铁 Wi‑Fi 市场，与其原有的 5G 智慧协同网络专利技术实现整合优化，落实轨道交通领域"大数据＋互联网"的战略构想，最终实现技术与产业服务的有效叠加。

未来，5G、大数据、区块链等关键技术的商用进程将持续加速，叠加国家"十三五"规划及制造强国战略，高技术服务产业并购在促进技术与产业融合中的角色将会愈发突出，高技术服务产业并购市场前景广阔。

2018 年高新技术领域高技术服务产业并购重组前十大交易见表7。

表7　2018 年高新技术领域高技术服务产业并购重组前十大交易情况

公告日期	并购重组事件	标的方所在行业	是否跨境并购	交易金额（亿美元）
2018.4	腾讯控股有限公司收购动车网络科技有限公司49%股份	高技术服务	否	6.84
2018.5	北京梅泰诺通信技术股份有限公司收购浙江华坤道威数据科技有限公司	高技术服务	否	4.69
2018.8	兰州三毛实业股份有限公司收购甘肃工程咨询集团有限公司	高技术服务	否	3.23
2018.7	云南旅游股份有限公司收购深圳华侨城文化旅游科技股份有限公司	高技术服务	否	2.96
2018.1	北京光环新网科技股份有限公司收购北京科信盛彩云计算有限公司85%股份	高技术服务	否	1.95
2018.9	国机汽车股份有限公司收购中国汽车工业工程有限公司41.69%股份	高技术服务	否	1.90
2018.2	中信资本控股有限公司、财新传媒有限公司收购 Euromoney Institutional Investor plc（Global Marketing Intelligence Division）	高技术服务	是	1.81
2018.7	立昂技术股份有限公司收购杭州沃驰科技股份有限公司	高技术服务	否	1.76
2018.4	苏美达股份有限公司收购机械工业第六设计研究院有限公司	高技术服务	否	1.58
2018.1	万方城镇投资发展股份有限公司收购北京贵士信息科技有限公司	高技术服务	否	1.55

5. 生态建设叠加供给侧改革，新材料并购需求上升

2014～2018年，新材料作为我国七大战略新兴产业之一，并购金额长期维持在100亿美元左右。2016年新材料产业并购达到历史最高的609亿美元，占高新技术领域并购总金额的比例超过四分之一，高达27%。随后受下游行业供需波动的影响，新材料产业并购金额出现一定幅度的回落，2018年并购金额下降至126亿美元，但较2014年仍然提高了8%。

新材料行业是我国整个制造业转型升级的基础，在国家环保政策和下游市场转型的双重驱动下，锂电材料、半导体材料和石墨烯材料等细分领域保持了快速的增长趋势[①]，但我国新材料高端产品仍然缺乏国际竞争力，新材料企业需要通过跨境并购引入先进技术从而实现进口替代、竞争力提高。新材料龙头企业借助并购实现了资源整合，并推进了产业上下游的协同，有效帮助龙头企业提升自身实力。例如，2018年楚江新材10.6亿元收购江苏天鸟，是新材料企业转型迈出的重要一步。楚江新材是国内先进的铜基材料和铜合金制造商，江苏天鸟是碳纤维复合材料领域的领先企业。通过此次收购，楚江新材成功切入高端碳纤维领域，并以自身优势弥补江苏天鸟资金实力不足、下游市场开拓能力不强等缺陷，两者形成良好互补。

中国生态环保建设与供给侧改革持续推动新材料成为产业升级的关键，物联网、3D打印、人工智能以及可穿戴设备等领域的发展也将促进新材料更为广泛的开发和应用。面向未来，为顺应新材料高性能化、多功能化、绿色化发展趋势，提高新材料的基础支撑能力，力争到2020年使若干新材料品种进入全球供应链，重大关键材料自给率达到70%以上[②]，并初步实现我国从材料大国向材料强国的战略性转变，我国的新材料并购需求还将持续上升。

2018年高新技术领域新材料产业并购重组前十大交易见表8。

---

① 资料来源：《2018中国新材料企业的加速成长之路》，华夏基石新材料研究部。
② 资料来源：《中华人民共和国国民经济和社会发展第十三个五年规划纲要》。

表 8　2018 年高新技术领域新材料产业并购重组前十大交易情况

公告日期	并购重组事件	标的方所在行业	是否跨境并购	交易金额（亿美元）
2018.2	四川天一科技股份有限公司收购中国昊华化工集团股份有限公司	新材料	否	10.32
2018.8	金浦钛业股份有限公司收购浙江古纤道绿色纤维有限公司	新材料	否	8.12
2018.6	中国中化集团有限公司收购江苏扬农化工集团有限公司 39.84% 股份	新材料	否	6.91
2018.9	中国银行收购抚顺特殊钢股份有限公司 30.02% 股份	新材料	否	6.85
2018.5	安阳钢铁集团有限责任公司收购安阳钢铁股份有限公司 16.67% 股份	新材料	否	3.93
2018.12	中国铝业股份有限公司收购山西华兴铝业有限公司 50% 股份	新材料	否	3.86
2018.7	河北四通新型金属材料股份有限公司收购天津立中集团股份有限公司	新材料	是	3.82
2018.7	鞍钢股份有限公司收购鞍钢集团朝阳钢铁有限公司 41.69% 股份	新材料	否	3.68
2018.5	恒逸石化股份有限公司收购嘉兴逸鹏化纤有限公司、太仓逸枫化纤有限公司	新材料	否	3.24
2018.9	盛屯矿业集团股份有限公司收购四环锌锗科技股份有限公司 97.22% 股份	新材料	否	3.11

6. 生物与新医药产业并购趋势向好，并购规模扩大

随着我国生物与新医药产业加速升级、行业整合趋势日益明显，生物与新医药产业并购趋势向好。2014～2018 年，我国生物与新医药产业并购的年均复合增速为 35%，在高新技术领域中排名第一，比增速排名第二的电子信息产业高出 9 个百分点。近五年来，生物与新医药产业并购规模扩大，并购金额从 2014 年的 95 亿美元，提高至 2018 年的 318 亿美元，涨幅超过 2.3 倍。此外，生物与新医药产业并购金额在整个高新技术领域并购总金额中的占比也从 2014 年的 5% 上升到 2018 年的 18%，生物与新医药产业并购

市场热度不断提升。

目前，我国生物与新医药技术发展还存在自主原创性成果少、关键核心技术受制于人的问题，生物与新医药产业与发达国家仍有较大差距。从生物与新医药公司的专利药产品销量看，美国是绝对龙头，其开发的专利药产品销售额占全球70%以上，我国占比则不足5%。但我国又面临社会老龄化加剧、国民健康需求持续增长的压力，因此，生物与新医药产业需要切入发展快车道，生物与新医药公司大量借助并购重组不断提高专利药研发和销售实力，加速缩小我国与全球领先国家的差距。如鼎晖投资以及H股上市企业远大医药，从竞购报价到获批只用了两个月时间，就完成了对澳大利亚肝癌治疗器械生产商Sirtex Medical的联合收购，获取了Sirtex Medical的肿瘤介入治疗产品和全球肝癌治疗器械销售网络。

未来，我国生物与新医药企业还将通过持续并购不断获取原创技术、整合产业链上下游资源、构建企业竞争壁垒，最终形成一批在国际上具备核心竞争能力的生物与新医药领先公司。

2018年高新技术领域生物与新医药产业并购重组前十大交易见表9。

表9　2018年高新技术领域生物与新医药产业并购重组前十大交易情况

公告日期	并购重组事件	标的方所在行业	是否跨境并购	交易金额（亿美元）
2018.10	云南白药集团股份有限公司收购母公司云南白药控股有限公司100%股份	生物制药	否	73.2
2018.11	上海莱士血液制品股份有限公司收购西班牙Grifols, S.A. 公司全资子公司 Grifols Diagnostic Solutions Inc. 100%股份	医药器械	是	50.0
2018.8	德福资本、中银集团等在内的财团收购泰邦生物集团98%股份	血浆制药	否	39.6
2018.1	中国生物制药有限公司收购北京泰德制药股份有限公司24%股份	生物制药	否	19.1
2018.7	北京东方新星石化工程股份有限公司收购江苏奥赛康药业股份有限公司100%股权（奥赛康拟借壳上市）	生物制药	否	11.6

续表

公告日期	并购重组事件	标的方所在行业	是否跨境并购	交易金额（亿美元）
2018.11	上海莱士血液制品股份有限公司收购天诚国际投资有限公司91%股份，以间接收购旗下血液制品生产及销售企业 BPL 和 Biotest	血浆制药	是	9.3
2018.1	汤臣倍健股份有限公司收购 Life-Space Group Pty100%股权	生物制药	是	5.6
2018.5	绿叶制药集团有限公司收购 AstraZeneca 王牌产品思瑞康 100%股权	医药器械	是	5.5
2018.4	中国投资有限责任公司及其财团收购 Nature's Care Manufacture Pty Ltd75%股权	生物制药	是	4.7
2018.9	野牛资本收购公司收购美国徐诺药业 100%股权	生物制药	否	4.5

四 中国高新技术领域并购资本市场分析

并购需要充裕的资金支持，定价是否合理往往决定并购的成功与否。资本市场不仅具有优化资源配置的功能，还具备发现市场价格的作用，能够为并购提供非常重要的价格参照，尤其在高新技术领域并购纯现金支付比例高达75%的情况下，资本市场对高新技术领域并购买卖双方的支持显得尤为重要。随着民营企业作为高新技术领域并购主体的地位不断被强化，多层次资本市场的完善将为高新技术产业并购的发展提供更有效的支撑，为实体经济的发展创造更好的金融环境。

（一）高新技术领域并购资本市场发展趋势

1. 上市公司是高新技术领域并购的主力军

从并购宗数看，上市公司长期保持着高新技术领域并购的主力军地位。2014～2018 年，以 A 股、美股、港股为主的境内外上市公司发起的并购年平均高达930宗，非上市公司发起的并购年平均约为400宗，上市公司为非上市公司的近2.4倍（见图20）。

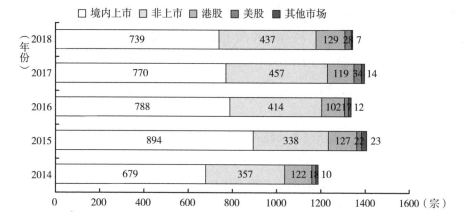

图20 2014～2018年中国高新技术领域并购买方上市情况分析（并购宗数）

从并购宗数占比看，2014～2018年由上市公司发起的并购宗数占比长期保持在67%以上，上市公司是我国高新技术领域并购的中坚力量（见图21）。这是因为高新技术领域的并购交易金额普遍较高且风险较大。而上市公司作为资本市场的活跃主体，相较于融资渠道狭窄的非上市公司，能够通过股权质押、融资、借债等多种方式在资本市场募集资金，从而推动高新技术领域并购的开展。

在发起高新技术领域并购的境内外上市公司中，2014～2018年由境内

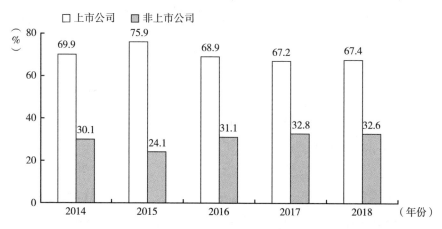

图21 2014～2018年上市公司与非上市公司发起的并购宗数占比

A 股上市公司发起的年平均并购宗数为 774 宗，境外港股上市公司年平均并购宗数为 120 宗、美股为 24 宗，A 股上市公司发起宗数分别是港股、美股的 6.45 倍、32.25 倍（见图 20）。我国高新技术领域近 60% 的并购由境内 A 股上市公司发起，境内 A 股上市公司是高新技术领域并购最活跃的参与者。

2. 非上市公司在高新技术领域的并购占比提升，且单笔并购的交易规模大于上市公司

从中国高新技术领域并购金额的分布来看，非上市公司的并购规模扩大，从 2014 年的 410 亿美元上升到 2018 年的 513 亿美元，占比从 23.3% 提高至 29.3%，非上市公司并购金额占比在整体上提高 6 个百分点（见图 22）。

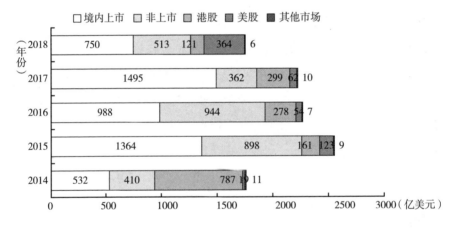

图 22　2014～2018 年中国高新技术领域并购买方上市情况分析（并购金额）

从上市公司与非上市公司发起的单笔并购金额来看，除 2017 年以外，非上市公司在高新技术领域发起的单笔并购金额均高于上市公司。2014～2018 年，非上市公司发起的单笔并购金额平均值为 1.61 亿美元，上市公司为 1.3 亿美元。非上市公司平均单笔并购金额高于上市公司约 3000 万美元（见图 23），说明非上市公司由于融资渠道受限，在发起并购时更为谨慎，不以频繁地并购扩张为目的，而更注重并购本身能为公司带来的业务增值效应，为并购支付的金额也相对更高。

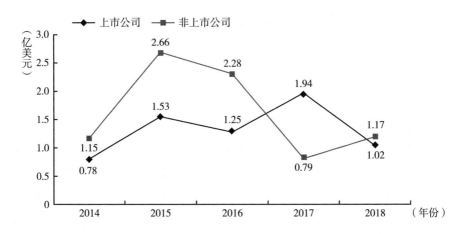

图23 2014～2018年上市公司与非上市公司发起的单笔并购金额

3. 民营企业成为高新技术领域并购的活跃主体

从上市公司民企与国企的并购宗数占比看，2014～2018年，民企发起的并购宗数占比从2014年的67.2%上升至2018年的77.9%，国企发起的并购宗数占比从32.8%下降至22.1%。五年来，民企在高新技术领域的并购宗数平均占比为74.8%，远高于国企的25.2%（见图24）。国家主席习近平在2018年11月1日的民营企业座谈会中提到，民营经济具有"五六七八"的特征，即贡献了我国50%以上的税收、60%以上的GDP、70%以上

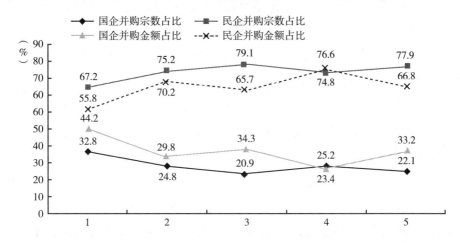

图24 2014～2018年上市公司中民营企业与国有企业并购宗数、并购金额占比

的技术创新成果、80%以上的城镇劳动就业。民营经济是国家经济血脉的重要组成部分，民营经济也已经成为我国技术创新不可或缺的主体。

从上市公司中民企与国企的并购金额占比看，2014～2018年，尽管由民企发起的并购金额平均占比为67%，高于国企发起的并购金额平均占比33%；但2018年国企发起的并购金额呈小幅增加趋势，占比从25.2%升至33.2%，提高了8个百分点（见图24）。主要原因有两个：一是并购对资金的要求高，在2018年宏观经济下行的背景下，民企面临的资金压力远大于国企，民企的重心由"求发展"向"求生存"转变，并购积极度下降；二是国企改革加速推进，国资上市公司并购逐步升温，钢铁、煤炭、水泥、化工等行业的产能出清迈出实质性步伐，如中国神华与国电电力合作成立煤电合资公司，提高产业集中度，缓解煤电矛盾。

（二）高新技术领域并购资本市场发展特点

1. 境内A股上市公司并购占比过半，主板、中小板、创业板并购活跃度相当

2018年，从并购宗数看，境内A股上市公司在中国企业高新技术领域并购全市场中的占比近56%，超过半数。将境内上市公司所属板块按并购宗数进行划分，发现买方属于主板市场的并购多达324宗，占比为24%；创业板和中小板不分上下，并购宗数分别为216宗、219宗，占比均为16%（见图25）。不同板块代表上市公司发展的不同阶段，主板、中小板、创业板的并购活跃度相当，表明并购助力高新技术产业在不同阶段发展。

2018年，从并购金额看，境内A股上市公司在中国企业高新技术领域并购全市场中的占比同样接近半数，为45%；但主板、中小板及创业板的并购规模大小不一，主板并购金额高达495亿美元，占境内上市公司并购金额的60%，比中小板和创业板的占比之和还要高（见图26）。其主要原因为：并购的交易金额往往与并购买方的规模正相关，主板上市公司规模大，其能主导的并购规模也相对较大。但整体而言，主板、中小板和创业板在高新技术领域的并购活跃度不分上下。

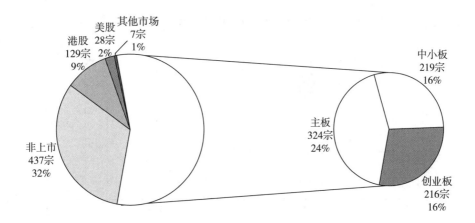

图 25　2018 年中国高新技术领域并购买方上市情况分析（并购宗数）

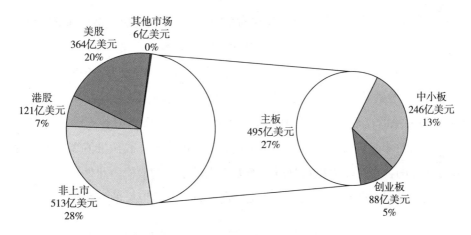

图 26　2018 年中国高新技术领域并购买方上市情况分析（并购金额）

2. 并购支付方式以现金为主，高新技术领域的大额并购青睐发行股份购买资产

2014～2018 年，从并购宗数来看，我国企业在高新技术领域的并购平均 76.5% 采用纯现金支付，6.9% 采用纯股份支付，12.5% 采用"现金＋股份"支付，4.1% 采用资产抵押等其他支付方式（见图 27）。企业并购倾向于采用纯现金的支付方式，因此并购对买方的资金筹措能力要求非常高，需要买方在短时间内筹集大笔并购交易支付资金。

尽管 80% 左右的并购交易采取了纯现金支付的方式，但从 2014～2018 年

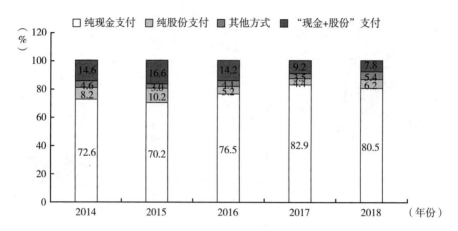

图 27　2014～2018 年高新技术领域并购支付方式统计（并购宗数占比）

三种主要支付方式的平均单笔并购交易金额看，纯股份支付最高，其单笔交易额高达 9.5 亿美元；"现金＋股份"支付的单笔交易额排在第二位，平均单笔交易额为 3.6 亿美元；纯现金支付的单笔交易额则只有 0.6 亿美元。纯股份支付的单笔交易额分别是"现金＋股份"支付、纯现金支付的 2.6 倍、15.8 倍（见图28）。主要原因在于高新技术领域并购涉及的交易资金一般较大，通常只有大规模企业才能够负担，而大规模企业的发展前景好、股份价值高，因此被收购的标的公司有动力以自身股份换取大规模企业的股份。此外，大额交易难以全额采用现金支付，因此企业更倾向于以股份或混合的方式展开并购。

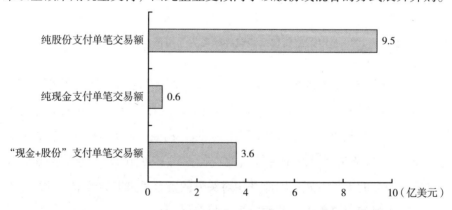

图 28　2014～2018 年三种支付方式的平均单笔并购交易金额

中关村国家自主创新示范区
并购发展报告

摘　要： 中关村国家自主创新示范区作为我国科技高水平发展的"先锋
部队"，肩负着引领我国高新技术产业跨越式发展和提升我国
自主创新科技能力的重要使命。历经三十年发展，中关村从
"电子一条街"发展成为国家级自主创新示范区，围绕着突破
重大关键技术、加强前沿产业布局、实现创新与产业联动的目
标，通过人才引进、科研投入、创新创业氛围营造和资本助
力，已经形成中关村独特的创新生态网络，并孵化上万家优质
高新技术企业，助推中国经济向高质量发展转型。中关村的高
新技术企业并购活跃，并购占比不断上升，截至2018年12月，
中关村上市公司高新技术领域并购宗数占中关村全体上市公司
并购宗数的66.2%，并购金额占比也高达53.5%，其中电子信
息、生物与新医药等高精尖产业在并购支持下，科技水平不断
提高。目前，在资本与创新的双轮驱动下，中关村形成了以电
子信息、生物和健康节能环保等产业为代表的优势产业集群，
成为首都跨行政区的高端产业功能区。

关键词： 中关村　科技创新　资本支持　高质量发展

　　发展创新集群是我国转变经济增长方式、推动经济快速增长的重要抓
手，对战略性新兴产业的培育和产业创新能力的提升具有直接促进作用，加
快打造创新型产业集群是我国建设国家创新体系和创新型社会的有力武器。

纵观世界经济发展脉络，创新型产业集群一直是支撑经济中心地位转移的强大力量，世界发达国家基本都已普遍形成具有广泛影响力的优秀创新型产业集群，如美国硅谷、英国剑桥科技园、日本筑波科学城等。当前，我国处于新旧动能转换的关键升级期，需要创新驱动传统产业向高新技术产业转型升级，加快实现产业结构调整。而产业并购能够帮助企业实现资源的共享、转移和整合，进而提高产业集中度、优化产业链、开发新技术和新产品、淘汰落后产能和化解过剩产能，最终实现结构的调整优化并推动经济转向高质量发展。因此，高新技术产业并购将成为我国优化经济结构、推动"硬科技"落地的重要资本途径。

中关村国家自主创新示范区作为我国科技高水平发展的"先锋部队"，肩负着引领我国高新技术产业跨越式发展和提升我国自主创新科技能力的重要使命，也是我国实现创新发展、新旧动能转换的中坚力量，分析研究中关村企业的产业并购趋势和特点，不仅有助于把握资本市场支持实体经济发展的规律，对其他地区的高新技术产业并购更是具有重要的借鉴意义。

本部分首先介绍中关村国家自主创新示范区在全国经济发展中的领先地位；其次从高水平人力资源、科研投入、创新创业氛围、研发成果四大方面，分析中关村形成的独特创新生态网络；最后利用 2014～2018 年中关村国家自主创新示范区上市公司发生的并购交易数据，说明并购对于高精尖产业的发展、企业创新及增长的重要作用。

一　产业发展成就

2018 年是中关村国家自主创新示范区（以下简称中关村）成立 30 周年。历经 30 年的创新发展，中关村从"电子一条街"发展成为国家自主创新示范区，探索出一条科技与经济相结合的新路子，成为中国最具活力的创新创业中心。中关村在创新引领、经济增长方面取得举世瞩目的成绩，下文将采取数据分析的方式，从中关村的经济领先地位、创新生态网络、资本助力三个层面，简要说明中关村近年来取得的发展成就。

（一）中关村的经济领先地位

1. 经济高速发展，领跑全国

中关村历经 30 年发展，已具备相当可观的经济体量，2017 年中关村企业的总收入占到我国 GDP 的 6%，成为国民经济的重要组成部分。从中关村自身的经济发展速度看，自 2006 年至 2017 年的 12 年间，中关村总收入增长近 7 倍，总收入增长率最高达到 38.3%，最低为 12.8%，年均复合增长率为 20.6%。2013 年中关村总收入突破 3 万亿元，此后总收入增长率有所放缓，但仍然保持在 12% 以上。2017 年中关村总收入在突破 5 万亿元大关的同时，总收入增长率较 2016 年又提高 2.4 个百分点至 15.2%，充分说明中关村具备强大的经营活力，经济增长动力十足（见图 1）。

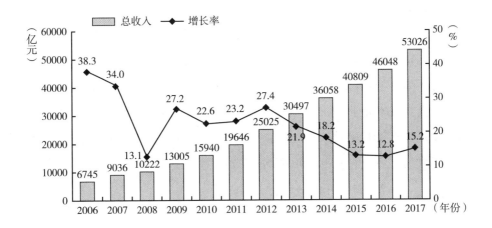

图 1　2006～2017 年中关村总收入

对比中关村总收入增长率与我国 GDP 增长率可知，二者存在一定的相关性。当全国 GDP 增速放缓时，中关村总收入增速也出现相应程度的放缓，以 2008 年金融危机最为明显。但是近十年来，中关村的总收入增长率始终大幅度高于我国 GDP 增长率，可以说中关村在全国范围内保持着较高的经济发展水平，领跑全国经济（见图 2）。

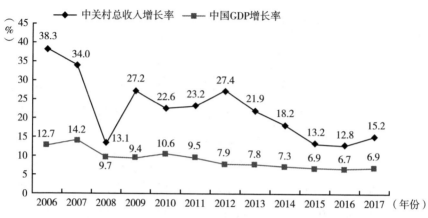

图2 2006～2017年中国GDP增长率与中关村总收入增长率

资料来源：GDP数据来自Wind资讯。

2. 首都经济的重要支柱

中关村立足首都北京，对首都经济的贡献与日俱增，并逐渐成为首都经济发展的核心力量。2006年至今，中关村高新技术企业增加值实现连年增长，并于2017年增长至7352亿元，12年间绝对值实现近5倍增长。此外，中关村高新技术企业增加值在首都地区生产总值中的占比也由2006年的15.8%提升至2017年的26.26%，对首都经济的贡献超过四分之一，中关村已经成为首都经济发展不可或缺的重要支柱（见图3）。

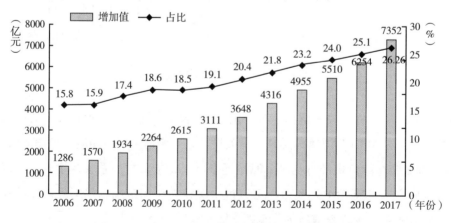

图3 2006～2017年中关村高新技术企业实现增加值及在北京市地区生产总值中占比

3. 高新技术园区的亮丽名片

中关村是我国抢占全球科技竞争制高点的前沿阵地，肩负着引领我国高新技术产业跨越式发展的重要使命。在过去 30 年的发展过程中，中关村不忘使命，始终以企业和创新群体为主体，不断开展改革与创新，构建了"一区多园"各具特色的发展格局，成为首都跨行政区的高端产业功能区，也成为中国改革开放最为成功的标志和缩影之一。将中关村和全国其他重点高新技术园区 2017 年的主要经济指标进行横向比较，可以发现中关村在企业数量、从业人员数量、总收入、实缴税费四个指标上均居于榜首。在企业数量方面，2017 年中关村首次突破 2 万家达到 22013 家，是国内首个企业数量破万的高新技术园区，可见中关村拥有全国最肥沃的创新创业土壤，产业集群效应明显。在从业人员数量方面，中关村于 2017 年达到 262 万人，是排名第二的上海张江高新区的 2.5 倍，可以说中关村在解决就业问题上做出了极大的贡献。不仅如此，2017 年中关村园区内企业实现总收入 53025.8 亿元，约为上海张江高新区的 3 倍、武汉东湖高新区的 4 倍，说明中关村不仅在企业数量上具有领先优势，能够帮助解决就业问题，而且在从业人员的产出效率上也处于较高水平（见表 1）。

表 1　2017 年中关村与国内重点高新区主要指标对比

	企业数 （家）	从业人员 （万人）	总收入 （亿元）	工业总产值 （亿元）	实缴税费 （亿元）
中关村示范区	22013	262.0	53025.8	10796.0	2598.4
上海张江高新区	5345	106.3	19258.0	11084.4	1147.5
武汉东湖高新区	3052	55.5	12012.5	5581.3	573.8
西安高新区	3973	45.1	11229.7	8124.3	802.5
天津高新区	4073	35.3	4472.5	2359.3	207.8
成都高新区	1914	38.5	5927.6	4234.8	286.8
广州高新区	3827	54.2	7131.8	4167.4	337.9
深圳高新区	2091	48.7	7271.2	4333.1	477.4
苏州高新区	1195	23.3	3027.8	2823.4	109.2

此外，通过分析中关村各项主要数据在全国高新区中所占比重可以发现，2011～2017 年中关村在总收入占比、实缴税费占比、净利润占比三项指标上，均有不同程度的上升。其中，中关村总收入占比提升最为明显，从2011 年的 14.7% 增长到 2017 年的 17.3%。中关村的实缴税费从 2011 年的925.8 亿元上升到 2017 年的 2598.4 亿元，增长近 2 倍，对全国高新区的税收贡献也提高了 1.5 个百分点至 15.1%。中关村的净利润从 2011 年的1306.4 亿元增长到 2017 年的 3691.1 亿元，同样实现近 2 倍的增长，净利润占比保持在 17% 左右。从以上数据可知，中关村在全国高新技术产业园区体系中长期占据着重要地位（见表 2、图 4）。

表 2　2011～2017 年中关村与全国高新区主要数据对比

项目		2017 年	2016 年	2015 年	2014 年	2013 年	2012 年	2011 年
总收入 （亿元）	全国高新区	307057.5	276559.4	253662.8	226754.5	199648.9	165689.9	133425.1
	中关村	53025.8	46047.6	40809.4	36057.6	30496.4	25025.0	19646.0
	中关村占比（%）	17.3	16.7	16.1	15.9	15.3	15.1	14.7
实缴税费 （亿元）	全国高新区	17251.2	15609.3	14240.0	13202.1	11043.1	9580.5	6816.7
	中关村	2598.4	2314.1	2035.7	1857.6	1506.6	1445.8	925.8
	中关村占比（%）	15.1	14.8	14.3	14.1	13.6	15.1	13.6
净利润 （亿元）	全国高新区	21420.4	18535.1	16094.8	15052.5	12443.6	10243.2	8484.2
	中关村	3691.1	3170.3	2903.5	2582	1908.2	1370.7	1306.4
	中关村占比（%）	17.2	17.1	18.0	17.2	15.3	13.4	15.4
出口总额 （亿美元）	全国高新区	4892.6	4389.5	4732.4	4382.6	4133.3	3760.4	3180.6
	中关村	315.8	257.9	299.4	337.3	336.2	261.7	237.3
	中关村占比（%）	6.5	5.9	6.3	7.7	8.1	7.0	7.5

（二）中关村的创新生态网络

1. 高水平的人力资源

高水平人力资源是中关村的活力源泉，也是中关村创新生态网络得以搭建的关键所在。2009～2017 年的 9 年时间里，中关村科技活动人员从 32.2

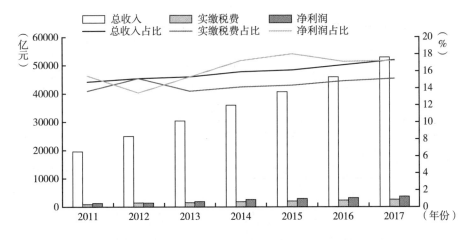

图4　2017 年中关村与全国高新区主要指标对比

注：占比为中关村各主要数据占全国高新区的比重。

万人增长到 73.6 万人，增长 1 倍有余，且科技活动人员占比始终维持在
25％以上（见表3）。

表3　2009～2017 年中关村企业科技活动人员及占从业人员比重

单位：万人，%

项目	2017 年	2016 年	2015 年	2014 年	2013 年	2012 年	2011 年	2010 年	2009 年
科技活动人员	73.6	65.7	60.5	53.2	50.0	40.2	35.9	30.7	32.2
占从业人员比重	28.1	26.5	26.2	26.4	26.3	25.4	26.0	26.5	30.3

　　分析中关村的人力资源数据可知，中关村非常重视对高学历从业人员的引
进。2009～2017 年，中关村留学归国的人员数量翻了两番有余，并于 2017 年达
到 3.5 万人，占中关村从业人员总数的 1％；博士及以上学历从业人员的年均复
合增速高达 13.4％，于 2017 年增加至 3 万人，占比 1％；硕士学历从业人员数
量从 2009 年的 9.9 万人增加至 2017 年的 30 万人，增长率高达 203％，占比超
过 10％；本科学历从业人员则从 41.4 万人增加至 112.8 万人，增长率达
172％，占比超过 40％。综合以上分析可知，本科及以上高学历人力资源是中
关村人力资源的核心力量，其占比常年保持在 60％左右（见表4）。

表4 2009～2017年中关村人力资源情况

单位：万人

人员情况	2017年	2016年	2015年	2014年	2013年	2012年	2011年	2010年	2009年
从业人员	262.0	248.3	230.8	201.0	189.9	158.6	138.5	115.8	106.2
其中:留学归国人员	3.5	3.0	2.7	2.2	2.0	1.6	1.4	1.0	0.8
博士及以上学历	3.0	2.5	2.3	2.0	1.8	1.5	1.4	1.2	1.1
硕士	30.0	26.3	23.8	19.8	18.3	15.7	13.2	11.3	9.9
本科	112.8	103.1	94.1	81.1	74.7	61.5	53.4	45.5	41.4
大专	55.9	52.6	49.8	43.4	41.2	32.1	27.7	23.1	21.2

中关村高水平的人力资源不仅体现在高学历从业人员占比高，还体现在有众多深耕前沿科技领域的高端人才。中关村，建设高端人才创业基地，构建起多层次、广覆盖的人才支撑体系。在中关村2017年引入的高端人才中，有1343名入选中央"千人计划"，占总入选人数的19%；590名入选北京市"海聚工程"，占总入选人数的65%；同时中关村自主开创的"高聚工程"，吸引高端人才数量多达336名（见表5）。走在自主创新前沿的中关村是一个高水平人力资源的汇集地，而中关村的高科技产业集群也反过来吸引着更多高水平的人才加入，两者相互促进，共同助力搭建中关村的创新生态网络。

表5 2017年中关村企业高端人才引进情况

单位：人,%

	示范区入选人数	占全部入选人数的比重
中央"千人计划"	1343	19
北京市"海聚工程"	590	65
中关村"高聚工程"	336	100

注：数据截至2017年底。

2. 领先的科研投入

对比中关村与国内其他重点高新科技园区的科技人员数量及经费投入可知，中关村在全国高新科技园区中占有绝对优势。将中关村与上海张江高新区、武汉东湖高新区、深圳高新区进行横向对比，可以发现在科技活动人员数量、R&D 人员数量、R&D 人员全时当量、科技活动经费内部支出、R&D 经费内部支出五大方面，中关村均处于领先地位。从科技活动人员数量来看，2017 年中关村科技活动人员数量达到 73.5 万余人，是排名第二的上海张江高新区的 2.3 倍，其中 R&D 人员数量达 27 万余人，R&D 人员全时当量超过 18 万人年，几乎都是上海张江高新区的 2 倍（见表 6）。不仅中关村的科研规模在全国首屈一指，其科研投入也远高于其他高新科技园区。2017 年中关村科技活动经费内部支出超过 2100 亿元，是上海张江高新区的 2 倍多，其中 R&D 经费内部支出超过 760 亿元，比上海张江高新区高出近 300 亿元。无论是在科研规模还是在研发投入方面，中关村都处于全国高新科技园区榜首地位，这是中关村强大科技实力的根本源泉。

表 6 2017 年全国高新区科技活动人员及经费统计

	科技活动人员数量（人）	R&D 人员数量（人）	R&D 人员全时当量（人年）	科技活动经费内部支出（千元）	R&D 经费内部支出（千元）
中关村	735847	276346	182450	210089500	76744533
上海张江高新区	321090	142970	90895	101126107	47175650
武汉东湖高新区	149183	139851	83072	40405624	30746723
深圳高新区	169882	126315	84897	52531910	39977471

资料来源：科技部火炬中心。

3. 丰硕的科技产出成果

中关村高水平人力资源储备的不断完善和科研投入的不断增加，保证了中关村长期以来的科技产出效益。2009～2017 年，中关村的专利申请量和授权量不断增加。其中，专利申请量从 2009 年的 14668 项增长到 2017 年的 73838 项，增长约 4 倍；专利授权量在 9 年的时间内增长了近 6 倍，2017 年专利授权绝对数量达到 43383 项，创历史新高。从专利申请和授权的占比来看，中关村占北京市及全国的比重均有所提高，中关村专利申请和授权量占北京市的比重在 30% 左右、占全国的比重在 2% 左右（见表 7）。可见，中关村的科研力量对北京市乃至全国创新都起到了巨大的支撑作用，其丰硕的科技产出成果全国领先。

表7　2009~2017年中关村企业专利申请与授权量占北京市、全国比重

单位：项，%

年份	专利申请量			专利授权量		
	中关村	占全市比重	占全国比重	中关村	占全市比重	占全国比重
2009	14668	29.2	1.7	6362	27.8	1.3
2010	14806	25.8	1.2	8834	26.4	1.1
2011	21866	28.0	1.5	12587	30.8	1.4
2012	28159	30.5	1.4	15407	30.5	1.2
2013	37782	30.6	1.7	20991	33.5	1.7
2014	43793	31.7	2.0	22960	30.8	1.9
2015	60603	42.6	2.3	34946	37.2	2.2
2016	69217	36.6	2.1	36336	36.1	2.2
2017	73838	39.7	2.1	43383	40.6	2.5

　　中关村不仅科技成果丰硕，而且成果转化能力强，每年的新产品销售收入相当可观，实现了科技成果向经济收益的有效转换。2009~2017年，中关村企业新产品销售收入呈波动上升趋势，从3203.7亿元增长到5097.3亿元，增长率高达59.1%。中关村的新产品销售收入不仅规模大，且占比高，长期保持在30%以上（见图5），对中关村产品销售收入做出了重要贡献，体现出中关村具备较强的科技成果转化能力。

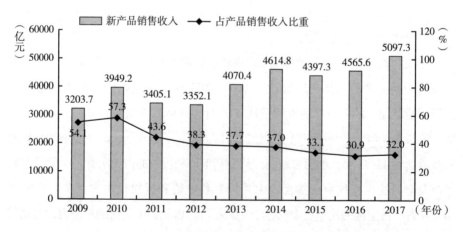

图5　2009~2017年中关村新产品销售收入及占产品销售收入比重

此外，技术收入是中关村总收入中不可或缺的一部分。2009~2017年，中关村的技术收入呈现快速增长的态势，从2093.7亿元增长到9369.6亿元，增长率高达347.6%；技术收入占总收入比重呈现出波动上升趋势，并于2017年达到近9年来的最高占比，为17.7%（见图6）。说明中关村丰硕的产出效益离不开其首屈一指的技术实力。

图6　2009~2017年中关村技术收入及占总收入比重

4. 引领全国的创新创业氛围

中关村不仅具备雄厚的科研创新优势，还具备浓厚的创新创业氛围。中关村积极响应"大众创业，万众创新"的号召，拥有国家大学科技园孵化器15个，在全国范围内占比为13.0%；在孵企业1656家，占比15.8%；累计毕业企业2046家，占比20.7%（见表8）。此外，中关村拥有国家级科

表8　2017年中关村国家级孵化器情况

孵化器类型	孵化器数量（个）		场地面积（万平方米）		在孵企业数（家）		累计毕业企业数（家）	
	示范区	占全国比重（%）	示范区	占全国比重（%）	示范区	占全国比重（%）	示范区	占全国比重（%）
国家大学科技园	15	13.0	137.5	17.3	1656	15.8	2046	20.7
国家级科技企业孵化器	54	5.5	167	3.9	4641	5.3	7442	9.8

技企业孵化器54个，在全国占比5.5%；其中在孵企业数和累计毕业企业数占比分别为5.3%和9.8%。可见，中关村具备领先全国的创新创业氛围及条件，为众多创新创业者提供了成功的机会。

中关村领先的创新创业氛围是其创新创业发展的重要源泉及推动力。2016年，中关村拥有111个国家备案众创空间；当年服务的创业团队数量和初创企业数量分别高达15280个、13297个，占全国的比例均超过23%；且当年获得投资的团队及企业数量达到1389个，占全国的21.5%（见表9）。说明中关村拥有汇集创业团队和企业的力量，拥有领跑全国的创新创业氛围，已经成为企业和个人创新创业的摇篮。

表9　2016年中关村众创空间情况

类型	众创空间数量（个）		当年服务的创业团队数量(个)		当年服务的初创企业数量(个)		当年获得投资的团队及企业数量(个)	
	示范区	占全国比重（%）	示范区	占全国比重（%）	示范区	占全国比重（%）	示范区	占全国比重（%）
国家备案众创空间	111	8.5	15280	23.3	13297	23.1	1389	21.5

（三）中关村的资本助力

1. 并购支持"高精尖"产业发展

中关村的"高精尖"产业在迭代升级的进程中，借助产业并购不断发展壮大，在高新技术领域形成技术产业集聚的优势，并推动中关村企业和经济的可持续发展。对中关村上市公司2014～2018年并购标的所处产业进行分析可以发现，中关村的产业并购以高新技术的八大产业为主，其并购宗数占比约为60%～70%、并购金额占比约为50%～80%。而高新技术的八大产业并购中，又以电子信息、高技术服务、生物与新医药三个技术迭代更新最快的领域最为活跃。

电子信息行业无论从并购宗数还是并购金额看，都长期处于中关村上市公司并购第一的地位，体现了中关村在计算机等行业上的领军优势，该产业在 2014~2018 年的并购宗数占比分别为 25.0%、27.0%、39.9%、34.4%、37.5%，且最近四年的并购宗数均不低于 50 宗，此外其并购金额曾于 2015 年达到历史最高的 74.2 亿美元，占中关村并购金额总额的 40%，随后受外部环境影响，并购金额小幅下降，但依然保持着 20% 以上的占比；其次是高技术服务产业，并购宗数在 2015 年达到 43 宗，占中关村并购总宗数的 21.9%，并购金额在 2017 年高达 69.6 亿美元，占中关村整体并购金额的 35%，成为当年园区内并购金额占比最大的产业；生物与新医药的产业并购呈现出"U"形变化趋势，以并购金额为例，从 2014 年的 9.5 亿美元下降到 2016 年的 4.1 亿美元，再上升至 2018 年的 17.6 亿美元（见表 10）。

表 10 2014~2018 年中关村上市公司并购标的产业分布

并购宗数（单位：宗，%）									
产业	2014 年		2015 年		2016 年		2017 年		2018 年	
	宗数	占比	宗数	占比	宗数	占比	宗数	占比	宗数	占比
电子信息	40	25.0	53	27.0	75	39.9	55	34.4	51	37.5
高技术服务	29	18.1	43	21.9	8	4.3	15	9.4	14	10.3
航空航天	0	0.0	1	0.5	0	0.0	0	0.0	1	0.7
生物与新医药	19	11.9	13	6.6	10	5.3	16	10.0	15	11.0
先进制造与自动化	3	1.9	5	2.6	3	1.6	5	3.1	1	0.7
新材料	6	3.8	2	1.0	7	3.7	4	2.5	4	2.9
新能源与节能	1	0.6	0	0.0	1	0.5	0	0.0	0	0.0
资源与环境	1	0.6	5	2.6	4	2.1	5	3.1	4	2.9
其他	61	38.1	74	37.8	80	42.6	60	37.5	46	33.8

并购金额（单位：亿美元，%）									
产业	2014 年		2015 年		2016 年		2017 年		2018 年	
	金额	占比	金额	占比	金额	占比	金额	占比	金额	占比
电子信息	19.1	18.8	74.2	40.0	67.4	53.7	58.3	29.3	24.6	22.5
高技术服务	13.0	12.7	42.9	23.1	2.7	2.1	69.6	35.0	10.8	9.8
航空航天	0.0	0.0	0.2	0.1	0.0	0.0	0.0	0.0	0.0	0.0
生物与新医药	9.5	9.4	10.4	5.6	4.1	3.3	5.3	2.6	17.6	16.1
先进制造与自动化	1.3	1.2	2.6	1.4	2.6	2.1	18.6	9.4	0.1	0.1
新材料	11.2	11.0	2.3	1.2	1.5	1.2	1.2	0.6	5.2	4.7
新能源与节能	2.3	2.3	0.0	0.0	0.3	0.2	0.0	0.0	0.0	0.0
资源与环境	0.4	0.4	6.1	3.3	0.5	0.4	0.3	0.1	0.3	0.3
其他	45.0	44.2	46.8	25.2	46.5	37.0	45.7	23.0	50.9	46.5

电子信息是中关村的传统产业，与其他产业相比，其更新换代的速度更快，因此更加需要借助并购获取技术和创新资源，以支持产业的发展壮大。2016年以前，中关村电子信息产业在中关村所有产业中的并购金额占比一直高于收入占比（见图7），主要原因有两个：一是电子产业需要通过大量并购重组调整产业链结构，实现产业的纵向扩张；二是其他行业企业也需要借助跨行业并购抢占高新技术制高点，实现业务模式的调整和经营效率的改善，以完成产业的转型升级。因此，电子信息产业并购在此背景下迅猛发展，产业发展成熟并成为中关村的支柱型产业。

图7　2013～2017年中关村电子信息领域收入占比与并购金额占比

横纵向并购与产业链整合让电子信息产业享受到规模经济的红利，加速发展壮大。从2014年的13501.9亿元增长到2017年的21662.3亿元，涨幅超过60%，且占中关村总收入的比重也于2017年上升到41%，其领先地位更为突出（见表11）。

除电子信息产业以外，其他高新技术产业也在很大程度上受益于并购助力。比如生物与新医药产业，通过并购创新药研发和具备技术优势的企业，迎来飞跃式发展与成长。生物与新医药产业收入从2014年的1430.8亿元增长到2017年的2092.3亿元，增长率高达46%（见表11）。在当前经济新常

表11　2014~2017年中关村重点技术领域总收入

单位：亿元

年度	2014	2015	2016	2017
示范区合计	36057.6	40809.4	46047.6	53025.8
电子信息	13501.9	16245.6	18292.3	21662.3
生物与新医药	1430.8	1628.3	1872.9	2092.3
新材料	3043.2	2624.3	3071.2	3475.4
先进制造与自动化	4591.2	4776.7	5619.7	7396.1
新能源与节能	4382.1	4587.4	4820.2	5481.9
资源与环境	874.4	1037.8	1143.6	1498.2
其他	8234.1	9909.3	11227.7	11419.6

态背景下，中关村的众多企业不断通过并购实现产业结构调整，并购推动新技术、新产业和新业态快速成长，加快构建中关村的"高精尖"产业结构，驱动经济向创新型、高质量转变。

2. 并购助力创新源泉充分涌流

新时期下，高新技术企业倾向于通过并购打破技术壁垒、拓展新业务、拥抱新商业模式。2014~2018年，A股市场高新技术领域并购金额占全部上市公司的并购金额比例和中关村高新领域上市公司的并购金额占全部中关村A股上市公司并购金额比例呈现出相同的变动趋势，但是中关村的占比波动幅度较大，最高曾达到77%，占比均值也高达64.8%，远高于A股全市场44.4%的平均占比［见图8（a）］。

此外，从高新技术领域与全部领域的并购宗数占比来看，中关村高新领域并购宗数的占比长期保持在60%左右，而同期A股市场全部上市公司的占比只有40%左右，中关村高出A股市场约20个百分点［见图8（b）］。说明中关村高新技术领域并购比A股市场活跃，且并购已经成为中关村企业获取高技术、高端人才，实现创新的主要手段之一。

3. 资本助力企业成长

资本是企业的运营命脉，是企业日常运转与利润创造的基础。2009年至2017年，中关村企业获得的股权投资案例和投资金额都呈现上升趋势，

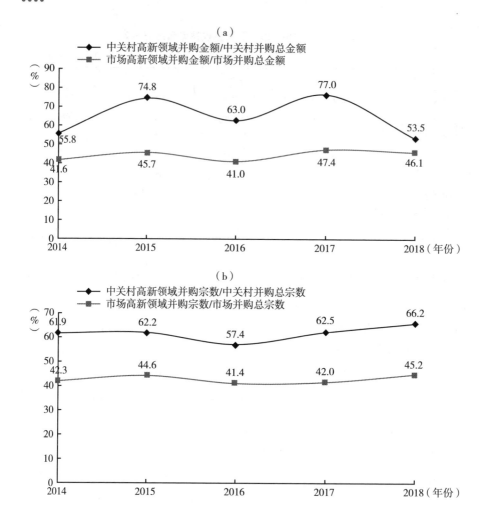

图8　2014～2018年中关村高新领域并购情况与市场并购情况对比

且在2015年出现爆发式增长，股权投资案例于当年首次突破2000宗，股权投资金额也于当年突破千亿元。随后，股权投资案例和投资金额均实现增长，于2017年分别达到2584宗、1557.08亿元（见表12）。资本越来越青睐中关村，而资本的投入也反过来助力中关村企业更好地成长。

将2014～2018年并购较为活跃的中关村上市企业平均增长情况与中关村整体上市企业进行对比，可以清楚地看到并购活动对公司增长的正向影响。对比2014～2018年中关村发起并购金额前三十的上市公司市值平均增

表 12　2009～2017 年中关村股权投资案例数和投资案例金额

项目	2009 年	2010 年	2011 年	2012 年	2013 年	2014 年	2015 年	2016 年	2017 年
投资案例数(宗)	111	216	544	240	432	938	2413	1961	2584
投资金额(亿元)	87.74	208.12	344.9	130.9	133.14	329.75	1020.27	1053.95	1557.08

长率、营业收入平均增长率与整体上市公司平均数可知，并购活跃的上市企业在市值和营收方面都显著高于整体平均水平（见图9）。从并购活跃的角度看可知，并购对企业增长具有强大的助推作用，并购越活跃的企业，其市值和营收的增长率越高。

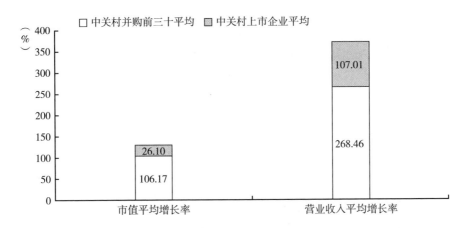

图 9　2014～2018 年中关村上市公司市值、营业收入平均增长率对比情况

　　资本助力企业成长不仅体现在企业营收、市值等财务数据的增长上，更直接体现在企业员工的薪资水平上。通过对比分析中关村与北京市从业人员的人均报酬数据可知，2009～2017 年，中关村与北京市的人均报酬均呈现逐年上升的趋势，但是中关村的人均报酬水平显著高于北京市。以 2017 年为例，中关村人均报酬高达 19 万元，同期的北京市人均报酬只有 13.5 万元，中关村约为北京市的 1.4 倍（见图10）。说明资本聚集的地方，更能吸引高水平人才，而高水平人才对新技术、新机会的开发与研究能帮助企业创造价值、提升收益，最终促进企业成长。

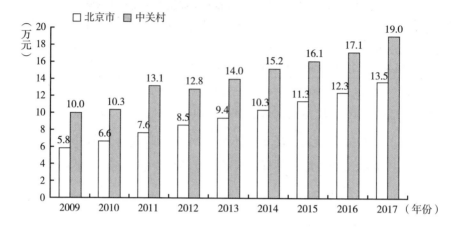

图10　2009～2017年中关村从业人员人均报酬与北京市比较

注：北京市人均报酬指城镇单位在岗职工平均工资；示范区人均报酬＝应付职工薪酬/从业人员平均人数。

二　企业案例

（一）广联达：资本与创新双轮驱动

1. 公司概览

广联达科技股份有限公司（以下简称"广联达"）成立于1998年，是一家为建筑工程信息化提供产品和服务的科技公司。围绕建设工程的全生命周期，公司产品从最初以"让预算员甩掉计算器"为目的的单一预算软件逐渐发展成为包括工程造价、工程施工、企业管理、新金融等十余个业务在内的近百款产品。2009年开始，公司启动国际化进程，积极开拓欧美及东南亚市场。

公司目前主营业务以销售信息化软件产品为主，主要划分为传统主营的工程造价软件和新开拓的工程施工软件两大业务板块。根据2018年中报披露，如图11所示，工程造价业务的营业收入占比在70%左右，工程施工业务的营业收入占比在20%左右。

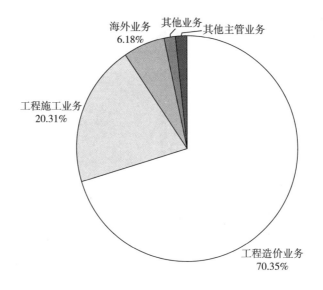

图11 广联达主营业务构成

资料来源：Wind 资讯。

　　广联达是一家在资本与创新双轮驱动下，稳步发展的综合型高科技公司。作为一家高科技公司，广联达的市值从上市之初的 14.5 亿元到如今的 300 亿元，实现近 20 倍增长，如图 12 所示，广联达经历了上市、横纵向拓展产业链、造价业务云转型等关键阶段，其发展壮大离不开四大关键因素：第一，行业领先的技术，广联达自成立之日起就一直坚持自主平台的研发，在世界前沿科技 BIM 的研发投入周期超过十年，公司始终坚持"用先进的技术打造市场刚需的产品"；第二，并购助力广联达横向拓展建筑全生命周期业务链，广联达通过并购获取目标公司核心科技，并将其整合升级为自身技术，为公司的发展不断注入新活力；第三，在互联网时代下，广联达积极顺应商业模式的变迁，在行业内率先实现造价业务云转型，从一次性出售单机套装软件向软件平台转变，使公司在遇到市场发展天花板时，能够将客户定位转变为长尾市场，重获增长动力；第四，广联达积极构建数字建筑产业互联网平台，立足建筑行业，成立集采电商，涉足产业链金融，通过纵向拓展产业链，使上下游企业能够"连接、交互、融合"，打造广联达建筑生态圈。

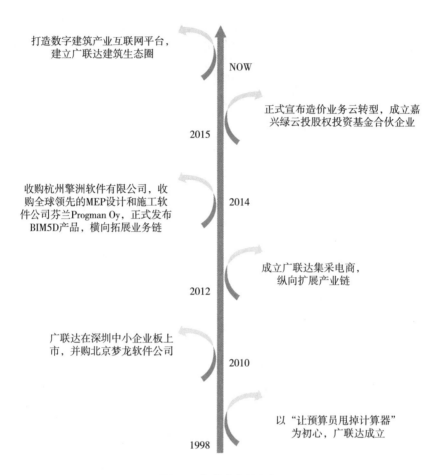

打造数字建筑产业互联网平台，
建立广联达建筑生态圈

NOW

正式宣布造价业务云转型，成立嘉
兴绿云投股权投资基金合伙企业

2015

收购杭州擎洲软件有限公司，收
购全球领先的MEP设计和施工软
件公司芬兰Progman Oy，正式发布
BIM5D产品，横向拓展业务链

2014

成立广联达集采电商，
纵向扩展产业链

2012

广联达在深圳中小企业板上
市，并购北京梦龙软件公司

2010

以"让预算员甩掉计算器"
为初心，广联达成立

1998

图12 广联达发展历程

资料来源：公司官网，Wind资讯。

2. 并购助力建筑全生命周期业务链横向拓展

建筑全生命周期分为四个阶段：设计、招投标、施工、运维，如图13
所示，广联达目前主要涉及设计、招投标和施工阶段。无论是公司在稳步发
展传统主营业务（工程造价业务）时，还是在横向拓展业务链、发展工程
施工业务的过程中，公司的增长模式都是内生与外延相结合的方式。外延并
购已经成为广联达实现增长的重要手段，不仅能帮助广联达进一步提升传统
业务水平、扩大市场占有率，还能助其实现技术追赶，横向拓展新业务。

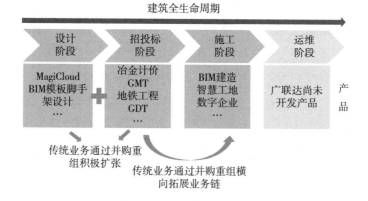

图 13 广联达建筑全生命周期布局

资料来源：Wind 资讯，公司官网。

（1）利用并购重组打通企业服务链，提供从项目级到公司级的整体解决方案。

2010 年，中国建筑信息化刚刚起步，建筑软件行业内的数十家项目管理服务商依然处于价格竞争阶段，恶性的价格竞争使得项目失败率居高不下。在此背景下，广联达以 9434 万元超募资金收购北京梦龙软件技术有限公司 100% 股权，以期打通企业服务链，提高公司竞争力。

广联达与梦龙在产品上具有很强的互补性。广联达的产品侧重业务和操作层，更多面向项目级；而梦龙的产品则侧重管理和决策层，更多面向公司级。此次收购后，广联达可以为客户提供从公司级到项目级、从管理层到作业层，上下贯通的整体解决方案，同时，广联达将梦龙花费十年时间研发出的企业信息化平台——"T平台"与公司现有产品整合，大幅提升公司管理类产品的开发能力和方案集成能力。

（2）利用软件行业跨地区并购政策东风，趁机开拓以上海为首的长三角市场。

2010 年 5 月 24 日，国务院正式出台以上海为龙头、以江浙沪两省一市为一体的长三角区域规划，从建筑企业分布看，长三角地区的建筑企业规模约占全国总规模的一半。与此同时，该区域企业的信息化意识超前，管理信息化需求巨大。此外，2011 年 1 月 28 日发布的《国务院关于印发进一步鼓励软件产业和集成电路产业发展的若干政策的通知》指出，为实现资源整合，各级人民政府要支持软件企业和集成电路企业跨地区并购重组。

此时的广联达经过十余年积累，尽管其造价软件占有率已经超过全国市场的半数，但迟迟未能切入以上海为首的长三角地区软件市场。而上海兴安得力公司是扎根于上海市场发展的专业软件企业，拥有上万家优质客户，其计价软件也是上海建筑领域造价软件市场的主导品牌，与广联达的算量软件互补性极高。因此，在政策东风的鼓励下，广联达以 3.2 亿元超募资金全资收购上海兴安得力软件有限公司，建立以上海为中心的区域根据地，进而向"长三角"市场拓展，为公司的区域联动、管理业务成长和国际化战略提供巨大的潜在驱动力。

（3）利用并购重组获得有效前沿技术，整合施工业务产品，横向拓展业务链

2014 年，BIM（建筑信息模型）在全球范围内受到广泛认可，被誉为建筑业转型升级的革命性力量，BIM 在我国的作用也日益显现，并逐渐成为国内建筑领域的项目首选。而此前，广联达在 BIM 设计领域的布局已经超过十年，自主研发的 BIM 技术也已得到初步应用，但为获取国际领先的 MEP 设计技术，并将其与公司现有产品及方案进行深度整合，完善升级公司已研发成功的 BIM 系列产品，助力 BIM5D 产品的发布，广联达于 2014 年 3 月 29 日以 1800 万欧元全资收购芬兰的施工软件公司 Progman Oy。

此次并购为广联达带来三方面重大作用：其一，通过此次并购，广联达拥有 Progman Oy 功能强大的 MEP 软件 MagiCAD，该软件成为广联达施工阶段 BIM 整体解决方案的有机组成部分，并有效填补了中国市场的空白。其二，广联达将 MEP 软件运用到运维阶段，能很好地与运维设备管理相结合，真正做到产品贯穿全生命周期。其三，此次并购是广联达迈向国际化、全球化至关重要的一步。

3. 深耕建筑信息化领域二十年，顺应时代潮流，及时实现造价业务云转型

广联达是国内第一批以造价软件起家的软件品牌，成立二十余年来，始

终围绕建筑信息化打造市场刚需产品，坚持自主平台研发。广联达曾先后成功研发出自主平台 GCL6.0、三维算量软件 GCL7.0、GGJ9.0 等，展现出行业领先的自主研发实力。同时，广联达的产品功能全面超越同类软件，其中主营造价业务市场占有率超过 50%。此外，在互联网时代背景下，云计算、大数据、物联网等技术发展正在加速催化商业模式的变迁。因此，广联达逐渐将发展重心从抢占市场份额转向改善业务质量、进军长尾市场（盗版市场、中小竞争对手和地区市场）。2015 年，广联达成为行业内首家推出云转型战略、采用新型"云+端"产品形态的公司。如图 14 所示，广联达的云转型经历了从软件业务到云端业务再到人工智能业务的三个转型阶段。广联达的商业模式从转型前面向增量客户的产品模式转向面向存量客户的运营商模式，收入模式也从软件出售向收取租赁费和增值服务费转型，具体如表 13 所示。

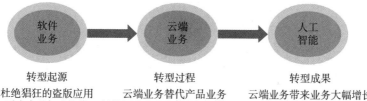

图 14　广联达云转型三阶段

资料来源：广联达 2018 年 5 月 3 日投资者关系活动附件演示文稿。

表 13　广联达云转型前后比较

分类	传统模式	新模式
产品形态	单机套装软件	"云+端"
业务定位	产品模式:增量客户	运营商模式:存量客户
收入模式	出售软件 Liscense + 升级费	租赁费 + 增值服务费
运营模式	"研、营、销、服"串形	"研、营、销、服"环形 &O2O

资料来源：广联达 2017 年 5 月 10 日业绩发布会材料。

4. 以提高行业整体协作效率为出发点，投资打造广联达建筑生态圈

建筑业在我国国民经济中一直占据重要地位，近十年来建筑业对 GDP 的贡献一直高于 6%，其中 2018 年的贡献高达 6.9%。但是建筑行业快速发展的背后是高耗能、低效率的问题，且项目成本难以控制，产值利润率极低，仅为 1%～4%。因此，建筑行业亟须转型和变革。

伴随中国互联网与数字技术的发展，数字建筑应运而生，并成为提高行业数字化水平和整体水平的有效手段，也是建筑产业转型升级的核心引擎。数字建筑旨在构建建筑产业新生态，大幅提高行业整体协作效率，进而提升行业利润率。广联达的数字建筑产业互联网平台正是在此背景下诞生的，包括软件服务、数据服务和金融服务，该平台需要多方企业共同参与才能打造闭环生态圈，实现政府、物业、专业院校、施工企业、建设单位、中介公司等单位的多点连接。

目前，广联达利用深耕建筑信息行业二十余年的技术优势、行业龙头的资源优势，投资成立集采电商，涉足产业链金融，实现互联网平台各个业务场景无缝连接，公司建筑生态圈初具雏形，涉及专业应用、大数据、电子商务、互联网金融四大方面。未来，广联达公司将围绕完善该平台、打造闭环的广联达建筑生态圈而进一步布局发展。

5. 公司发展特点总结

第一，顺势而为，业务链与投资链同步发展。无论是最初的"让预算员甩掉计算器"的工程造价软件，还是顺应互联网时代的要求，积极实现造价业务云转型，广联达始终坚持顺应时代发展潮流，在合适的时间，提供市场所需的产品与服务，并精准把握资本市场发展趋势，借助跨地区并购重组政策东风，清除前进阻力，积极打开新市场。

第二，未雨绸缪，为开拓新业务助力。在我国建筑信息化浪潮来临之前，广联达就已经开始布局 BIM 技术，经过十余年的自主研发及海外并购，获得世界领先技术的支持，并在 2015 年迎合全球建筑数字化浪潮，依靠长期积累的科技实力，积极开拓工程施工软件市场，为公司营收构建另一增长极。

第三，逐步构建行业生态圈。纵观广联达发展过程，公司以工程造价软件为起点，业务逐步横向延伸至建筑全生命周期的施工阶段，在做好两大主体业务的同时，又立足产业进行纵向投资，逐步建立起电子商务、互联网金融、征信等业务，以为主体业务提供服务，最终形成闭环生态架构。

（二）四维图新：立足地图，构建"智能汽车的大脑"

1. 企业成长之路，从导航到构建"智能汽车大脑"

北京四维图新科技股份有限公司（以下简称"四维图新"）成立于2002年12月3日，于2010年5月18日上市（股票代码：002405），截至2019年3月，总市值227.87亿元。公司致力成为国际一流的高精度地图、车联网和自动驾驶综合解决方案提供商。以芯片业务为核心，依托数据、软件算法和计算能力，逐渐发展导航、车联网和自动驾驶业务，最终构建"智能汽车的大脑"。

四维图新自上市以来，通过管理改革和业务拓展成功实现了从传统地图厂商向数据信息综合服务商的转型。公司通过管理改革引入腾讯为第二大股东，完成从国有制到混合所有制的改变，并通过股权和高薪激励，将管理层利益与股东利益深度绑定，将管理改革贯彻到底。此外，公司通过在导航、车联网、芯片和自动驾驶业务上的不断拓展、布局和转型，带动业务健康发展。

2017年，公司营业收入21.56亿元，同比增长36.03%；净利润2.12亿元，同比增长82.63%；2018年，公司营业收入21.34亿元，同比下降1.02%；净利润3.77亿元，同比增长77.83%（见图15）。公司连续两年实现营收20亿元以上以及净利润的高增长与公司不断拓展新业务、寻找新增长点密不可分。

2. 注入新鲜血液，管理改革铺平前进道路

（1）引入腾讯战略入股，实现体制结构与业务发展双转型

2014年，腾讯以11.73亿元收购四维图新7800万股份，股权变更后，

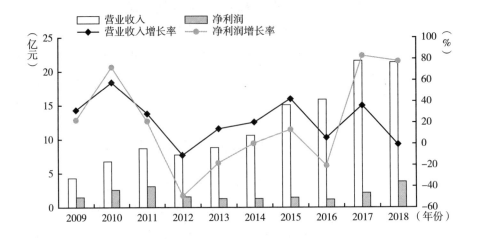

图15 四维图新营业收入、净利润及对应增长率

资料来源：Wind 资讯。

中国四维占股 12.58%，腾讯占股 11.28%，企业"基因"发生根本变化。腾讯的入股，一方面使企业实现向完全职业化的管理模式和市场化的竞争机制的转变，另一方面推动业务扩展至基于位置的大数据服务领域，加速从地图厂商向软件服务提供商的业务结构转型。

①体制结构转型

在腾讯入股前，四维图新是一家典型的国资企业，中国航天科技集团有限公司旗下控股子公司中国四维持有四维图新 23.86% 的股份。自腾讯入股后，四维图新从国资企业转变为完全市场化企业。截至 2018 年年报时间，中国航天持有四维图新 9.95% 股份、腾讯持有 9.74% 股份、管理层持有 8% 股份，其余公众投资者持有 72.31% 股份，四维图新没有实际控制人，大股东不干预经营决策，公司的经营发展由管理层自主把控，实现完全职业化管理。

②业务发展转型

2013 年以来，四维图新传统业务收入在减少。导航电子地图作为四维图新的传统业务，在车载领域增长缓慢，受诺基亚订单大幅减少的影响，公司在消费电子领域的收入也下降明显。但同年公司占比较低的车联网业务却有较高增长率，成为公司的新增长点（见表14）。2014年腾讯入股四维图新，帮助四维图新进一步开展业务转型。腾讯的互联网用户资源有效帮助四维图新完善导航业务、扩充用户数据，推动其传统导航业务的发展。双方于2014年9月联合推出WeDrive，通过整合优势资源，四维图新开始将其业务扩展至基于位置的大数据服务领域，实现从地图厂商向软件服务提供商的转型。

表14 四维图新2012～2013年收入明细

单位：万元，%

收入明细分类	2013年	2012年	同比增减情况
导航电子地图（车载领域）	45918.16	41895.37	9.60
导航电子地图（消费电子领域及其他）	5369.41	17059.86	-68.53
综合地理信息服务（交通信息）	10443.73	8631.43	21.00
综合地理信息服务（车联网及编译）	17162.96	12179.06	40.92
综合地理信息服务（在线服务和行业应用与其他）	9113.99	6544.44	39.26
合计	88008.25	86310.16	1.97

资料来源：四维图新2013年年报。

（2）高管激励，绑定核心人才

四维图新给予核心高管高于市场平均水平的年薪，并配套股权激励，实现高管利益与公司收益的深度绑定。四维图新于2014年发布股票激励计划，该计划覆盖四维图新1/6的员工，共计513人，极大地激发了员工的企业责任感，并实现了核心人才与公司的深度绑定。

3. 立足高精度地图，并购助力业务模式全面拓展

四维图新立足高精度地图，通过并购不断实现业务的全方位拓展。2011～2017年，公司先后并购MAPSCAPE、中寰卫星、杰发科技等掌握核心技术的公司，成功在导航、车联网、自动驾驶、芯片四大业务领域完成全方位布局（见图16）。

并购MAPSCAPE　　并购中寰卫星　　并购和骊安　　并购图吧　　并购杰发科技

| 2011年 | 2013年 | 2015年 | 2015年 | 2017年 |

引入地图编译业 | 开展车辆监控运 | 成功布局车载操 | 布局智能车联网 | 引入芯片业务，
务，延伸公司产 | 营业务，进入商 | 作系统 | 业务 | 切入自动驾驶领
业链 | 用车联网领域 | | | 域

图 16　四维图新主要并购事件

（1）并购 MAPSCAPE，助力导航业务转型。

导航电子地图是四维图新的传统主营业务，主要包括地图数据、数据编译和导航软件，业务发展相对成熟。自 2010 年，四维图新的导航业务增长率开始大幅度下降甚至出现负增长（见图 17）。一方面原因是四维图新的主要合作伙伴诺基亚手机的销量大幅降低，另一方面原因是互联网免费地图猛烈冲击市场，两方面原因共同导致四维图新的导航业务收入骤减。

在此背景下，四维图新于 2011 年并购 MAPSCAPE，实现导航业务的转型。荷兰 MAPSCAPE 公司有丰富的导航系统软件研发和维护经验，编译技术世界领先，是 NDS 导航地图生产和服务的领导者。四维图新通过本次收购，向产业链上游延伸，从单纯的图商转变为软件解决方案提供商，成为全球最早从生产到编译环节提供 NDS 地图的综合提供商。同时，四维图新通过收购 MAPSCAPE，与 MAPSCAPE 的客户如奥迪、宝马和大众等汽车厂商达成合作，进军欧美高端车型市场。此次并购，使四维图新导航业务的长期稳定发展受益无穷。

（2）并购助力四维图新全面布局车联网生态链。

四维图新的车联网业务布局开始于 2009 年，两年后公司发布 Telematics 业务，为远距离车辆诊断提供交通信息，同年推出业务品牌趣驾 FunDrive，至此四维图新以"呼叫和转移"为主的第一阶段车联网业务开始崭露头角（见图 18）。

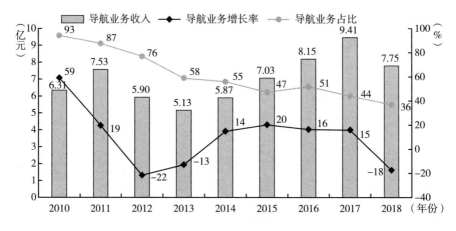

图 17　四维图新导航业务

资料来源：Wind 资讯。

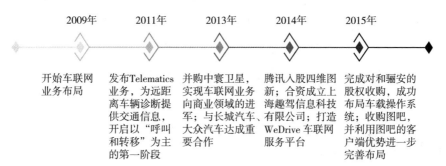

2009年	2011年	2013年	2014年	2015年
开始车联网业务布局	发布Telematics业务，为远距离车辆诊断提供交通信息，开启以"呼叫和转移"为主的第一阶段	并购中寰卫星，实现车联网业务向商业领域的进军；与长城汽车、大众汽车达成重要合作	腾讯入股四维图新；合资成立上海趣驾信息科技有限公司；打造WeDrive车联网服务平台	完成对和骊安的股权收购，成功布局车载操作系统；收购图吧，并利用图吧的客户端优势进一步完善布局

图 18　车联网发展历程

2013 年，四维图新并购中寰卫星，进军车联网业务商业领域。中寰卫星主要提供基于卫星导航的车辆监控运营服务，四维图新以 6224.1 万元收购中寰卫星 51% 的股权成为其控股股东，此后，四维图新借助中寰卫星的领先技术快速切入车辆监控运营业务，有效增强公司在交通信息服务领域的竞争优势，同时此次并购让四维图新受益于北斗导航系统商业化应用所带来的巨大发展空间。同年，四维图新分别与长城汽车、大众汽车达成重要合作，为两大车厂提供全面的车联网服务。

2014 年，腾讯入股四维图新，进一步推动四维图新车联网业务的快速发展。同年，四维图新与江苏新科软件有限公司合资成立了上海趣驾信息科技有限公司，并与腾讯共同打造 WeDrive 车联网服务平台，实现将四维图新的电子地图业务从数据层向软件层延伸。

2015 年，四维图新完成对和骊安的股权收购，成功布局车载操作系统。和骊安主要经营车用电子信息技术的开发及车用电子设备制造，与日本阿尔派、德国宝马、印度 AXA 保险等世界知名企业在车联网、云平台、大数据等领域均有合作。此外，和俪安拥有国内唯一一家通过国际知名 Tier 1 测试的车规级 Android 操作系统，还具有世界领先的云平台，在 FOTA 空中断点续传、数据加密与传输等领域均处于全球领先水平。四维图新通过收购和骊安软件布局车载操作系统。同年，四维图新收购图吧，并利用图吧的客户端优势进一步完善车联网布局。图吧是我国领先的互联网导航产品及车联网产品的开发商和运营商，产品覆盖范围极为广泛，包括移动端、网页端以及企业服务和硬件四大方向，其中仅移动端的图吧导航拥有的客户量就高达 1.1 亿人次。收购图吧，有利于四维图新获取图吧客户，立足于地图导航深化车联网布局。至此，四维图新以"人车互动、车车互动"为主的第二阶段车联网业务步入正轨。

目前，四维图新的车联网业务已经形成了集 WeDrive、WeLink、WeData 于一体的智能网联终端，并于 2018 年正式将其车联网业务分拆为单独运营的公司——四维智联。

（3）并购杰发科技，突破高端芯片技术障碍，打造"智能汽车的大脑"。

四维图新车联网业务的第三阶段以发展"自动驾驶"为核心，但纵观其车联网产业链布局可知，四维图新尚缺乏生产车联网所需硬件——芯片的能力。与此同时，伴随 ADAS、自动驾驶、新能源技术的快速发展，汽车电子芯片的产业需求持续释放，汽车电子芯片市场成为增长最强劲的芯片终端应用市场之一，但我国汽车市场难以突破芯片的核心技术障碍，因此车载芯片市场一直被国外企业所垄断。

在此背景下，四维图新于 2017 年以发行股份及支付现金的方式全资收购杰发科技，旨在突破高端芯片技术障碍，助力公司打造"智能汽车的大脑"。

杰发科技是一家致力于研究"中国芯"的芯片龙头公司，创建于 2013

年，前身是联发科技股份有限公司的汽车电子事业部。公司不仅拥有大量优质的下游客户，如比亚迪、阿尔派等，还拥有规模较大、声誉较好的上游供应商，如台积电、矽品精密、日月光等。四维图新并购杰发科技，不仅能够成功突破芯片的技术屏障，顺利切入芯片市场，还能补足车联网产业链的最后一环——芯片。如图 19 所示，四维图新只有掌握生产芯片硬件的能力，才能构建软硬件一体化的车联网解决方案，打造"智能汽车的大脑"。

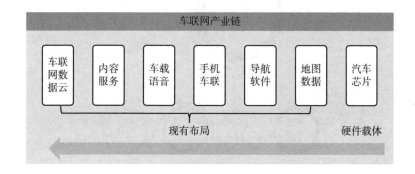

图 19　四维图新车联网产业链布局

收购杰发科技后，四维图新围绕"智能汽车大脑"战略，以实现自动驾驶为指导，结合芯片硬实力及现有产业链资源，向客户提供包括高精度地图、核心算法、芯片在内的一整套解决方案，不断推动自动驾驶业务的发展。

4. 业务拆分，着重布局车联网核心赛道

车联网适应汽车智能化、自动化的发展前景，作为自动驾驶汽车、智能汽车的配套基础设施，车联网能够承载娱乐信息、驾驶辅助等一系列出行需求，未来增长空间巨大。

在此背景下，四维图新于 2018 年 4 月将旗下车联网业务单独分拆出来，更名为四维智联，以集中资源全力发展车联网业务（见图 20）。2018 年 9 月，腾讯基金、蔚来资本、滴滴出行等作为战略投资者，注资超过 1 亿美元入股四维智联。拆分后的四维智联是一个独立的千人团队，并根据业务线划分为车载导航事业部、轻车联网事业部、TSP 车联网平台事业部、智能网联事业部、大数据运营商业化部五大事业部，专职负责地图数据、车联网平台、路况数据、导航、系统解决方案等四维图新的自主品牌业务。目前，四维智联提供的产品与服务主要包括：WeNavi（地图导航）、趣驾 WeLink（专注于车联网领域的手车互联软件）、一键上网、WeDloud、WeData（应用于大数据产品服务和大数据增值运营）、WeOS 网联终端抖 8 音乐车机、NGLP 平台。

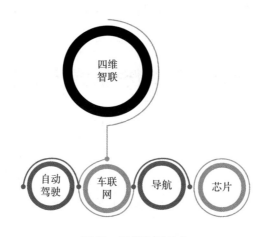

图 20　四维智联业务

此次分拆，对于四维图新而言，便于其集中资源，面向"自动驾驶"做深度布局，如高度整合高精度地图、高精度定位、芯片等自动驾驶所需的各个产品。同时，引入腾讯、滴滴出行等战略投资者，有助于缓解四维图新在技术研发上的资金投入压力。对于分拆公司——四维智联而言，从四维图新母公司中独立出来，有利于四维智联与腾讯车联网系统、滴滴出行等车联网相关企业进行资源共享。如 Android 系统的高度开放，便于四维智联根据车厂及供应商要求进行更深层次的定制化开发，集成 QQ 音乐、微信等第三方应用服务。此外，分拆后独立的管理模式和组织架构也有益于四维智联与下游车企开展业务合作，共同解决系统兼容等问题。

（三）中科创达：操作系统龙头企业，全球化战略的践行者

中科创达成立于 2008 年，是业内领先的移动智能终端操作系统产品和技术供应商，在全球智能终端产业链上占据核心地位。公司基于英特尔、高

通等芯片平台，提供 Android、Windows、Firefox、OS 等操作系统的底层框架和核心技术的相关解决方案，主要面向智能手机、智能汽车、物联网提供产品和服务。公司于 2015 年底在 A 股上市，截至 2019 年 2 月末总市值 139 亿元。公司上市以来，2015～2017 年营业收入逐年递增，研发费用稳步增加，净利润维持在较高水平（见图 21）。

图 21　上市以来中科创达营业收入、净利润和研发费用

中科创达创办十余年来，在移动操作系统领域积累了丰富的开发经验；并于近年来通过内生研发与外延并购相结合的方式，快速进军物联网和车联网市场，在智能车载、智能视觉、智能语音、人工智能算法、安全等技术领域均有所建树。公司在发展过程中始终紧密绑定上下游供应商及客户，以设立合资公司等形式加强与高通、展讯、英特尔、ARM 等全球知名厂商的合作，极大地促进了公司国际业务的拓展，巩固了公司与全球产业链伙伴的战略合作关系。

目前，公司正处于传统优势业务与战略转型业务齐头并进的时期，智能手机核心业务稳步发展，并加速推进车联网和物联网领域业务落地以顺应行业发展新趋势。

1. 并购助力"智能手机 + 智能车载 + 智能视觉"业务发展

（1）智能手机：产业链一体化 + 深耕安卓 + AI 融合

中科创达是中国最早从事安卓系统软件开发的公司之一，智能手机是公司的核心业务，也是公司最主要的营收来源，营收贡献高达70%。安卓系统是全球移动终端领域成功的开源操作系统，在全球智能手机操作系统市场中占据统治地位。中科创达深耕安卓系统多年，已形成深厚的技术积累，全面覆盖驱动技术、通信协议栈、图形图像处理等核心技术领域。中科创达的智能手机业务主要围绕安卓系统开展，并随着安卓系统在智能手机市场中的份额提升而拓展。2012～2017年，中科创达的整体营业收入由2.5亿元提升至11.6亿元，年均复合增速高达35.7%。

伴随着全球智能手机普及率的逐渐提升，智能手机行业高速增长的情况开始转变。全球智能手机销量增速从2013年的41%下降至2018年的-4%，已持续五个季度增速为负，出货量基本维持在14亿部，增长乏力。面对智能手机市场逐渐稳定的局面，中科创达一方面加速产业链整合力度，通过设立合资公司、签订战略合作协议等方式与上下游厂商深度绑定，打造产业链一体化经营模式（见图22）；另一方面成功把握住智能手机市场的细分高增长领域，如定制化个性化软件、5G手机相关配套软硬件系统等市场，助力公司业绩持续提升。

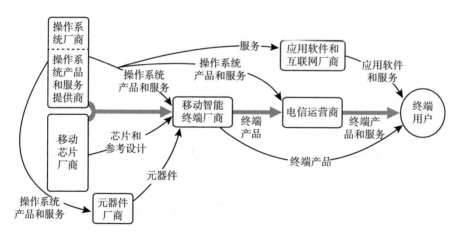

图22　中科创达智能手机操作系统业务渗透至整条产业链

资料来源：根据公开资料整理。

　　未来，在印度、东南亚等海外新兴智能手机市场迅速扩张以及 AI 推动手机功能迭代升级的带动下，中科创达智能手机业务有良好的持续增长基础。首先，公司拥有能够支撑高通、ARM、华为、寒武纪等主流手机厂商开发 AI 引擎的技术能力，能够满足智能手机功能迭代升级对芯片、操作系统乃至应用程序的更高要求。其次，中国手机厂商在印度的扩张为中科创达出海并购提供了天然纽带。2014 年以来，小米、联想、VIVO、OPPO 等国产品牌打入印度市场，在印度智能手机市场上的出货量猛增，分别占到印度全市场的 23.5%、23.5%、9.0%、8.5%。未来着眼于全球布局的中科创达也可将触角伸向印度、东南亚等海外新兴市场，通过收购向新兴市场渗透其智能手机业务。

　　（2）智能车载：对外合作＋并购助力技术升级

　　智能汽车业务是中科创达 2.0 转型升级战略的重要布局，目前中科创达的智能汽车业务聚焦于智能驾驶舱系统解决方案。公司自 2014 年开始，基于多年的移动操作系统和平台技术积累，以智能车载信息娱乐系统 IVI 为基础，与高级辅助驾驶系统（ADAS）、智能仪表盘、汽车总线、车载通信系统相融合，致力于为下一代智能联网汽车提供智能驾驶舱系统解决方案。

　　对外合作和技术升级助力中科创达的智能汽车业务快速发展。在对外合作上，中科创达通过与高通、瑞萨、TI 和恩智普（飞思卡尔）等主力车载芯片厂商合作，将公司在 Linux、安卓等领域的多年操作系统和平台技术积累成功移植到智能汽车业务上，并针对各 MCU 和 SoC 平台，推出了更加优化的软件平台，成功实现为客户提供智能驾驶舱的解决方案和优质服务。

　　在技术升级方面，中科创达在智能汽车行业快速增长阶段，通过并购实现了技术的不断补充与升级。2016 年 6 月，中科创达全资收购北京爱普新思电子技术有限公司和北京慧驰科技有限公司（分别从事车载娱乐系统研发与销售工作），成功获取两家公司的免调收音、车身匹配等核心技术，并获得其在汽车前装领域超过 17 年从业经验的核心人员，为公司人员配置的完善和市场份额的扩大提供重要支持。2017 年，中科创达完成对芬兰车载交互公司 Rightware 的收购，以加快对人车交互入口、全球业务拓展的布局。

Rightware 成立于 2009 年，是全球领先的汽车用户界面设计工具和嵌入式图形引擎软件产品供应商，其自研产品 Rightware Kanzi 已经应用于 Audi、伟世通、博世等全球 20 多家知名厂商，是一款为汽车仪表盘和信息娱乐屏幕设计开发的人机交互界面。通过此次收购，中科创达获得 Rightware 的仪表盘屏幕技术，并利用 Rightware 在欧洲积累的高端车厂客户及稳定的 Tier1 供应商关系，将公司的智能汽车业务拓展至欧美，最终推进其全球化战略布局的实施。

（3）智能视觉：多产品线应用＋并购

中科创达自 2017 年开始在智能视觉的边缘计算与嵌入式人工智能方面展开研究，并着手积极推动智能视觉的场景化应用，目前中科创达在 AI 智能视觉领域的领先优势明显。

中科创达联合高通和 ARM 开发大量智能视觉解决方案。在 2018 年 2 月举办的世界移动大会（MWC）上，中科创达推出了面向智能视觉领域的智能视觉一站式技术平台，还融入了最新的 AI 算法，可以在公共场所实现人流统计、行人轨迹、性别识别及情绪识别等功能，并应用于物流、零售等领域，有效帮助行业客户节省人工成本、提升综合效益。此外，中科创达的智能视觉技术在智能手机、智能硬件及物联网、智能汽车等场景都有相当大的发挥空间，未来将助力中科创达业务价值的全面提升（见表 15）。

表 15　智能视觉应用于各产品线

应用领域	应用价值
智能手机	智能手机操作系统市场已基本成熟，缺乏较大的增长空间，而智能视觉则为智能手机提供了新的业务增长点。例如，在手机图像处理方面，人脸识别、人脸美化、卡路里识别等；并且消费者在手机摄像上的需求也不断提升。中科创达参与了很多手机厂商在手机成像等方面的开发，如索尼、华为、小米
智能硬件及物联网	物流：物体检测、体积测量
	无人机：物体追踪、测距
	智能家居：运动检测
智能汽车	智能视觉在智能汽车领域主要是基于智能汽车中的多个摄像头（车内、车底等），并且汽车的零部件、传感器、摄像头比手机多，市场空间有望超过手机

资料来源：中科创达公司官网。

2018 年 3 月 29 日，中科创达收购 MM Solutions，实现其外延性核心技术的突破。MM Solutions 成立于 2002 年，专注于移动和工业图形图像视觉技术研发，是一家领先的提供移动端视频解决方案的公司，对成像系统、光学设计、图像处理、视觉方案的系统与架构有深入理解，具有全球领先的图像视觉和 AI 算法开发、优化和集成能力。公司是高通及德州仪器的战略合作伙伴，也是一家领先的移动和工业图形图像技术企业。公司的主要产品是移动端（包括智能手机、平板电脑和电子书）的 2D 与 3D 视频解决方案，其解决方案已被应用在超过 2.5 亿部手机中。目前，公司拥有 240 名工程师，技术积累超过 16 年。世界上已经有超过 60 款拥有卓越相机影像画质的智能手机和平板电脑采用了 MM Solutions 相机影像解决方案及图形图像算法；全球超过 5 亿部智能手机的摄像头成像单元搭载了 MM Solutions 的图像处理算法和画质调校技术。此外，图像与视觉技术在汽车和工业领域也有广泛应用，中科创达通过将其技术进行融合吸收，推出了针对汽车的 360 度环视、障碍物检测、驾驶员状态检测等 ADAS 高级驾驶辅助系统。

通过收购 MM Solutions，中科创达可获得其在图像影像领域的雄厚技术和研发实力，以及优质客户资源，提高公司在图像视觉领域的研发能力、整体解决方案制定和产品研发能力，为客户提供高价值服务，提升公司在全球嵌入式视觉以及人工智能领域的市场竞争地位。图像识别/机器视觉作为人工智能发展最为迅速的领域，在金融、安防、医疗、无人驾驶等多个场景进行商业化落地，潜在市场规模达到万亿元级别。此外，本次并购还可以大幅提升中科创达在智能视觉领域的国际竞争力，加速其智能驾驶舱供应商 2.0 战略的落地。二者的联手能够形成区域上的互补，此前 MM Solutions 的市场客户主要集中在欧美国家，中科创达则集中在亚太市场，此次收购有利于中科创达快速渗入欧美市场，深化其国际化战略，占领智能视觉领域的发展先机。

2. 客户资源——转型关键时期，与客户深度合作

中科创达的发展离不开其与全球领先元器件、软件及互联网企业建立的深度合作关系。中科创达基于卓越的技术优势和全球服务能力，与 ARM、

高通、英特尔、微软、黑莓、百度等全球知名公司深度绑定，以合资公司、联合实验室的方式展开合作。这种深度绑定的客户关系，帮助中科创达不断发展壮大。近年来，随着平板电脑、智能电视和可穿戴设备的需求下降，市场规模增长趋缓，公司及时将战略方向调整到智能车载终端和智能物联网领域，在进军新市场的过程中继续与传统客户保持深度合作，并顺利度过转型关键时期，如2008～2009年开源Android系统兴起时全面转投Android系统市场、2015～2017年车联网和物联网产业兴起时全面布局智慧网联行业等。中科创达的具体发展路径如图23所示。

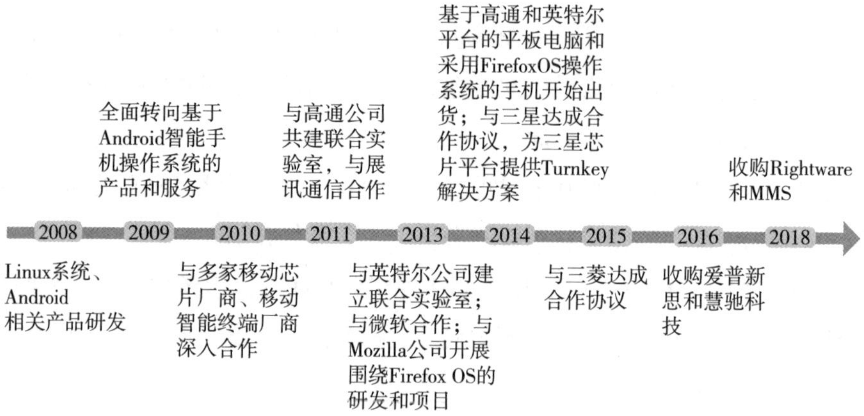

图23 公司发展与合作历史

资料来源：中科创达公司公告，国盛证券研究所。

（1）高通：中科创达的长期陪伴者

高通公司是全球主要移动芯片制造商和移动通信专利授权商之一，在主流无线通信技术标准的必要专利许可市场、主流基带芯片市场上，均具备绝对领先地位。

高通公司与中科创达的战略合作关系可以追溯至2008年，双方的合作范围广泛，包括QRD手机的联合开发、联合实验室的建立，以及对IHV元器件进行的联合认证等。中科创达与高通的合作从移动终端逐渐拓展到智能硬件（IoE）领域，高通的高性能芯片助力中科创达在智能物联网、智能车载业务领域快速发展。以物联网为例，高通不仅是中科创达最大的移动芯片客户，更是中科创达在 VR、无人机、智能相机、智能穿戴等产品领域所需基础芯片的供应商。

2016 年以来，高通与中科创达的合作更加紧密，双方合资设立子公司——重庆创通联达智能技术有限公司，致力于将高通的芯片技术和中科创达的操作系统技术与本地化支持能力相结合，为客户提供软硬件一体化的 SoM（System on Module）解决方案。目前，该产品已经应用于 VR、无人机、智能相机、机器人等智能物联网领域，具有体积小、计算能力超强、操作系统定制化、网络升级等突出优势。

（2）展讯：中科创达在智能终端的深度合作者

展讯科技主要从事智能手机、功能手机及其他电子消费产品所需芯片平台的开发，帮助客户实现更短的设计周期并有效降低客户的开发成本。

中科创达于 2011 年与展讯签署了合作协议，双方形成长期、稳定的合作伙伴关系。与展讯的合作，帮助中科创达强化了在 TD – SCDMA 智能手机业务领域的技术实力，并且自 2011 年，中科创达已经深入展讯各个芯片的各条产品线，对展讯系统模块的参与度高达 80%。从上层运营商定制化 App 到中层系统优化核心技术支持再到底层平台 BSP 的 Android 操作系统升级，中科创达提供的技术服务基本实现全面覆盖，并且还会额外辅助展讯向其客户提供 FAE 支持，以满足中国移动、中国联通及海外运营商或华为、中兴等终端客户的定制化需求。

（3）英特尔：中科创达的联合实验室建立者

英特尔（Intel）是全球领先的芯片设计企业和全球主要半导体芯片制造商，其设计、生产的基于 X86 架构的多核处理器在全球 PC 终端市场上处于绝对领先地位，并逐步向智能手机、平板电脑等移动智能终端设备市场拓展。

中科创达已被英特尔认证为独立软件供应商（ISV），并与英特尔建立了联合实验室，用于组件调整和终端测试，以在高质量环境中提供高级技术支持。

（4）ARM：合资设立安创加速器，聚焦物联网创新

英国 ARM 公司是全球领先的半导体知识产权提供商，全球超过 95% 的智能手机和平板电脑均采用了其设计的 ARM 架构，其在智能手机、平板电脑、嵌入控制、多媒体数字等处理器领域拥有主导地位。

中科创达与 ARM 于 2015 年 9 月合资设立安创空间科技有限公司，简称安创加速器。ARM 作为整个物联网领域技术的驱动者，拥有国际生态环境，并且服务着许多国际厂商，而中科创达在移动领域积累了 7 年的优势，有足够实力将其技术复制到智能硬件中，并最终推动技术的落地，两者的结合将加快推动智能物联网的发展。通过整合 ARM 生态系统合作伙伴的软硬件资源以及中科创达的技术实力，安创加速器将聚焦智能硬件和物联网创新创业的孵化及加速器平台，推动中国智能硬件开发的加速创新，促进本土产业与国际市场的联动，持续为创新创业企业和 OEM 厂商提供所需的专业技术与工程支持。自 2014 年下半年，安创加速器已经支持了业界数一数二的物联网厂商，并且已经在北京、上海、深圳、重庆等多地展开运营。

3. 实施全球化战略，助力业务转型

（1）海外并购加速，渗透全球市场

中科创达于 2016 年收购爱普新思和慧驰科技，进军汽车前装市场信息娱乐系统行业；于 2017 年收购芬兰的车载交互技术公司 Rightware，在取得中控仪表盘的全球领先技术的同时，积累 Rightware 的欧洲车厂客户资源，实现智能车载领域核心竞争力的提升与欧洲市场份额的扩大；于 2018 年收购保加利亚图像视觉技术公司 MM Solutions，获取其在图像影像领域的技术积累和欧美地区客户资源，提升中科创达在全球嵌入式视觉市场上的竞争地位。

通过积极收购海外具有核心技术的标的，中科创达成功获取大量先进技术并借此成功切入全球市场。目前公司仍在积极寻求估值合理的高技术价值公司，以期通过收购不断加快国际化进程。

（2）研发中心与专业团队布局全球 20 + 城市，服务全球客户

中科创达拥有一支对操作系统技术理解深入的国际化专业团队，目前已

建立起具备全球服务能力的技术支持和营销网络。公司总部位于北京，分子公司及研发中心分布于全球 21 个地区，可以为全球客户提供便捷、高效的技术服务和本地支持。中科创达的全球研发中心分别设立在深圳、上海、南京、成都、重庆、武汉、西安、沈阳、大连、台北、香港，以及美国硅谷、日本东京、日本名古屋、韩国首尔、芬兰赫尔辛基、保加利亚索菲亚、马来西亚槟城、印度海得拉巴。

（3）业务覆盖全球，大量营收来自海外

公司的智能手机、智能车载、智能物联网三大主要业务均布局全球，公司收入增长按地区分类，主要来自中国及欧美地区。2018 年公司收入中，海外收入达 6.98 亿元，占总营收比重达 47%。其中，欧美地区的收入增长与公司的全球化战略相关。2018 年，公司在欧美地区实现营业收入 3.28 亿元，同比增长 64.82%，增长态势良好。

（4）与产业链厂商深度合作，推动智能产业发展

公司与全球领先元器件、软件及互联网企业有紧密的合作关系。由于操作系统的天然属性，公司在产业链中具有独特的垂直整合优势，在智能终端产业链中的芯片、元器件、终端、软件等领域，与互联网厂商以及运营商等全球领先企业拥有紧密的合作关系，不但提供智能终端平台技术和服务，而且在全球的智能终端生态系统中扮演重要的角色。

作为一家技术驱动型企业，中科创达不但坚持自我创新，也注重扶持创新。一方面，与高通、英特尔、微软等分别运营了多个联合实验室，为元器件适配和终端测试提供先进的资源和技术支持；另一方面，与 ARM、高通分别成立合资公司——安创空间加速器、重庆创通联达，为智能硬件企业及创新创业者提供产业平台，推动智能硬件技术发展；并与临空投、天使基金、北极光共同成立产业投资基金，整合资源助力创新。

公司与供应商建立起长期稳定的关系。公司在选择供应商方面严格、谨慎，会对供应商的技术水平和综合实力进行严格的考察、评估和审核，重视与供应商关系的长期性和稳定性，因此可以给公司带来较为稳定的收入。

4. 公司发展总结

中科创达是业内领先的移动智能终端操作系统产品和技术供应商，在全球智能终端产业链上占据核心地位，目前，公司在智能手机业务稳定的基础上加速推进车联网和物联网领域业务落地以顺应行业发展新趋势。中科创达在智能手机业务方面进行"产业链一体化＋深耕安卓＋AI 融合"；在智能车载业务方面以"对外合作＋并购"助力技术升级并拓展市场；在智能视觉方面收购 MM Solutions。公司在转型时期与高通、展讯、英特尔达成密切合作，设立联合实验室，合资进行物联网创新。中科创达拥有坚定的全球化战略实施路径，在全球 20 多个城市拥有研发与营销中心，为其业务辐射全球奠定了良好技术基础。在全球化战略及优质合作伙伴的带动下，中科创达已经全面布局"智能手机、智能车载、智能视觉"三大核心业务，其中智能车载和智能视觉领域则将移动操作系统的传统优势和新兴 AI 技术相结合，未来将不断受益于行业的高成长空间。

中国并购市场商誉风险

摘　要： 2018 年商誉风险在 A 股市场集中爆发，商誉减值规模达到
1666.3 亿元。受到我国资金面收紧、全球资本市场避险情绪
升温、经济发展放缓等多重影响，2018 年末，我国股市连续
下跌，商誉减值风险的集中爆发沉重地打击了本来已经脆弱
不堪的资本市场，直接导致部分上市公司大股东面临股权质
押爆仓、失去上市公司控制权的风险，形成资本市场股价下
跌的恶性循环。实际上，商誉伴随并购活动而产生，反映的
是上市公司过去几年的并购特点，也是微观企业对我国宏观
经济、对外贸易、资本市场和监管政策变化的一个综合反映。
商誉只是表象并不是洪水猛兽，商誉减值只有在标的资产未
来收益低于预期时才会发生，估值溢价与标的资产的质量是
否匹配才是本质。

商誉是并购活动的产物，当并购价格高于标的资产的账面价值时，其差
值即计入商誉，若标的资产预期收益下降，并购方则要计提商誉减值冲抵当
期损益。因此，商誉成为并购活动的一块事后试金石，而一旦业绩承诺不达
标或并购标的经营不善，需计提商誉减值准备往往十余倍于业绩差额，甚至
可能成为压垮公司的最后一根稻草。

2017 年，商誉减值风险在创业板、中小板公司中集体爆发，全体 A 股商
誉减值规模达到 366.1 亿元，减值同比增速达到 221%。而在 2018 年，884 家
上市公司共计提商誉减值金额高达 1666.3 亿元，刷新历史纪录，是 2017 年的
4.6 倍、2016 年的 14.6 倍，是过去 A 股二十多年累计商誉减值的两倍以上。

如果将 2018 年的商誉减值规模与 A 股上市公司盈利能力对比，1666.3 亿元商誉减值规模占沪深两市所有 A 股（除金融和两油）全年归母净利润 1.55 万亿元的 10.75%，与 922 家中小板公司（非金融）全年归母净利润 1747.6 亿元相当，更是 739 家创业板公司全年归母净利润 343.9 亿元的 4.8 倍。

如果从商誉减值对个股亏损的影响来看，2018 年 A 股上市公司中共有 476 家公司亏损，占到全部 A 股的 13%。其中，有 42% 的公司亏损在 5 亿元以上（见图 1）。与 2017 年同期相比，业绩下滑的公司有 1585 家，占到全部 A 股上市公司的 44%。在业绩下滑的公司中，63% 的公司业绩下滑是由于销售不及预期，60% 的公司计提了坏账和资产减值准备，其中商誉减值的公司占比高达 21%，商誉减值的公司共 214 家。共有 45 家 A 股公司在 2018 年计提了超过 10 亿元的商誉减值损失，其中更有 10 家超过了 20 亿元。

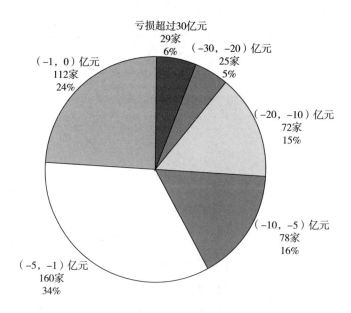

图 1　A 股亏损企业分布

2018 年亏损最大的前 30 家上市公司中，有 17 家都明确提到计提商誉减值损失是主要亏损原因，其计提商誉减值损失占市值的平均比例高达

51%，也即 2018 年亏损最大的 30 家公司中，有超过一半的公司仅商誉减值就"亏"掉了"一半身家"。如传媒公司天神娱乐 2018 年计提商誉减值准备约 40.6 亿元，占公司上一个经审计年度商誉原值的 62.5%，超高的商誉减值直接将公司拖入谷底，2018 年，天神娱乐实现归母净利润 -71.5 亿元，同比下跌 800%，而 2018 年 12 月 31 日天神娱乐的市值也不过 48.8 亿元。

面对市场高企的商誉总值，商誉减值风险已不再是无法预判的"黑天鹅"。因并购高潮而积聚的商誉减值风险像一把达摩克利斯之剑，高悬于上。

商誉伴随并购活动而产生，究其快速积累、集中爆雷的原因，离不开过去几年我国企业并购活动的特点，也是微观企业对我国宏观经济、对外贸易、资本市场和监管政策变化的一个综合反映。

从 2013 年开始，在我国宏观经济高速发展、中观产业结构调整、微观企业快速扩张的背景下，加之外部宽松的财政货币政策、处于上升周期的资本市场和快速发展的金融创新工具，我国并购市场开始爆发性增长。由于并购活动天然具有高度信息不对称性，拥有便捷融资渠道的国企和上市公司即成为此轮并购浪潮的主流。同时，并购重组作为助推经济转型升级、盘活存量经济的重要手段开始得到监管政策的大力支持。国务院、工信部联合 11 个部委以及证监会密集出台了多项政策制度，从产业重组到募集配套资金等多个方面为并购活动的蓬勃发展保驾护航。在此作用下，2014 年 A 股市场并购资金规模刷新了 1.56 万亿元的历史纪录。2015 年，A 股上市公司并购规模再度同比增长 41%，首次超过 2 万亿元，创下了 A 股市场的又一个高峰。

2015 年，资本市场二级市场掀起了牛市高潮，并购成为部分上市公司快速提高利润从而推高市值的主要手段，市场上出现了大量不考虑战略、标的质量和协同整合效应的"忽悠式""炒作式"并购重组。作为并购估值的主要考量指标，标的公司的业绩承诺越高，越能得到二级市场的跟风和追捧。

2017 年开始，第一批并购浪潮中的业绩承诺到期，需要检验当初并购的承诺是否完成。实际上，"忽悠式""炒作式"并购重组只剩下一地鸡毛，并购标的实际完成业绩严重不符预期，上市公司不得不计提大额商誉减值冲抵当年利润。"商誉"成为 2017 年导致上市公司业绩变脸的"黑天鹅"事件。2018 年，A 股商誉减值达到 1666.3 亿元，为本来就动荡的资本市场再次重重地敲响一记警钟。

2018 年，我国经济发展到了新的阶段，经济增速与外汇储备双双下降，金融降杠杆、稳杠杆需求紧迫，国内产业结构转型还处于摸索阶段，高新技术产业的发展亟须长期资本的支持与前沿技术的持续性注入。长期以来的贸易不平衡问题导致中美贸易摩擦不断升级。在此背景下，我国企业，特别是民营企业面临着多重问题的叠加，企业正常经营受到严重影响。一是大部分企业处于产业转型或升级的档口，企业经营风险加大，盈利能力下降，亟须通过产业型并购找到业务的突破口。二是资管新规、定增新规、减持新规等一系列降杠杆、稳杠杆的金融政策极大地限制了民营企业的融资渠道，企业获取资金扩大再生产的渠道有限而成本激增，并购活动停滞，转型受阻，盈利能力进一步下滑。三是外部系统性风险上升。从 2018 年开始，美国、欧洲逐步收紧当地企业与中国企业的合作往来，对高新技术领域的投资、并购加大审核甚至一度停滞，严重影响到我国企业转型升级的节奏；四是受到我国资金面收紧、全球资本市场避险情绪升温、经济发展放缓等多重影响，我国股市连续下跌。而在此前，有大量的上市公司大股东在融资难的背景下进行了大量的股票质押，以获取资金支持公司发展或并购，股价的连续下跌直接使此类上市公司大股东面临质押爆仓、失去上市公司控制权的风险。而这又反过来沉重地打击了本来就已经脆弱不堪的资本市场，使股价进一步下跌。

在此艰难的背景下，商誉减值在 2018 年末就成为加剧市场波动的意外因素。大量上市公司因为商誉减值而业绩"变脸"甚至出现巨亏，投资者因上市公司过去曾做过并购而惴惴不安，资本市场用脚投票，股价进一步断崖式下跌。部分上市公司实际控制人面对几乎"腰斩"的市值，疲于应付股票质押爆仓压力，变卖所有个人资产也无法维持其在上市公司中的控制权。

但实际上，当我们反思商誉风险爆发的原因和反观其时点时，我们会发现这其中有其必然性。第一，在宏观经济发展放缓、产业结构调整以及对外贸易受阻的背景下，大量公司都面临业绩下滑的问题，上市公司的并购标的也不例外，这直接导致业绩承诺无法完成；第二，2018 年是 2014~2015 年并购浪潮中大量"炒作式""忽悠式"并购业绩承诺集中到期的时点，鉴于商誉减值对利润的巨大影响，与每年计提部分商誉减值相比，上市公司更倾向于到期一次性计提大量商誉减值，而后甩掉业绩包袱，因此 2018 年必然是商誉风险集中爆发的一年。第三，并购是一项极其复杂的投资活动，其收益的主要来源是并购后并购方和标的方的整合，而我国上市公司并购起步晚、经验缺失，作为 2014 年第一批参与并购热潮的上市公司，并购整合失败的风险是巨大的。因此，对于每一个企业而言，树立必要的并购风险意识不仅是对某一次的并购活动负责，更是对企业长远的健康发展负责。

一　商誉与商誉减值

虽然目前理论界对于商誉的认知还存有许多争议，美国著名会计理论学家亨德里克森在其专著《会计理论》中针对商誉提出了"三元论"，较为全面地概括了商誉的本质，即好感价值论（无形资源论）、超额收益论和剩余价值论。

好感价值论认为，商誉产生于企业的良好形象及顾客对企业的好感，这种好感可能起源于企业所拥有的优越的地理位置、良好的口碑、有利的商业地位、良好的劳资关系、独占特权和管理有方等方面。由于这些因素都无形并且难以用货币计量，无法入账记录其金额，因此商誉实际上是指企业上述各种未入账的无形资源，故好感价值论亦称无形资源论。

超额收益论认为，商誉是预期未来收益的现值超过正常投资回报的部分，可以用同业平均盈利水平进行比较。商誉与企业整体各方面实力紧密结合，无法单独辨认，但企业一旦拥有它，就具有超过正常盈利水平的盈利能力和服务潜力。因此，它的价值只有通过作为整体所创造的超额收益才能集中表现出来。

相比好感价值论，超额收益论对商誉提出了计量思路，但难点在于预期收益的准确预测与折现率的选择。

剩余价值论，也称总计价账户论。这一理论认为商誉是一个企业的总计价账户，是继续经营价值概念和未入账资产概念的产物。商誉本身不是一项单独的资产，而是实体各项资产合计的价值（整体价值）超过了其个别价值的总和。相比好感价值论与超额收益论，剩余价值论缺乏对商誉本质的阐述，但直接说明了商誉计量的方法。

按照"剩余价值论"的观点，商誉价值由企业收购成本与取得被购买方可辨认净资产公允价值的差额所构成，而企业收购成本是客观存在的价格信息，真实性很容易得到验证，这为商誉价值计量的可靠性提供了保障。因此，我国对商誉的计量遵循了"剩余价值论"原则。《企业会计准则第20号——企业合并》规定"购买方对合并成本大于合并中取得的被购买方可辨认净资产公允价值的差额，应当确认为'商誉'"。

但是这种差额法计提的商誉只是并购方为在合并报表中反映此项经济活动而计提的会计商誉，对企业总体价值的估计误差、单项资产的高估或低估，都会被计到会计商誉中，受到各种主观因素的影响，并不能完全反映标的资产商誉的真实价值。

根据"三元论"，商誉是一个企业的无形资产以及实现超额收益的能力，企业在生产经营过程中不需要一次性支付而逐步积累，能使企业获得未来超额利润的各种无形资源被称为自创商誉，通过并购其他企业获得的商誉被称为外购商誉。由于自创商誉不符合资产确认的标准，不符合谨慎性会计信息质量要求，因此会计上不将自创商誉作为资产进行确认、计量。企业被并购，若并购方付出的交易价格高于被并购公司的公允价值，则并购方在合并报表中将支付溢价计入"商誉"这一会计科目，形成企业外购商誉，体现了并购方对被并购方拥有的无形资源及未来创造超额收益能力的认可。可以说，自创商誉是外购商誉形成的基础，外购商誉则是对自创商誉的价值体现。因此，市场上常说商誉由并购活动产生，这实际上指的是可以可靠计量的企业外购商誉。

商誉既然是一种资产，就会面临消耗问题，商誉会随着宏观环境、行业周期、消费需求、竞争对手、管理团队等的变化而逐渐变化，对于商誉而言，企业也需要在持有时间内进行后续计量，当商誉现值低于原值时则产生商誉减值。

目前对于商誉的后续计量方法主要有两种观点：一是基于"无形资源论"，商誉作为不可辨认的资产，能在后续为企业带来收益，其处理方式应视同无形资产，在使用年限内进行摊销；二是基于"超额收益论"，企业对并购资产未来收益是否能实现、资产现值是否被高估进行定期检验，若未来收益低于预期则要调低商誉的账面价值，即进行商誉减值测试。

我国最初的处理方式是将商誉划入无形资产范畴，规定商誉在受益期内平均摊销。2006 年，鉴于经济社会发生了重大变化，同时借鉴国际社会的先进经验，我国会计准则做了重大修订，财政部颁布了新的企业会计准则，其中《企业会计准则第 20 号——企业合并》和《企业会计准则第 8 号——资产减值》对商誉的确认和后续计量做出新的规定，规定商誉不再进行系统摊销，改为减值测试。至今，现行准则采用减值测试作为商誉后续计量的唯一方法。

根据会计处理的谨慎性原则，当被并购资产收益超过预期值时，不做调整；当被并购资产收益无法达到预期值时，需要计提减值并直接冲抵当年利润。减值测试一般放在年底进行，因此商誉对净利润的影响一般体现在年度报告上。此外，在会计处理上，由于商誉的计提不可逆，减值损失一经确认，在其后的会计期间不予转回，对公司净利润的影响是永久的。2018 年 11 月证监会发布《会计监管风险提示第 8 号——商誉减值》，要求企业定期或及时进行商誉减值测试并重点关注特定减值迹象，而且要求合理地将商誉分摊至资产组或资产组组合进行减值测试。

二　商誉减值的影响

（一）业绩承诺与商誉减值

由于并购方溢价收购资产是看重该资产未来创造超额回报的能力，而标的资产的未来盈利能力存在不确定性，为了防范标的资产在并购完成后业绩下滑，并购方可要求标的资产方做出业绩承诺并明确补偿机制，以确保并购交易的公允性和合理性。具体来说，被收购标的资产的股东对未来一段时间内的经营业绩做出预测，并承诺如果标的资产在承诺期届满时实际经营业绩没有达到预测目标，则将向并购方承担补偿责任。

通常情况下，若标的资产未达到业绩承诺，则表明被收购方的盈利能力不如预期，应当根据情况的最新发展变化修正未来的盈利预测，相应地对商誉计提减值准备。但也非所有并购方在遭遇标的资产业绩承诺不达标时都计提商誉减值，2017年计提商誉减值的公司中21.1%未完成业绩承诺，计提1亿元以上大额商誉减值的公司中有46.8%的公司当期业绩承诺未完成，12.9%的公司完成了业绩承诺但仍然计提了减值；另外，154家公司上年业绩承诺未完成但并未计提商誉减值。

这其中原因主要可归为两类：一类是标的方业绩不达标是偶发的，预计未来不会有持续性不利影响，且有证据表明此前对未来做出的盈利预测仍然可以实现；二是某些公司以标的资产仍处在业绩承诺期为由不进行商誉减值测试，规避商誉减值对当期损益带来的影响。以上两种情况一旦出现都将引起监管机构的高度关注。

由于计提商誉减值具有向上刚性，因此少有公司会通过商誉减值实施盈余管理。商誉一旦计提减值就不可恢复，并不是一个类蓄水池的会计科目，减值一旦计提，就会对公司净利润造成永久影响，因此公司一般不会通过商誉调节公司利润。

但也不排除企业因为某些原因，如CEO换人，为了消除未来经营隐患，以免影响企业经营情况及市值表现，而一次性大量计提商誉减值，将不利消息一次性释放的"洗大澡"行为。如2018年年底监管层强化了对商誉减值测试的制度约束，2019年市场上就出现了关于转商誉减值为商誉摊销的讨论。在此背景下，上市公司进行一次性"财务洗澡"的动机得以加强。加之，经过2015年、2016年、2017年三年的对赌，已无在2018年继续强撑的必要，在政策仍支持减值的情况下，企业先把商誉一次性计提，甩掉未来拖累业绩的包袱，轻装上阵。

（二）商誉减值的风险

商誉减值在近两年已经成为拖累上市公司业绩的"黑天鹅"，鉴于其是公司过往并购活动的经济后果，既是公司发展战略的反映，又具有金额庞大和会计处理特殊的特点，因此商誉减值一旦发生，对上市公司的影响将是多方面的，也是并购活动的主要风险之一。

首先，商誉减值会给上市公司利润造成较为严重的侵蚀，造成业绩大幅波动。商誉是被收购资产未来预期收益的折现，因此相较于上市公司某年净利润而言体量较大，一旦计提减值，会对当期损益造成巨大影响。商誉测试基本一年一次，若并购公司长期业绩不达标，必将造成每年计提商誉减值，由于当初商誉虚高，减值数额也将非常巨大，将大量吞噬公司利润。即使并购标的超预期完成业绩，实现的业绩已经远超商誉本身，商誉依然存在，未来依然需要减值测试，面临减值压力。而在实际中，上市公司确定当期商誉是否进行减值存在一定的主观性，为防止商誉减值在每年都对企业业绩造成影响，企业往往有动机将商誉减值延迟至某一年集中计提，从而造成公司业绩波动幅度较大。同时，若遭遇行业景气度下降等系统性风险，被并购标的无法实现预期盈利的概率增加，会给上市公司未来的业绩带来较大的不确定性。

其次，过高的商誉会美化公司的资产负债水平，低估公司的债务风险。资产负债率是用于衡量企业偿债能力最常用的指标，商誉作为资产能降低企业的负债率指标，使企业的债务压力被低估。一旦商誉发生减值，企业的资产会"一夜间"缩水，资产负债率陡增，债务风险增大。尤其是对于轻资产行业的公司，高溢价并购形成的商誉可能占到了公司总资产的30%以上，当并购标的盈利无法持续时，巨额商誉减值会对公司偿债能力造成巨大打击。

再次，在系统风险下，商誉减值可能成为压垮上市公司的"最后一根稻草"。2018年，我国经济形势发生了很多重大变化。一是经济增速放缓，结构转型尚未完成。2018年我国GDP同比增速为6.6%，创28年来最低，经历过去几年的"三去一降一补"，地方政府债务、工业通缩、房地产高库存等根本性问题均得到显著改善，但国内经济增长的动力转换尚未完成，企业盈利能力未得到显著改善、结构调整任务繁重。二是经济去杠杆叠加外部复杂环境，金融市场出现较大波动，民营企业现金流压力增大。2018年中期，"去杠杆"叠加中美贸易摩擦加剧，给中国宏观经济和金融市场造成了较大负面影响，股市、债市、汇率等大幅波动。由此，投资增速开始放缓、民企融资困境凸显，企业和政府部门的现金流也出现了一些压力；部分中小银行不良贷款快速攀升；债券违约总额超过历年总和；资本市场上大量股票质押爆仓；以P2P为代表的互联网金融"一地鸡毛"。三是外部经济环境复杂，中美贸易争端的不确定性影响经济增长。由于全球贸易保护主义加剧，世界经济发展态势包括世界贸易增长的步伐有所放缓。自2018年3月8日美国政府宣布3月23日起对进口钢铁和铝分别征收25%和10%的惩罚性关税后，2018年中美贸易争端不断扩大、升级，两国正常互惠互利的经贸合作关系面临严峻考验。"中兴事件""孟晚舟事件"标志着贸易争端扩大至除贸易以外的科技、教育、金融等领域，直接增加了我国经济发展的不确定性。在此宏观背景下，我国民营企业的发展尤显艰难，系统性风险导致融资困难、盈利能力下降、抗风险能力下降，企业正常发展受到影响，部分上市公司过去收购的标的资产净利润严重下滑，无法完成业绩承诺，造成天量商誉减值。商誉减值带来的损益表巨额亏损导致了资本市场股价的崩盘下跌，股价下跌引发市场对上市公司实控人股票质押的担忧，加剧市场悲观情绪，从而刺激股价进一步下跌，实控人进一步质押补仓加重市场看空情绪，形成"商誉减值—股价下跌—实控人质押—股价下跌—进一步质押—股价进一步下跌"的恶性循环。

最后，商誉减值造成退市风险。商誉减值直接影响当期损益，且以后年度不得转回，因此对于某些公司而言，商誉减值往往会导致当年业绩"扭赢为亏"，如天神娱乐2018年实现营业利润1.5亿元，计提商誉减值40.6亿元，加之其他资产减值损失，最终巨亏71.5亿元。上市公司若连续3年计提商誉减值，造成公司连续3年亏损，就会被ST，甚至可能面临退市的风险。

三　商誉发展现状

（一）有商誉公司的数量稳步增长，占比超过A股上市公司一半

就绝对数量而言，A股总体有商誉公司的数量自2010年的658家增加到2018年的2029家，年均复合增长率高达15.12%，远快于A股上市公司数量增长率7.4%，商誉科目的重要性逐步显现（见图2）。就相对比例而言，A股总体有商誉公司数量占上市公司总数量的比例自2010年的32.72%上升到2018年的56.90%，近年来A股参与并购活动的公司越来越多，从2013年开始A股有超过一半的上市公司都实施过并购。

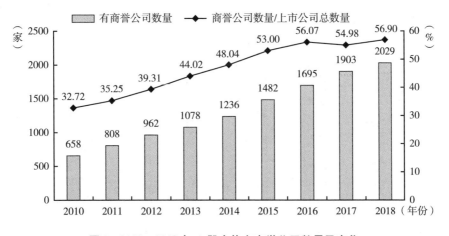

图2　2010～2018年A股全体有商誉公司数量及变化

（二）并购活动自2011年风起云涌，并购增加、估值溢价推动商誉迅速扩张

2011年后的并购浪潮是商誉快速积累的核心原因，同时，估值溢价也推动了商誉的迅速扩张。自2011年以来，宏观经济增长放缓、经济结构转型等宏观因素驱动中国上市公司频繁发起并购，政策制度则在外部为其蓬勃发展护航，2014年5月8日，国务院发布《进一步促进资本市场健康发展的若干意见》（以下简称新国九条），鼓励市场化并购重组，随后，证监会对并购重组的审核时间大幅缩短。如图3、图4所示，在内外因素驱

图3　2013～2018年中国企业并购规模及增速

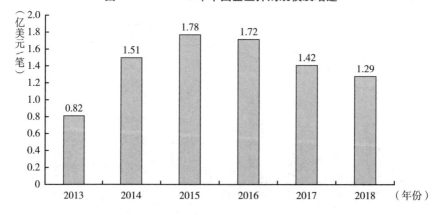

图4　2013～2018年中国企业并购交易平均对价

动下，2013 年后，我国并购市场井喷式增长，2015 年中国企业境内外并购金额达到巅峰 5590 亿美元，单笔并购交易对价也快速增加，从 2013 年平均每笔交易 0.82 亿美元迅速增长到 2015 年的 1.78 亿美元，同年，商誉总规模增长率也达最大 97.18%。截至 2018 年，A 股的总体商誉原值金额自 2010 年的 938.60 亿元上升到 13076.08 亿元，年均复合增长率高达39.0%（见图 5）。

图 5 2010～2018 年 A 股商誉总规模及增速

除绝对数量外，商誉在上市公司资产规模、收入规模中的影响也在扩大，A 股商誉总值占上市公司总收入的比重逐年增加，在 2010～2013 年间增速缓慢，自 2010 年的 0.55% 增加至 2013 年的 0.79%，此后大幅提速，自 2014 年的 1.14% 上升至 2018 年的 2.89%，表明外延式并购热潮使商誉对公司业绩的影响越来越大。同时，A 股商誉总值占上市公司净资产的比重与占总收入比重变化基本一致，由 2010 年的 0.78% 稳定增长至 2013 年的1.12%，此后从 2014 年的 1.48% 高速增长至 2018 年的 3.30%，表明并购热潮逐渐影响公司资产结构，暴露较大风险敞口（见图 6）。

商誉减值风险近年来逐渐积累，2016 年起集中爆发大量外延式并购，一方面造成企业会计报表上资产、收入剧增，另一方面也留下了巨大隐患，如收购资产经营不善，未达到业绩预期则需计提商誉减值，资产账面

图6　2010～2018年商誉占比变化

价值减少，并直接冲抵当期损益。2014年和2015年我国并购井喷式增长，当年商誉规模增长率高达54.29%和97.18%，2016年、2017年和2018年则是并购高峰所对应的业绩承诺集中到期，引起商誉大量减值，业绩爆雷现象频频出现，商誉减值总规模在2010～2014年间较为稳定，2015年攀升至77.35亿元，2016年急速增长为113.84亿元，此后迅速翻升到2017年的366.14亿元，在2018年达到令人咋舌的1666.29亿元，同比增速达到了355.10%的历史最高位。从2010年的12.65亿元上升到2018年的1666.29亿元，年均复合增长率高达84.06%（见图7）。从2019年业绩预告来看，因计提商誉导致巨亏的公司数量再创新高，商誉减值风险仍在持续。

（三）近年来商誉减值增长速度跑赢商誉原值增长速度，A股未来商誉减值风险可控

2010年至2014年，A股并购商誉快速增长，年均复合增长率达到36.46%，同期商誉减值年均复合增长率仅有19.76%，商誉减值的速度远远赶不上商誉原值增长的速度，这也导致A股2015～2018年商誉减值压力较大，2015～2017年，A股商誉规模年均复合增长率为42.14%，同期商誉

图 7　2010～2018 年 A 股全体商誉减值规模及增速

减值年均复合增长率高达 117.57%，商誉减值风险已有集中释放，加之 A 股的并购回归理性，以产业并购为主，严打"忽悠式""炒作式"并购，并购资产业绩有所支撑，未来 A 股商誉减值风险可控。

（四）近年来计提商誉减值公司的数量及规模大幅增长，商誉减值金额对公司净利润的影响整体变大，总体风险可控

随着商誉减值风险逐渐暴露，A 股中计提商誉减值的公司数量及占比快速上升。计提商誉减值的公司数量自 2010 年的 60 家增加到 2018 年的 884 家，年均复合增长率达 39.97%。2014 年前，计提商誉减值公司数量占商誉公司数量的比例一直稳定维持在 10% 上下；2015 年后，占比从 16.40% 上升到 2018 年的 43.57%，表明这四年来并购活动的风险增大，收购标的资产业绩不如预期的情况较过去有所增加（见图 8）。与此同时，商誉减值对上市公司当期损益的影响也在快速上升。如图 9 所示，A 股总体商誉减值金额占净利润的比例、商誉减值金额占有商誉上市公司净利润的比例和商誉减值金额占当年计提商誉减值上市公司净利润的比例在 2013 年及以前一直较为稳定，分别维持在 0.07% 上下、0.10% 上下和 4.95% 以下；2014 年，3 个比例均有小幅上升，分别上升至 0.10%、0.15% 和 8.55%，2015 年以来，

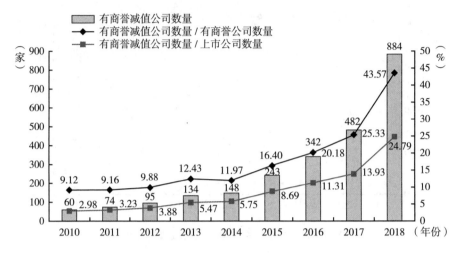

图8　2010～2018年商誉减值公司数量及占比

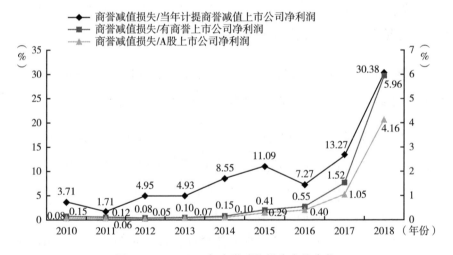

图9　2010～2018年商誉减值损失占比变化

商誉对净利润的影响显著增加，3个比例分别增长至2018年的4.16%、5.96%和30.38%，与2014年相比，分别增长了4060.0%、3873.3%和255.3%，但总体来看商誉减值对全部A股净利润的影响为4.16%，对有商誉上市公司净利润的影响不足6%，商誉减值对市场总体影响风险尚在可控范围内。

四 分板块分析

（一）创业板公司参与并购热情更高，并购高潮更早，持续时间更长

2014 年，我国企业并购井喷式爆发，但从上市公司角度来看，创业板公司自 2012 年起就进入了并购高度活跃的阶段。从图 10 可以看出，2012 年以前，创业板中计提商誉公司数量占全部创业板公司数量比例在 30% 左右，该比例与主板、中小板相差无几，2012 年创业板中有商誉公司数量占比跳升到 41.53%，至此之后一路快速上升，在 2014 年分别是主板和中小板该比例的 1.4 倍和 1.2 倍。而主板与中小板参与并购的公司数量占比自 2015 年才快速增加，并购增长较缓。从绝对数量来看，主板、中小板、创业板上有商誉公司数量分别从 2010 年的 450 家、170 家、38 家，上升到 2018 年的 964 家、584 家、481 家，年均复合增长率分别达到 9.99%、16.68%、37.34%。从相对比例来看，主板、中小板、创业板有商誉公司

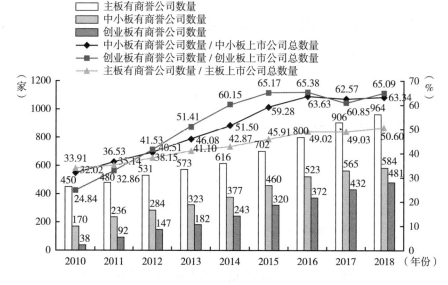

图 10 2010～2018 年各板块有商誉公司数量占比

占板块上市公司总数量比例分别从 2010 年的 33.91%、32.02%、24.84% 迅速上升到2018 年的 50.60%、63.34%、65.09%，年均复合增长率分别为 2.09、3.92、5.03 个百分点。这说明，相对于其他板块上市公司，创业板公司对并购活动有更高的热情，更早地投入并购活动中，这与创业板公司不断创新且市场份额较小的特质有关，它们需不断使用并购获取创新技术和市场占有率，因此并购高潮来的阶段更早，持续的时间也更长。

（二）并购高峰已过，存量商誉持续增加，创业板商誉影响较大

从商誉绝对规模来看，由于并购高峰已过，商誉的增长率已大大降低，但各板块商誉存量仍在持续增加中，主板、中小板、创业板商誉规模分别从 2010 年的 892.0 亿元、38.2 亿元、8.4 亿元上升到 2018 年的 7572.6 亿元、3212.5 亿元、2291.0 亿元，年复合增长率分别达到 30.65%、74.02%、101.59%。从年同比增速来看，主板与中小板商誉增速在 2015 年达到顶峰值，分别为 69.99% 和 151.16%，创业板商誉增速在 2014 年达到顶峰值215.56%，时间上与外延并购高潮吻合。2015 年后在并购监管逐渐趋严等因素影响下商誉增速逐渐回落，2017 年各板块的商誉增速在 20% ~ 30.5%区间内。2018 年在内外因素的影响下，各板块的商誉增速回落，创业板和中小板的商誉甚至首度出现负增长（见图 11）。

从商誉占公司收入及资产结构比例的相对影响来看，创业板公司在过去及未来的一段时间内受商誉及减值风险的影响较大。如图 12、图 13、图 14所示，主板、中小板、创业板商誉占总收入的比例从 2010 年的 0.6%、0.4%、1.3% 逐年上升至 2013 年的 0.7%、1.4%、6.3%，2014 年后迅速上升到 2017 年 2.1%、8.5%、22.6%，再到 2018 年的 1.9%、7.0%、17.2%。2018 年创业板该比例是主板和中小板的 9.1 倍和 2.5 倍，说明创业板公司并购资产预期收入对公司整体收入的影响更大。商誉占净资产的比例呈相似的变化趋势，主板、中小板、创业板的占比从 2010 年的 0.8%、0.5%、0.6% 稳定增长至 2013 年的 1.0%、1.9%、4.1%，2014 年后由于

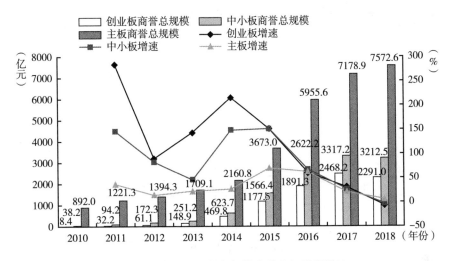

图 11　2010～2018 年各板块商誉总规模及增速

并购浪潮的影响，迅猛增长至 2017 年的 2.3%、10.4%、18.8%，但在 2018 年有所回落，主板、中小板、创业板的占比分别为 2.2%、9.2%、15.9%。2018 年创业板该比例是主板和中小板的 7.2 倍和 1.7 倍，说明创业板商誉对上市公司资产结构的影响更大，一旦发生减值甚至可能对公司资产负债率产生较大影响，暴露了更大的风险敞口。

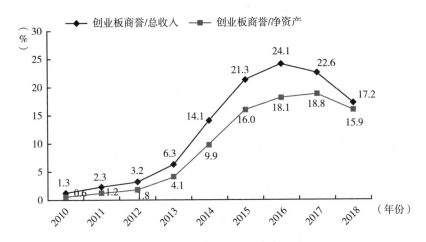

图 12　2010～2018 年创业板商誉占比情况

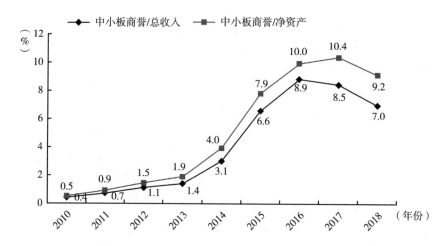

图13　2010～2018年中小板商誉占比情况

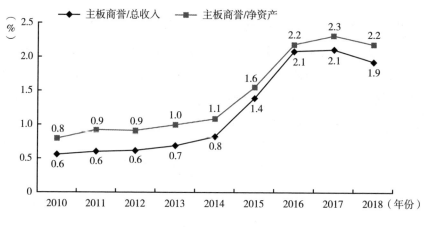

图14　2010～2018年主板商誉占比情况

（三）商誉减值风险集中爆发，创业板公司业绩压力巨大

由于有商誉的公司占比不断扩大，各板块商誉减值风险也不断凸显，计提商誉减值的公司逐年增加，商誉减值规模也不断增大。由图15、图16、图17可见，从绝对数量上来看，截至2018年，创业板、中小板、主板计提商誉减值公司数量分别为237家、273家、374家。从相对比例来看，主板、

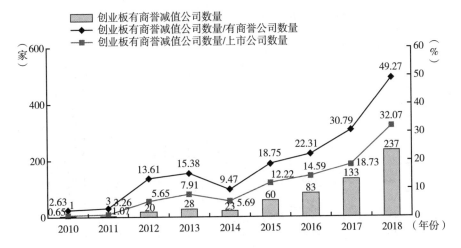

图15 2010～2018年创业板商誉减值公司数量及占比

图16 2010～2018年中小板商誉减值公司数量及占比

中小板、创业板商誉减值公司占该板块上市公司数量的比例分别从2010年的3.47%、2.45%、0.65%上升到2018年的19.63%、29.61%、32.07%，表明前几年大量并购积累的商誉风险开始在上市公司中集中爆发，中小板和创业板公司尤为突出，主导过并购的公司中有三分之一都遭遇了标的业绩不达预期的问题。

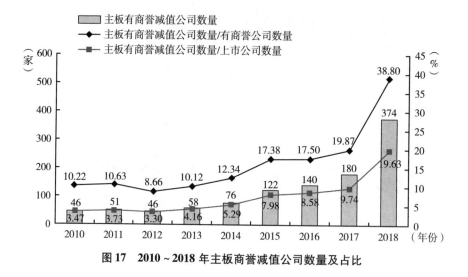

图 17 2010～2018 年主板商誉减值公司数量及占比

2010～2018 年间，A 股各板块商誉减值规模逐年增长，主板、中小板、创业板的商誉减值规模从 2010 年的 11.5 亿元、1.1 亿元、0.04 亿元增长至 2018 年的 563.50 亿元、585.30 亿元、517.48 亿元，年复合增长率达到 62.7%、119.6%、226.6%，同比增速在 2018 年分别达到 316.48%、454.79%、301.58%，中小板和主板增速处于历史高位（见图 18）。商誉减值风险在主板、中小板、创业板同时集中爆发，创业板商誉涨幅最大。

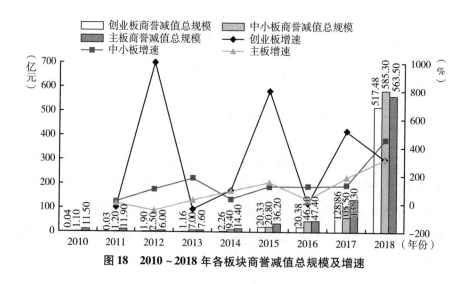

图 18 2010～2018 年各板块商誉减值总规模及增速

同时，商誉减值对创业板公司业绩造成了巨大的影响。由图19、图20、图21可见，截至2018年，主板、中小板、创业板商誉减值损失占各板块上市公司净利润的比例分别为1.6%、18.3%、54.5%，创业板商誉减值对该板块上市公司业绩冲击远超其他两个板块；而在商誉减值损失占各板块计提商誉减值上市公司净利润的比例中，2018年主板、中小板、创业板分别为13.6%、59.2%、152.7%，表明创业板公司在控制并购风险方面存在很大问题，商誉减值一旦发生，其数额对当期损益的影响是巨大的。从未来变化趋势上来看，创业板商誉减值增速在2018年较前值有所下降，从2017年的515.28%下降至2018年的312.74%；但主板及中小板的商誉减值增速仍在大幅上升，分别从2017年的185.54%、128.86%增长至2018年的316.55%、454.87%，未来中小板和主板仍面临较大的减值压力。

图19　2010～2018年创业板商誉减值损失占净利润比例

五　分行业分析

（一）行业间并购估值及商誉规模差异较大

2012年以来，在宏观经济结构转型和并购政策放松的双重驱动下，各

中国高新技术产业并购发展报告（2019）

图20 2010～2018年中小板商誉减值损失占净利润比例

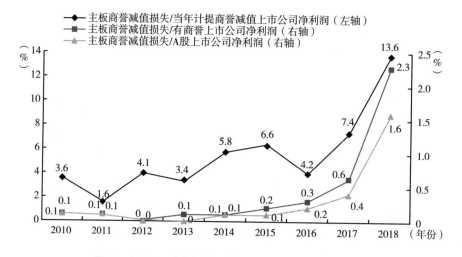

图21 2010～2018年主板商誉减值损失占净利润比例

行业上市公司参与并购的活跃度都积极提升，反映为并购参与率（计提商誉公司数量占行业上市公司数量比例）在波动中增加。传媒与非银金融两个行业最为突出，其比例分别从2010年的43.0%和60.5%上升至2018年的81.5%和71.4%，行业中超过3/4的公司都施行过并购。除国防军工、钢铁与银行囿于行业限制等因素，并购参与率一直维持在20%～35%外，其余各行业并购参与率均在 50% ~ 75% 浮动。但是不同行业间并购产生的估值溢价和估值基础差距显著，导致各行业的商誉总规模差异巨大。从商誉的账面价值来看，如表 1 所示，排名前五的行业分别是医药生物（1502.3 亿元）、传媒（1360.5 亿元）、计算机（1016.4 亿元）、电子（802.7 亿元）、汽车（799.5 亿元），究其原因，主要与高估值、高并购活跃度有关：传媒行业 2014 年起并购频率明显上升，开始有超过 70% 的上市公司参与过并购（见表 2）。同时，2013 年起二级市场对传媒板块的关注度整体较高，加之如前所述创业板并购浪潮高企，使得大量传媒行业优质标的以并购的形式被纳入上市资产主体，也随之带来逾千亿元的商誉累积。此外，由于互联网时代传媒公司天然的轻资产、高增长属性，在作为并购标的时往往净资产较小但并购交易对价较高，因此较之传统行业更容易累积高额商誉。医药生物、计算机、电子行业同样具有高估值、并购活跃的属性，一方面，医药生物、计算机和电子行业都属于高技术行业，对创新与技术迭代的要求较高，此类企业容易通过外部并购获取专利、技术以保持市场领先性。另一方面，持有创新能力或高技术的标的本身具有大量的无形资产和高速的成长能力，估值溢价较高，因此以上三个行业的上市公司在高频并购下累积了规模较高的商誉水平。另外，虽然汽车行业本身估值溢价比例不大，但由于其资产和体量较大，单笔并购金额较高而累积起的商誉水平不可小觑。

（二）商誉减值行业差异化突出

伴随着商誉存量的增长，大部分行业的商誉减值规模也在 2013 ~ 2018 年急速增加，但行业间商誉减值存量差异较大，主要源于行业性估值逻辑和估值溢价的问题。特别是 2018 年，由于 2013 ~ 2015 年大量并购业绩承诺集中到期，业绩不达预期集中计提商誉，导致一些行业的商誉减值规模较大。如表 3 所示，商誉减值规模排名前五的行业分别为传媒（481.3 亿元）、计算机（135.0 亿元）、医药生物（131.4 亿元）、机械设备（122.7 亿元）、电气设备（122.3 亿元）。

另外，各行业商誉存量与商誉减值规模有可能不成正比，例如商誉存量

单位：亿元

表 1 2010～2018 年各行业商誉金额

申万一级行业分类	2010 年	2011 年	2012 年	2013 年	2014 年	2015 年	2016 年	2017 年	2018 年	趋势图
采 掘	87.8	135.4	160.9	169.0	170.5	590.4	567.8	529.4	532.4	
传 媒	18.2	29.3	38.4	142.8	350.9	996.8	1419.1	1718.1	1360.5	
电气设备	15.4	23.6	37.7	44.0	77.7	224.6	413.2	498.4	421.5	
电 子	10.4	16.6	27.3	45.9	111.0	294.6	757.1	792.8	802.7	
房地产	19.7	20.9	24.5	20.4	39.8	87.3	169.0	297.2	246.3	
纺织服装	2.5	3.7	6.3	6.0	14.4	22.3	50.2	102.3	80.0	
非银金融	29.9	123.6	157.8	285.2	314.5	492.0	782.2	769.1	779.2	
钢 铁	0.5	0.5	0.6	0.8	0.5	0.5	0.6	9.8	12.0	
公用事业	147.9	165.7	179.6	182.8	206.2	266.4	342.7	417.8	511.6	
国防军工	2.1	1.8	3.9	3.9	7.3	73.6	112.2	151.1	140.9	
化 工	104.5	134.6	143.0	152.5	200.6	293.7	511.2	714.3	771.7	
机械设备	37.4	42.8	50.7	58.6	119.6	277.8	489.4	707.5	752.4	
计算机	24.8	39.3	59.1	93.5	229.6	452.0	851.7	1013.9	1016.4	
家用电器	25.9	36.6	38.5	34.3	42.8	88.3	361.2	616.4	600.8	
建筑材料	11.1	15.6	22.5	37.8	41.8	43.0	58.4	68.2	93.0	
建筑装饰	37.5	42.6	61.9	68.6	106.3	232.5	280.3	286.9	287.8	
交通运输	113.8	111.1	112.4	120.3	128.5	148.8	171.9	233.6	353.0	
农林牧渔	5.8	10.2	11.8	14.6	24.2	38.5	97.8	134.8	134.1	
汽 车	20.0	30.9	41.6	49.8	135.6	262.2	638.0	815.3	799.5	

续表

申万一级行业分类	2010年	2011年	2012年	2013年	2014年	2015年	2016年	2017年	2018年	趋势图
轻工制造	2.8	4.2	12.6	14.4	33.5	105.5	161.4	202.9	234.9	
商业贸易	16.3	18.0	18.8	21.3	66.7	90.6	154.4	296.6	282.4	
食品饮料	10.9	23.1	28.1	26.9	56.8	70.1	82.8	87.4	119.5	
通信	8.9	12.1	23.7	47.6	96.1	184.2	272.0	376.9	358.8	
休闲服务	3.4	3.4	6.5	7.5	9.3	83.7	218.0	260.5	260.0	
医药生物	34.0	84.7	114.0	177.5	387.6	709.3	1003.3	1311.5	1502.3	
银行	151.2	231.3	245.4	250.1	260.7	261.6	340.3	337.8	339.8	
有色金属	43.4	48.4	57.0	70.2	90.7	133.7	161.7	213.7	218.6	
综合	6.5	6.4	7.6	8.8	21.0	28.1	73.7	83.3	81.4	

表2 2010~2018年各行业计提商誉公司数量/上市公司数量

单位：%

申万一级行业分类	2010年	2011年	2012年	2013年	2014年	2015年	2016年	2017年	2018年
采掘	33.3	35.3	45.1	47.1	47.3	46.4	44.8	41.0	41.0
传媒	43.0	59.6	55.9	62.2	71.1	84.1	87.6	79.5	81.5
电气设备	38.8	45.0	51.2	62.8	63.3	65.8	67.1	62.2	28.6
电子	31.1	31.2	34.1	43.5	52.7	61.1	68.6	56.2	57.5
房地产	34.9	35.7	34.9	34.9	34.1	39.8	44.5	50.8	49.6
纺织服装	20.0	23.5	32.1	33.9	37.3	35.8	41.7	41.9	47.1

续表

申万一级行业分类	2010年	2011年	2012年	2013年	2014年	2015年	2016年	2017年	2018年
非银金融	60.5	64.6	66.7	86.3	84.6	77.2	86.4	81.0	71.4
钢 铁	13.3	13.3	20.0	20.0	20.0	19.4	21.9	25.0	31.3
公用事业	35.5	36.4	41.9	48.8	56.2	58.5	61.0	60.9	65.4
国防军工	16.7	13.5	18.9	24.3	26.3	40.0	38.6	28.6	32.7
化 工	37.0	36.9	38.3	43.1	46.1	50.8	51.1	48.2	48.1
机械设备	32.3	33.1	38.6	47.3	51.0	56.5	56.3	55.1	54.2
计 算 机	54.2	51.4	61.6	68.0	72.5	77.4	73.0	68.0	70.9
家用电器	25.0	25.0	26.1	34.0	40.0	50.9	52.6	46.8	49.2
建筑材料	42.6	47.2	45.6	54.4	53.4	48.4	53.1	52.1	52.8
建筑装饰	44.4	55.4	66.7	69.6	77.0	77.4	69.0	60.2	61.1
交通运输	35.0	37.8	39.5	43.0	48.3	49.5	54.2	55.2	55.5
农林牧渔	38.1	44.3	51.4	58.1	56.6	55.6	60.2	58.9	64.4
汽 车	37.7	42.2	42.9	53.1	53.8	53.0	56.5	46.0	49.7
轻工制造	40.4	38.1	42.6	42.6	45.1	49.4	55.2	49.6	52.8
商业贸易	43.8	42.9	40.7	40.7	45.3	51.7	54.3	55.8	53.6
食品饮料	35.3	35.7	36.7	43.3	50.0	51.4	55.1	50.0	48.9
通 信	46.2	49.2	51.6	56.3	61.5	68.1	63.9	59.4	62.3
休闲服务	46.4	41.4	58.6	62.1	67.7	60.6	63.6	65.7	68.6
医药生物	42.6	48.9	59.7	64.9	68.0	73.5	73.9	69.3	70.1
银 行	31.3	43.8	50.0	50.0	50.0	50.0	37.5	36.0	32.1
有色金属	36.6	37.9	35.9	38.0	38.9	41.4	46.1	45.2	50.8
综 合	25.6	30.0	37.5	42.5	42.5	45.0	48.8	53.5	53.5

排名并不是很靠前的电气设备行业的商誉减值规模位列前五,这主要是由部分龙头企业爆雷而导致的。从商誉减值公司数量占比来看,从银行与钢铁行业10%以下的占比,到传媒和电气设备分别51.0%、37.2%的占比,各行业之间差异很大(见表4)。

(三)商誉影响上市公司资产结构、业绩表现,行业分化

各行业商誉规模占净资产比例逐年升高(见表5),休闲服务(22.4%)、传媒(22.1%)、计算机(17.5%)等行业因轻资产、高估值的特点占比都达到20%左右的高位,商誉规模的增高往往会增大轻资产行业的资产规模,企业负债率失真,无法反映真实资产负债情况。同时,如表6所示,大部分行业商誉减值损失占净利润比例在2018年均大幅升高,传媒(124.4%)、通信(55.0%)、计算机(32.9%)、国防军工(26.1%)行业占比均超过25%,商誉减值对企业业绩拖累很大,业绩爆雷现象也更为频繁。细究原因,传媒等行业的商誉减值主要是由并购标的业绩未达预期而导致的,因此寻求更优质的标的进行兼并收购、并购后积极进行业务整合以求稳健发展应当成为这些行业上市公司的发展方向。

(四)中关村上市公司商誉发展现状

从图22可以看出,就绝对数量而言,中关村A股上市公司中有商誉公司的家数自2010年的51家增加到2018年的164家,年均复合增长率高达15.7%,远高于中关村A股上市公司总家数10.4%的增长率,商誉科目的重要性逐步显现。就相对比例而言,中关村A股有商誉公司数量占中关村A股上市公司总数量的比例自2010年的51.52%上升到2018年的75.23%,近年来中关村参与并购活动的公司越来越多,从2012年开始中关村就有将近六成的上市公司都实施过并购。

2014年和2015年中关村企业并购呈井喷式增长,当年商誉规模增长率分别高达105.72%和93.88%,2016年、2017年和2018年则是并购高峰所对应的业绩承诺集中到期,引起商誉大量减值,业绩爆雷现象频频出现(见图23)。

单位：亿元

表3 2010～2018年各行业商誉减值损失金额

申万一级行业分类	2010年	2011年	2012年	2013年	2014年	2015年	2016年	2017年	2018年	趋势图
采 掘	0.0	0.0	0.2	0.1	0.2	1.8	6.4	40.6	7.5	
传 媒	0.3	0.0	1.2	1.3	2.9	6.8	12.6	69.3	481.3	
电气设备	0.4	0.0	0.9	0.7	1.6	2.4	4.4	55.9	122.3	
电 子	0.1	0.1	0.3	0.5	3.4	11.5	7.0	27.6	92.2	
房 地 产	5.5	1.8	1.8	2.0	1.9	2.9	3.1	6.2	47.0	
纺织服装	0.0	0.0	0.0	0.4	0.2	0.4	1.0	4.9	28.9	
非银金融	0.0	0.0	0.0	0.3	1.9	0.5	4.4	8.3	4.9	
钢 铁	0.0	0.0	0.0	0.1	0.0	0.0	0.0	0.0	0.1	
公用事业	0.1	2.9	0.3	0.4	0.6	1.4	3.6	5.8	37.9	
国防军工	0.0	1.0	0.0	0.0	0.0	0.0	0.2	0.6	19.0	
化 工	0.5	1.5	0.3	0.5	0.9	3.2	5.2	10.6	47.2	
机械设备	0.7	0.3	0.7	0.7	1.8	3.7	15.6	18.0	122.7	
计 算 机	0.3	0.1	1.3	0.3	0.5	10.4	16.3	28.6	135.0	
家用电器	0.0	0.2	0.3	0.4	0.3	0.1	1.5	3.8	38.8	
建筑材料	0.0	0.0	0.2	1.7	0.3	3.5	3.4	1.7	4.4	
建筑装饰	2.6	0.5	0.2	0.1	0.6	0.6	5.6	16.7	17.6	
交通运输	0.0	1.8	0.1	0.2	0.0	1.4	1.2	4.1	15.9	

续表

申万一级行业分类	2010年	2011年	2012年	2013年	2014年	2015年	2016年	2017年	2018年	趋势图
农林牧渔	0.1	0.9	0.1	0.5	0.6	1.6	1.6	0.9	26.0	
汽 车	0.4	0.0	0.4	0.7	1.0	0.8	0.8	8.2	86.4	
轻工制造	0.3	0.1	0.0	0.2	0.1	0.8	2.1	6.8	28.3	
商业贸易	0.2	0.5	0.6	0.2	0.2	2.9	2.2	1.4	22.4	
食品饮料	0.1	0.0	0.0	0.2	0.4	0.2	1.0	6.3	9.4	
通 信	0.2	0.3	1.2	1.2	3.0	7.3	5.7	9.8	72.4	
休闲服务	0.0	0.0	0.0	0.7	2.0	0.2	0.2	1.1	15.9	
医药生物	0.3	0.5	0.2	3.2	0.8	7.9	3.9	25.9	131.4	
银 行	0.0	0.0	0.0	0.0	0.0	0.0	0.0	0.0	0.0	
有色金属	0.2	0.5	0.1	0.2	0.6	4.1	2.6	1.8	36.0	
综 合	0.6	0.1	0.0	0.1	0.6	2.1	3.0	2.7	16.8	

表 4　2010～2018 年各行业计提商誉减值损失公司数量/各行业上市公司数量

单位：%

申万一级行业分类	2010年	2011年	2012年	2013年	2014年	2015年	2016年	2017年	2018年
采 掘	0.0	0.0	2.0	2.0	1.8	7.1	13.8	11.5	11.5
传 媒	3.5	1.0	5.4	11.7	11.4	18.3	21.2	27.2	51.0
电气设备	4.1	1.7	5.4	7.8	9.4	11.2	17.1	18.4	37.2
电 子	3.8	3.2	4.3	5.8	6.8	10.8	14.2	14.7	25.0
房 地 产	4.0	4.0	4.8	4.0	7.1	7.0	9.4	10.2	19.4

续表

申万一级行业分类	2010年	2011年	2012年	2013年	2014年	2015年	2016年	2017年	2018年
纺织服装	2.2	3.9	0.0	3.6	6.8	7.5	9.7	8.1	24.1
非银金融	0.0	4.2	2.0	3.9	7.7	8.8	6.8	12.7	11.4
钢　铁	0.0	0.0	0.0	3.3	0.0	0.0	0.0	0.0	6.3
公用事业	2.8	2.5	2.4	4.0	5.4	8.9	14.0	13.9	31.4
国防军工	2.8	5.4	0.0	0.0	0.0	0.0	2.3	12.2	11.5
化　工	3.0	4.5	3.8	4.3	4.6	7.2	8.6	11.8	20.2
机械设备	2.3	2.4	3.8	6.0	7.9	10.0	13.0	14.3	26.2
计算机	4.8	2.8	9.6	7.2	4.3	13.5	20.7	21.3	30.5
家用电器	0.0	5.0	8.7	8.5	6.0	5.5	15.8	16.1	23.8
建筑材料	2.1	1.9	1.8	8.8	6.9	12.9	10.9	12.7	19.4
建筑装饰	7.4	6.2	4.3	4.3	2.7	6.0	8.0	14.6	27.8
交通运输	0.0	2.4	2.3	4.7	2.3	4.3	6.3	6.7	11.8
农林牧渔	4.8	4.3	5.4	4.1	9.2	13.6	6.0	13.3	27.8
汽　车	5.2	1.1	2.0	1.0	5.7	5.2	8.9	10.6	18.3
轻工制造	1.9	4.8	0.0	7.4	4.2	4.7	11.5	10.9	17.1
商业贸易	2.5	4.8	7.0	4.7	3.5	8.0	6.5	9.5	22.7
食品饮料	3.9	1.8	1.7	3.3	4.5	5.6	10.3	16.3	18.2
通　信	3.8	6.8	9.4	14.1	13.8	13.0	12.0	12.9	31.1
休闲服务	3.6	3.4	0.0	10.3	3.2	12.1	12.1	20.0	34.3
医药生物	3.2	4.4	3.7	8.4	10.2	10.6	10.8	17.7	27.1
银　行	0.0	0.0	0.0	0.0	0.0	0.0	0.0	0.0	0.0
有色金属	2.4	2.3	3.3	3.3	4.2	8.1	6.9	5.2	16.1
综　合	7.7	5.0	0.0	7.5	15.0	15.0	19.5	18.6	34.9

单位：%

表 5 2010~2018 年各行业商誉/净资产

申万一级行业分类	2010年	2011年	2012年	2013年	2014年	2015年	2016年	2017年	2018年	趋势图
采 掘	0.5	0.8	0.8	0.8	0.8	2.6	2.4	2.2	2.1	
传 媒	1.7	2.0	2.1	6.5	12.7	23.3	24.2	26.1	22.1	
电气设备	0.7	0.8	1.2	1.3	1.9	4.6	6.2	6.3	5.0	
电 子	0.5	0.7	1.0	1.4	2.5	4.6	9.3	8.6	7.6	
房 地 产	0.4	0.4	0.4	0.3	0.4	0.7	1.1	1.7	1.2	
纺织服装	0.3	0.3	0.5	0.4	0.9	1.3	2.5	4.3	3.3	
非银金融	0.2	0.8	0.9	1.4	1.8	2.0	2.8	2.4	2.3	
钢 铁	0.0	0.0	0.0	0.0	0.0	0.0	0.0	0.2	0.2	
公用事业	2.5	2.6	2.4	2.1	2.0	2.2	2.5	2.8	3.2	
国防军工	0.2	0.1	0.3	0.2	0.4	3.2	4.3	4.7	4.1	
化 工	1.3	1.4	1.4	1.3	1.6	1.9	3.0	3.7	3.7	
机械设备	1.1	1.0	1.0	1.1	2.0	3.8	6.0	7.6	7.6	
计 算 机	2.0	2.5	3.3	4.6	9.3	14.0	18.8	19.0	17.5	
家用电器	2.2	2.5	2.2	1.6	1.7	3.1	11.0	15.8	13.9	
建筑材料	0.9	0.9	1.2	1.8	1.8	1.7	2.2	2.2	2.5	
建筑装饰	0.8	0.7	0.9	0.9	1.2	2.0	2.1	1.8	1.5	
交通运输	1.7	1.5	1.4	1.4	1.2	1.4	1.4	1.6	2.2	
农林牧渔	0.6	0.8	0.8	0.9	1.3	1.7	3.7	4.6	4.3	
汽 车	0.6	0.7	0.8	0.8	2.0	3.2	6.6	7.0	6.7	
轻工制造	0.3	0.3	0.9	0.9	1.9	4.8	6.2	6.3	7.0	

续表

申万一级行业分类	2010年	2011年	2012年	2013年	2014年	2015年	2016年	2017年	2018年	趋势图
商业贸易	1.1	0.9	0.7	0.7	2.0	2.5	3.1	5.2	4.6	
食品饮料	0.8	1.2	1.2	1.0	1.7	1.8	2.0	1.8	2.2	
通信	0.3	0.4	0.7	1.4	2.4	4.1	5.7	6.2	5.9	
休闲服务	1.1	0.9	1.5	1.5	1.5	11.8	23.3	24.1	22.4	
医药生物	1.3	2.5	2.9	3.9	6.8	10.1	11.4	12.6	13.1	
银行	0.4	0.5	0.4	0.4	0.3	0.3	0.3	0.3	0.3	
有色金属	1.4	1.3	1.4	1.6	1.9	2.6	2.7	3.1	2.9	
综合	1.0	0.8	0.8	0.9	1.7	1.9	3.6	3.8	3.5	

表6 2010～2018年各行业商誉减值损失/净利润

单位：%

申万一级行业分类	2010年	2011年	2012年	2013年	2014年	2015年	2016年	2017年	2018年	趋势图
采掘	0.0	0.0	0.0	0.0	0.0	0.3	2.8	3.1	0.4	
传媒	0.6	0.0	0.9	1.2	1.1	2.0	2.3	11.6	124.4	
电气设备	0.1	0.0	0.5	0.5	0.9	0.6	1.0	10.9	23.0	
电子	0.1	0.0	0.1	0.3	0.9	2.9	1.5	3.5	10.2	
房地产	1.0	0.3	0.2	0.2	0.2	0.2	0.2	0.3	1.8	
纺织服装	0.0	0.0	0.0	0.4	0.1	0.2	0.6	2.4	13.5	
非银金融	0.0	0.0	0.0	0.0	0.1	0.0	0.2	0.3	0.2	

续表

申万一级行业分类	2010年	2011年	2012年	2013年	2014年	2015年	2016年	2017年	2018年	趋势图
钢铁	0.0	0.0	0.0	0.6	0.0	0.0	0.0	0.0	0.0	
公用事业	0.0	0.7	0.1	0.0	0.1	0.1	0.3	0.5	3.6	
国防军工	0.0	0.9	0.0	0.0	0.0	0.0	0.4	1.1	26.1	
化工	0.0	0.1	0.0	0.0	0.1	0.4	0.5	0.6	2.1	
机械设备	0.2	0.1	0.1	0.2	0.5	1.0	5.2	4.1	18.4	
计算机	0.2	0.1	1.0	0.2	0.2	4.3	4.3	8.5	32.9	
家用电器	0.0	0.1	0.1	0.1	0.1	0.0	0.3	0.6	4.7	
建筑材料	0.0	0.0	0.2	1.0	0.1	2.6	2.4	0.5	0.8	
建筑装饰	0.5	0.1	0.0	0.0	0.1	0.1	0.4	1.1	1.0	
交通运输	0.0	0.2	0.0	0.0	0.0	0.1	0.1	0.3	1.2	
农林牧渔	0.1	0.6	0.1	0.6	0.6	1.0	0.5	0.3	15.2	
汽车	0.1	0.0	0.0	0.1	0.1	0.1	0.1	0.6	6.2	
轻工制造	0.4	0.1	0.0	0.2	0.1	0.6	0.9	2.1	8.0	
商业贸易	0.1	0.2	0.3	0.1	0.1	1.1	1.2	0.4	4.5	
食品饮料	0.0	0.0	0.0	0.0	0.1	0.0	0.2	0.8	0.9	
通信	0.2	0.2	1.2	0.7	1.3	2.7	2.1	4.9	55.0	
休闲服务	0.1	0.0	0.0	1.8	4.3	0.4	0.2	1.3	12.6	
医药生物	0.1	0.1	0.1	0.7	0.1	1.1	0.4	2.2	10.1	
银行	0.0	0.0	0.0	0.0	0.0	0.0	0.0	0.0	0.0	
有色金属	0.1	0.1	0.0	0.2	0.3	-26.1	1.9	0.4	6.8	
综合	0.9	0.1	0.0	0.1	0.7	3.3	3.9	2.4	14.4	

图22　2010～2018 年中关村有商誉公司数量及变化

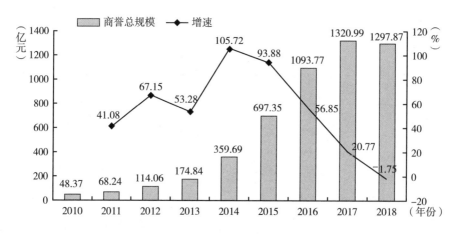

图23　2010～2018 年中关村 A 股全体商誉总规模及增速

如图24 所示，商誉减值总规模在2010～2013 年间较为稳定，2014 年急速攀升至3.34 亿元，同比增速达到了681.65%的历史最高位。2015 年急速增长为9.60 亿元，此后迅速翻两番到2017 年的38.41 亿元，在2018 年达到历史最高峰180.63 亿元。从2010 年的0.37 亿元上升到2018 年的180.63 亿元，年复合增长率高达117.2%。2018 年，中关村 A 股上市公司的商誉减值规模更是达到了180.63 亿元，是2010 年至2017 年商誉减值规模总和的2.5

倍，占到全市场 A 股上市公司商誉减值总规模的 10.84%，暴露出过去几年来中关村 A 股上市公司并购中存在极大的风险。

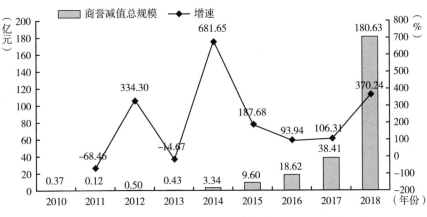

图 24　2010～2018 年中关村 A 股全体商誉减值总规模及增速

从商誉绝对规模来看，由于并购高峰已过，商誉规模的增长率从 2015 年开始逐年降低，2018 年创业板上市公司的商誉总规模甚至出现了自 2010 年以来的首次下降。中关村上市公司中主板、中小板、创业板商誉规模分别从 2010 年的 46.1 亿元、5.5 亿元、3.6 亿元上升到 2018 年的 446.1 亿元、248.0 亿元、603.7 亿元（见图 25），年复合增长率分别达到 32.8%、

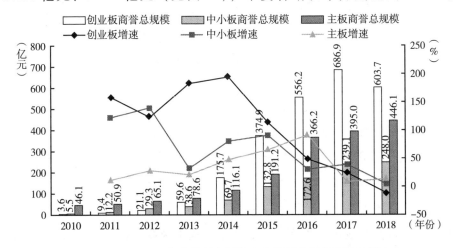

图 25　2010～2018 年中关村各板块上市公司商誉总规模及增速

61.0%、89.7%。虽然商誉总规模的增速放缓，但存量依然很大，后续商誉对中关村上市公司可能带来的影响仍需高度关注。

随着商誉减值风险逐渐暴露，中关村 A 股中计提商誉减值的公司数量及占比快速上升。计提商誉减值的公司数量自 2010 年的 6 家增加到 2018 年的 82 家，年均复合增长率达 38.7%。2014 年前，计提商誉减值公司的数量占有商誉公司数量的比例一直稳定维持在 10% 上下；2015 年后，占比从 20.8% 上升到 2018 年的 50.0%（见图 26），表明近四年来并购活动的风险增大，在中关村上市公司大举并购的同时，收购标的资产业绩不如预期的情况也在大幅增加。

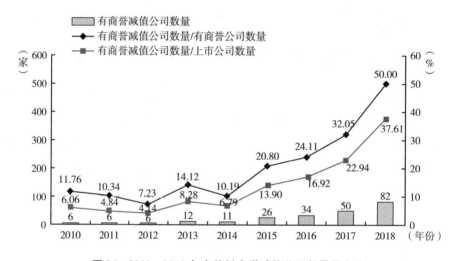

图 26　2010～2018 年中关村商誉减值公司数量及占比

大量不达预期、不成功的并购对上市公司造成了巨大拖累。2015 年来，商誉减值损失对上市公司净利润开始产生明显影响，中关村 A 股商誉减值金额占上市公司净利润和商誉减值金额占当年有商誉减值上市公司净利润的比例分别达到 1.23% 和 8.14%，2018 年商誉减值损失的规模更是占到当年计提商誉减值上市公司净利润的 68.97%，也即这些公司有超过一半以上的净利润都被商誉减值"吞噬"了，前期并购的风险逐渐释放，影响企业的当期损益（见图 27）。

图 27   2010～2018 年中关村 A 股商誉减值损失占比变化

如果剔除陷入亏损和具有行业特殊性的金融行业企业样本，将中关村上市公司商誉减值对净利润的影响与 A 股全市场进行对比，可以发现中关村上市公司的并购风险非常高。如图 28 所示，对于中关村盈利的上市公司而言，商誉减值损失在 2018 年占到其利润的 12.78%，而同期 A 股市场的这一比例仅为 5.45%。一直以来，中关村上市公司的并购规模增长率，特别是高新技术产业的并购增长率是快于 A 股整体市场的，表现出中关村高新

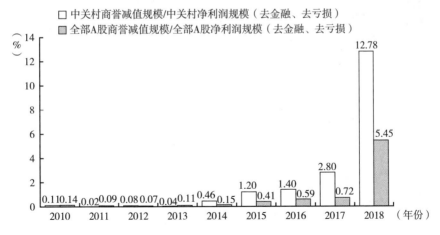

**图 28   2010～2018 年中关村 A 股与全市场 A 股商誉减值损失与
净利润比值（剔除金融企业、亏损企业）**

技术产业的蓬勃发展和快速成长，如今商誉风险也提醒我们注意，在中关村高新技术企业大规模并购的同时，某些企业的并购战略出现了较大风险，并购整合效果欠佳。

六　监管法规

2006 年我国财政部颁布了新的企业会计准则，其中《企业会计准则第 20 号——企业合并》和《企业会计准则第 8 号——资产减值》对商誉的确认和计量做出新的规定，一方面，以"购买方合并成本大于被购买方可辨认净资产公允价值份额的差额"来确认商誉，另一方面，规定商誉不再进行系统摊销，改为减值测试；同时，把商誉从无形资产中剥离出来，单独列示为一项资产。这一规定一直延续至今。

2018 年 11 月 16 日，证监会发布《会计监管风险提示第 8 号——商誉减值》，主要涉及商誉减值的会计处理及信息披露、商誉减值事项的审计、与商誉减值事项相关的评估三方面内容，重点变化有以下几点。第一，要求定期或及时进行商誉减值测试，至少每年年度终了须进行减值测试，且不得以业绩承诺期间、业绩承诺补偿为由不进行测试。第二，要求上市公司在年度报告、半年度报告、季度报告等财务报告中披露与商誉减值相关的所有重要、关键信息。第三，对减值测试的方法、过程和会计处理做了详细的规定，将减少上市公司主观操作的空间。在企业进行资产减值测试过程中，对于因企业合并形成的商誉的账面价值，应当自购买日起按照合理的方法分摊至相关的资产组；难以分摊至相关资产组的，应当将其分摊至相关的资产组组合；在将商誉的账面价值分摊至相关的资产组或资产组组合时，应当按照各资产组或资产组组合的公允价值占相关资产或者资产组组合公允价值总额的比例进行分摊。公允价值难以可靠计量的，按照资产组或者资产组组合的账面价值占相关资产组或资产组组合账面价值总额的比例进行分摊。此次新规是基于原有框架和细则的进一步补充和完善，商誉减值的会计处理及信息披露主要是针对上市公司，商誉减值事项的审计和与商誉减值事项相关的评估主要是针对第三方评估机构，核心目的在于加强监管，深化审慎客观的会计原则，提高会计准则的可操作性，增强商誉及减值评估结果的真实合理性。随着 2017～2018 年商誉减值高峰的过去，监管配套措施不断完善以及并购质量的逐步提升，在可预见的未来，商誉减值对于 A 股的负面影响将逐步降低。

七　商誉高企的历史成因

商誉是并购的产物，商誉的快速增长来源于整体并购宗数增加以及平均单笔并购溢价的上涨，主要由以下四类因素推动：一是宏观经济调结构刺激并购多发；二是产业并购因协同效应造成并购溢价；三是资本市场发展有助于并购融资；四是国家政策推动并购重组，四种因素的叠加造成了我国目前 A 股商誉高企的现状。

（一）宏观经济迈向高质量发展，产业结构转型推动企业提高并购频率

中华人民共和国成立以来，特别是改革开放以来，我国经济持续快速增长，成为世界第二大经济体，中国经济保持了 30 多年的高速增长，从落后的农业国发展为世界第一制造业大国。近年来，我国经济增长速度逐渐放缓，经济发展进入新常态，快速向高质量发展阶段迈进。

微观上，高质量发展建立在生产要素、生产力、全要素效率的提高之上，而非扩大要素投入；中观上，高质量发展重视国民经济结构包括产业结构、市场结构、区域结构等的升级，重视优化资源配置；宏观上，高质量发展则要求经济均衡发展。因此，经济结构变化是高质量发展的关键：传统产业通过技术变革转型，同时大力发展新兴产业。在此背景下，并购重组成为众多传统企业化解过剩产能、实现技术升级、向新兴高技术产业转型的重要途径，如果说经济结构转型的最终目的是"过河"，那么并购重组则是企业转型升级过河的船和桥。

首先，化解过剩产能、实现资源整合需要并购重组。产能过剩的核心问

题是供求失衡，供给远远大于需求。作为典型的周期性行业，21世纪以来，煤炭、钢铁、石油化工等重化工业也曾饱受产能过剩的困扰，我国经济处于转型升级期，依靠经济形势向好来化解这些行业严重过剩产能的可能性很小，为此，推动产能过剩产业并购重组显得尤为重要，李克强总理在经济工作专家座谈会上也曾表示，要加大政府引导和金融支持，尊重市场规律，推动兼并重组，加快落后产能的淘汰和"僵尸企业"的退出，促进企业效益和资源配置效率回升。

并购重组化解过剩产能，主要通过强强联合、专业化整合、企业内部资源整合以及围绕发展战略开展并购重组四条路径来实现。例如，冀东水泥与金隅集团在水泥业务领域存在持续的、无法避免的同业竞争问题，为解决这一问题，冀东水泥整合金隅集团水泥资产，实现强强联合化解过剩产能，彻底扭转了京津冀市场水泥供需失衡的局面。

其次，传统制造业转型升级、加快提质增效的步伐需要并购重组。中国制造业存在大而不强、自主创新能力弱、缺乏世界知名品牌的问题，同时高端装备制造业和生产性服务业发展滞后、信息化水平不高、企业全球化经营能力不足，转型升级任务紧迫而艰巨。相对于完全依靠自我摸索的内延式成长，产业并购重组是一条能够快速学习、追赶的发展路径。并购重组助推传统制造业转型升级，主要有以下两条途径：一是可以切入国际同行业制高点，充分利用其先进技术；二是可以利用已有产业优势，进入新兴高技术产业，嫁接新技术，降低制造业企业成本。例如万向集团，作为中国最大的汽车零部件制造商，2012年成功收购在全球锂电池行业具有标杆地位的美国A123公司，获得了领先的锂电池核心技术，占据新能源汽车核心零部件市场的优势地位，实现了向清洁能源的转型发展。

最后，发展战略性新兴产业、推进经济结构转型需要并购重组。我国战略性新兴产业规模不断扩大，已经成为实现经济稳定增长的重要力量，但我国战略性新兴产业整体技术水平与国际先进水平仍有较大差距，并购重组是我国新兴产业实现技术追赶的一条有效途径。一方面，我国部分新兴产业存在起步晚、技术落后、内在发展动力不足的问题，通过海外并购，可以快速弥补核心技术短板、拓展国际市场；另一方面，部分新兴产业的企业虽然拥有技术优势，但缺乏资源，在激烈的市场竞争中难以为继，而资金雄厚、拥有一定市场占有率的成熟企业并购这类新技术企业，则可以实现技术升级。例如，美的作为国内领先的家电生产企业，2017年收购世界机器人巨头库卡，库卡的技术和设备有助于美的提升生产线的制造水平，而且成为美的主攻智能制造发展方向的重要利器，从一定程度上来讲，此次收购也为美的的国际化布局铺平了道路。

在这样的宏观大背景下，并购重组为企业带来增长活力，也进一步推动了经济转型发展。2013年以来，中国企业并购整合高发，成为高商誉积累的重要原因。

（二）产业并购因协同效应产生估值溢价，形成高商誉

在市场上，并购从战略上可以分为财务型并购和产业并购，财务型并购单纯从企业短期利润和市值的角度出发，利用并购市场上出现的机会，通过企业的买卖行为赚取差价。而产业并购则是企业以自身为主体，出于企业发展战略需要，以优化产业结构为目的，横向或纵向收购产业链上独立的第三家企业，实现跨越式成长。二者在并购目的、并购利润来源、对目标公司的要求等方面都存在很大的不同，财务型并购期望从中赚取差价获取短期利益，一般是将目标公司经过整合包装后转手卖出，也可能将目标方分解成单项资产分别卖出，而产业并购则从公司发展战略出发，倾向于长期经营被收购公司，期望从中获得协同价值，以产生"1 + 1 > 2"的效果。

同时，产业并购往往存在较高的估值溢价。与其他财务投资者相比，产业方可以更好地为并购标的"赋能"，产业方快速获取新技术、新模式、关键人才，同时也可以借助原有的品牌、平台、渠道将新技术、新产品快速推向市场，获得赢利，从而使该项并购获得更高的协同价值。因此，对于相同标的，产业方给予的估值更高，形成的商誉也就更高。例如，美团2018年以27亿美元估值收购摩拜单车，此次并购在美团的报表上形成商誉128亿元。如果简单地将此次并购看作美团对日常出行领域的领先创业公司的一笔投资，那么市场很难理解其对摩拜开出的"天价"估值，但如果看到摩拜作为流量入

口的价值，而这个流量会不断导入美团 App 上，然后分配给外卖、餐饮、电影、酒店等各个不同的业务线，那么这对于美团来说则意义重大。此时对于美团而言，摩拜的价值不仅是单车业务线的价值，更是背后庞大消费群体和流量变现的价值。

正是由于产业并购符合产业整合逻辑的本质，在经济结构转型、大力发展实体经济的今天，产业并购成为市场主流。在 2018 年并购重组交易中，产业并购占比达 82.14%，2018 年 1 月 1 日至 12 月 31 日，证监会并购重组委共计审核 140 家（次）公司，属于产业并购的交易数量为 115 宗。产业并购因其属性带来的高溢价估值成为高商誉的另一个原因。

（三）资本市场的繁荣为并购重组提供融资支持，形成高频、高溢价并购基础

由于在并购重组过程中存在信息不对称的问题，银行对并购贷款设定的门槛较高，而通过定向增发等再融资手段来解决资金问题，又会面临多道审批程序，因此，在很长一段时间内，并购融资一直是上市公司的一个难题。

2012 年以来，我国资本市场快速发展，证券市场也更加开放，上市公司通过再融资投资、并购实现发展，业绩提高从而带动市值上涨，形成了"投资并购—热度上升—股价上升—并购增多—业绩上涨—热度进一步上升"的循环。同时，多元化、创新型融资工具逐渐增多，及时满足了并购重组大量的资金需求，推动了并购重组的热潮。

例如国内特有的产业并购基金模式。"PE＋上市公司"并购基金模式最早于 2011 年出现在国内资本市场上，这一并购融资的创新模式随即受到上市公司和 PE 的广泛青睐，并逐渐发展成为资本市场并购的重要模式之一。国内并购基金可以为上市公司解决两大难题，一是为并购企业提供融资支持，融资方式灵活多样，可以整合多种权益类、债权类资金。二是整合产业方战略并购，共同对被并购企业进行股权投资、整合重组，在适当时候通过将所持股权转让等形式退出，保障投资收益。除此之外，私募可交换债、大股东股权质押等融资工具的快速发展也给上市公司大股东提供了多样化的融

资选择，由上市公司大股东融资收购标的资产部分股权，达到控制标的资产目的，再由上市公司发股整体收购标的公司的方式也成为众多上市公司的选择，此种方式既降低了上市公司的现金压力又不会因发股审核的周期而错过了收购标的资产的时间窗口。

但是，融资工具的多样化也构成了企业并购融资门槛降低的客观事实，导致市场上产生了一些非理性并购重组，部分公司在短时间内通过高频率、高业绩承诺、高估值的并购迅速扩张，抬升股价，但是此类并购不可持续，且没有依据的高业绩承诺最终无法实现，只会导致高估值带来的天量商誉减值，股价泡沫被刺穿。以大股东质押为例，大股东通过股票质押融得资金，为提升公司市值，进行大量并购重组，若标的公司本身质量过低，加之在中美贸易摩擦、经济下行背景下，大部分企业业务低迷，盈利下降，结果是公司股价频创新低，大股东股权质押触及警戒线，而进一步补仓之后，市场投资者对此做出反应，股价又下跌，这就形成了一种恶性循环。

另一方面，资本市场的空前繁荣，在推动并购重组热潮的同时，也产生了巨大的并购重组泡沫。金融危机后，更多的资本涌入市场，我国资本市场在 2014 年、2015 年上半年间，表现出空前繁荣。2014 年 A 股摆脱了连续几年的低迷格局，以 52% 的年涨幅走出了熊市的阴影，领跑全球市场；2015 年上半年继续上升势头，半年涨幅 32%。并购重组作为资本市场存量调整的有效工具，与资本热潮相辅相成，在资本市场热度的刺激下，部分企业非理性地对待并购，在潜在利益输送等因素的驱使下，交易双方逐渐偏离并购本源，高估值、高对赌、炒概念、忽悠式的并购重组数量剧增。前期这些非理性并购的存在也造成现在 A 股市场商誉规模高企，其中一些上市企业更是发生了严重的业绩变脸，面临巨大的商誉减值风险。

（四）2013～2015年并购政策放开支持实体经济，2016～2017年并购过热政策收紧，2018～2019年并购政策回归市场化

我国过去经济增长主要依靠"三驾马车"中的投资和出口驱动，而每一轮投资拉动的经济增长，都会在部分行业和领域形成投资过热的局面，投

资热情过后留下的是产能过剩、恶性竞争等不良后果。因此，从我国经济深化转型的 2011 年开始，并购重组作为助推经济转型升级、盘活存量经济的重要手段就开始得到监管政策的大力支持。

2010 年 9 月，国务院首次发布关于并购重组的政策意见——《关于企业兼并重组的意见》，明确促进企业兼并重组任务分工表，为九部委和地方政府制定任务清单。

2013 年中国经济转型、产业升级稳步推进，1 月，工信部联合 11 部委出台《关于加快推进重点行业企业兼并重组的指导意见》，提出以汽车、钢铁、水泥、船舶、电解铝、稀土、电子信息、医药、农业为重点，推进企业兼并重组，明确重组时间表。2013 年 10 月 8 日起，并购重组审核分道制开始实施。证监会对并购重组行政许可申请审核时，根据财务顾问的执业能力、上市公司的规范运作和诚信状况、产业政策、交易类型的不同，实行差异化的审核制度安排。其中，对符合标准的并购重组申请，实行豁免审核或快速审核。2013 年，受 A 股 IPO 市场暂停的刺激以及并购重组政策的鼓励，并购重组活动呈现火爆态势，共完成并购案例 1232 起，同比涨幅为24.3%，其中披露金额的 1145 起交易共涉及金额 932.03 亿美元，较 2012年同期上涨 83.6%，因此 2013 年被称为"并购元年"。

2014 年，在新一轮国企改革大幕拉开、化解过剩产能的背景下，企业兼并重组成为突破口。3 月 24 日，《国务院关于进一步优化企业兼并重组市场环境的意见》，提出促进企业兼并重组的七方面政策措施，可操作性强，明确指导财政部、国务院国资委、商务部和证监会等放权改革。10 月 23日，《上市公司重大资产重组管理办法》以及《关于修改〈上市公司收购管理办法〉的决定》正式施行，上述办法取消了对上市公司重大购买、出售、置换资产行为的审批，对于现金支付的上市并购重组，完全取消事前审批；明确了分道制审核制度；撤销了购买资产净利润指标的要求；明确提出鼓励依法设立的并购基金参与上市公司并购重组。这些条款的修改减少了行政干预市场化收购的行为。政策环境的持续变暖和制度红利的释放，极大地优化了并购市场宏观环境，提高了市场各主体参与并购重组的意愿，如果说 2013

年是 A 股市场的"并购元年",那么 2014 年则可以称为中国并购市场的"井喷之年",2014 年 A 股市场并购资金规模创造了 1.56 万亿元的历史纪录。

2015 年 4 月,证监会进一步放宽了政策限制,对证券期货法律适用意见第 12 号进行修订,这次修订主要集中在两方面:一是扩大募集配套资金比例,明确并购重组中配套资金募集比例可以超过拟购买资产交易价格的 100%;二是明确募集配套资金的用途,可用于支付并购交易的现金对价及交易税费、人员安置费用、并购整合费用等。此举大大推动了上市公司利用并购重组募集现金,改善企业资金状况。在政策的推动下,2015 年上市公司并购再一次迎来"井喷",从交易金额看,2015 年同比增长了 41%,首次超过 2 万亿元,创出了 A 股市场的又一个高峰。

伴随着 2014 年、2015 年并购重组的井喷式发展,市场上出现了部分非理性、忽悠式、盲目跨界并购,一时间投机、炒概念之风盛行。因此,自 2016 年以来政策方面发生了较大的变化,监管机构以更快的速度牵引着资本市场向市场化和理性化转变,监管基调主要是鼓励理性并购,细化分类监管。2016 年 9 月 9 日,证监会发布《上市公司重大资产重组管理办法》,全面从严监管借壳,不仅对借壳上市项目安排现场检查,强化对违法或失信公司的约束,细化对规避借壳上市审核的追责要求,还要求在一些情况下,复牌前召开媒体说明会。受政策监管收紧等多重因素影响,2016 年下半年开始并购市场明显降温,概念题材并购、跟风式并购退潮。

2017 年,并购重组政策延续严监管、引导市场理性回归的基调。2 月 17 日,证监会出台"最严"再融资新规,对《上市公司非公开发行股票实施细则》进行了部分修改,明确了定价基准日、发行规模、发行频率。5 月 27 日,证监会发布《上市公司股东、董监高减持股份的若干规定》,扩大了受限制主体的范围,修改减持比例,新增董监高的预披露要求,新增特定股东减持规定,大宗交易减持受到全面监管。9 月 21 日,证监会对《公开发行证券的公司信息披露内容与格式准则第 26 号——上市公司重大资产重组》进行了修订,要求在重组预案及重组报告书中披露公司控股股东及公司一致行动人、董事、监事、高级管理人员自重组复牌之日起至实施完毕期间的股份减持计划，严厉打击、限制忽悠式、跟风式重组。

2017年，在多项新规引导下，并购市场逐渐向理性回归，以垂直整合、产业整合为目的的并购重组开始增多，A股市场良性的并购重组环境正在逐步形成，尤其在跨境并购领域，政策对行业的分类监管意向明确，2017年8月，国家四部门发布《关于进一步引导和规范境外投资方向的指导意见》，加强对境外投资的宏观指导，引导和规范境外投资，该意见鼓励开展有利于"一带一路"建设和周边基础设施互联互通的基础设施境外投资，能带动优势产能、优质装备和技术标准输出的境外投资以及与境外高新技术和先进制造业企业的投资合作。

2018年，叠加中美贸易争端、金融去杠杆等复杂外部环境，上市公司面临再融资不畅，资金流紧缩的问题，并购重组市场发展停滞，无法发挥支持实体经济发展的作用。2018年9月开始，证监会连发八大政策从审核速度、可并购资产和方向、模糊地带监管和创新方案设计、信息披露四大维度对并购重组进行了放松。从审核速度来看，"小额快速"并购审核直接上发审会、新增快速/豁免审核通道产业类型这两大政策推行都大幅提升了并购重组审核的效率。在可并购资产和方向上，允许IPO被否企业6个月后即可以启动重组上市，相对此前要求18个月才能启动重组上市有所放松，并且鼓励对于新兴产业的并购重组。2019年6月20日，证监会又公布了关于就《关于修改〈上市公司重大资产重组管理办法〉的决定》公开征求意见的通知。此次修订内容主要包括两个方面，一是在借壳上市条件领域，放宽非创业板企业借壳上市的认定标准，并允许创业板企业有限度地借壳上市。二是重新允许借壳上市的配套融资行为。

证监会此次修改《上市公司重大资产重组管理办法》旨在进一步优化并购重组机制，充分发挥资本市场服务实体经济的功能，有助于金融供给侧结构性改革的不断深化，有利于上市公司进一步通过并购重组实现资源整合和产业升级，有利于市场更好地实现资源的有效配置，对于促进资本市场优胜劣汰，完善资本市场退出渠道和出清方式存在重大意义。

本次公开征求意见，"累计首次原则"计算期间从 60 个月缩短至 36 个月，从时间维度上放松了对借壳上市的认定。在财务指标方面，由于壳公司的平均资产规模较小，取消"净利润"认定标准仅为盈利能力较强、资产较轻的公司提供了借壳上市的机会，并不意味着"炒壳"的监管放松，反而更加利好具有一定资产规模但盈利能力欠佳的上市公司通过并购重组进行资源整合和产业升级。

2013～2015 年的并购潮财务效应显著，更多公司以短期利润和市值为出发点，体现为成长股在高估值下通过定增融资并购低估值标的实现外延增长，为不少公司带来沉重的资产负债表包袱。但是经过 2017～2018 年的商誉减值，当前上市公司更加注重产业性并购为自身带来的协同效应，投资者也意识到外延增长不等同于内生增长，更加关心并购标的对企业内生盈利能力的改善。另一方面，并购重组自 2018 年三季度进入政策宽松周期以来，监管坚持循序渐进、有条件的放松，对违法违规、恶意炒壳、"忽悠式"重组等行为，有能力且有经验地从严治理。长期来看，将有助于进一步化解上市公司股权质押风险，并促进并购重组市场回暖，为优质公司提供快速上市渠道。在政策的催化下，并购重组市场将迈入新的发展阶段。

八　商誉后续计量模式探讨

商誉减值风险的激增引发了市场、专家、监管对商誉后续计量的讨论。

2019 年 1 月 4 日，财政部会计准则委员会网站发布了《企业会计准则动态（2018 年第 9 期）》——《亚洲－大洋洲会计准则制定机构组第十届全体会议专题报告》，公告了企业会计准则咨询委员会咨询委员对 IFRS 会计准则咨询论坛"商誉及其减值"议题文件的反馈意见。大部分咨询委员同意随着企业合并利益的消耗将外购商誉的账面价值减记至零这一商誉的后续会计处理方法。理由有三点：一是商誉符合资产的定义，是购买方确定其可以给企业带来经济利益而支付的成本，因此其价值是递耗的；二是当被购买业务随着协同效应的产生和经营时间的延长而逐渐变现时，商誉价值也相应地消耗；三是如果不将商誉逐渐消耗的过程反映在财务报表中，而是将商誉突然减值至零，那么可能会造成以前期间的企业业绩不真实。

咨询委员就商誉减值与摊销的意见严格来说不能代表监管层观点，但是其作为中国会计准则制定的咨询机构、财政部会计司指导的下属单位，旨在为制定和完善中国的会计准则提供咨询意见和建议，其观点具有重要的参考价值。因此，该报告发布之后引发了市场对于商誉后续计量方法的关注。

支持摊销的市场观点认为：首先，摊销法可以从源头上遏制并购估值泡沫。商誉来源于并购溢价，若考虑到未来商誉摊销对损益的影响，并购方将更为理性地理解企业资产，确认商誉，抑制商誉泡沫滋长。其次，目前实行的商誉减值法受到大量主观因素的影响，并购方可以一定程度上决定商誉减值的金额和时间，鉴于企业推迟披露负面消息的偏好，并购方往往在最后才一次性计提大量甚至全部商誉减值损失，造成过往业绩失真、报表状况急剧恶化、市场反应波动等问题。而摊销法按期摊销，既随时间反映了商誉资产价值的消耗，又减少了业绩剧烈波动的风险。最后，商誉摊销还能为并购方起到降低税负的作用。

但是，商誉摊销法也并非十全十美，部分专家和从业人员反对摊销法的原因主要聚焦于三点：一是商誉本身具有特殊性，其规模不一定随时间推移而减少，可能增加，也可能保持不变，也即商誉的使用寿命是不确定的。由于会计报表上反映的是收购资产时交易价格与公允价值的差值，这是一种现实可计算的商誉计量方法，并非商誉价值本身，而商誉的经济价值有可能随着企业业务的发展有所增长而非下降，摊销法降低商誉账面价值的方式并不是反映真实价值的处理方式。二是商誉摊销会给上市公司带来巨额亏损，可能引发退市危机。三是商誉摊销有可能导致劣币驱逐良币。现在许多企业，特别是新经济企业，其价值往往在于无法用货币衡量的品牌、技术、人才，高的估值溢价往往代表着市场对此类企业无形资源及未来发展潜力的肯定。若企业顾忌因商誉摊销而造成的亏损而降低估值溢价，有可能导致好企业退出并购市场。

无论商誉的后续计量方法是否会更改，A 股商誉减值风险都会成为

2019 年避不开的话题。2019 年 A 股已有超过 50 家公司在 2018 年年度业绩预告中提到，公司存在商誉减值风险，并将进行减值测试。其中，拓维信息、银禧科技、协鑫集成等几家公司预计 2018 年商誉减值超过 4 亿元。

其实，商誉是并购活动的必然产物，商誉只是表象并不是洪水猛兽，商誉减值只有在标的资产未来收益低于预期时才会发生，估值溢价与标的资产的质量是否匹配才是本质。市场应鼓励和支持对拥有高质量无形资源的标的资产给予高估值的并购行为，而抵制那些并购资产价值质量根本无法支撑虚高估值溢价、造成天量商誉减值风险的忽悠式、炒作式的并购行为。

产　业　篇

人工智能产业并购发展报告

摘　要：　人工智能已经成为新一轮科技革命和产业变革的核心驱动力，正
　　　　　　在对世界经济、社会进步和人类生活产生极其深刻的影响。中国
　　　　　　在人工智能领域追赶迅速并已经积累了一定的发展基础，进入国
　　　　　　际领先者的行列。得益于互联网的普及、国际人才流动、市场规
　　　　　　模以及整体研发水平的提升，中国在云计算、模式识别、机器学
　　　　　　习上的研发追赶较快，在人工智能产业化应用上已有部分企业居
　　　　　　于世界前列，但与发达国家相比，中国人工智能整体来看，缺少
　　　　　　重大原创成果，在基础理论、核心算法以及关键设备、高端芯
　　　　　　片、重大产品与系统、基础材料、元器件、软件与接口等方面还
　　　　　　存在很大的差距。人工智能的兴起恰逢中国经济社会结构的快速
　　　　　　调整期，这意味着未来十年中国人工智能发展迎来了一个黄金窗
　　　　　　口期，人工智能的快速应用将有助于解决中国在一些行业（特别
　　　　　　是中高端服务业）中存在的一些供给瓶颈，将有助于进一步释放
　　　　　　中国社会的发展活力。中国应该积极拥抱人工智能，充分利用好
　　　　　　人工智能对生产力的解放效应。

关键词： 人工智能　产业应用　生产力解放

一　产业发展概述

人工智能（Artificial Intelligence）简称"AI"。它是研究、开发用于模拟、延伸和扩展人的智能的理论、方法、技术及应用系统的一门新的技术科学。人工智能的内涵可理解为类人思维（即模拟人脑思考）、类人行为（即模拟人类行为结果），同时还能通过逻辑推理做出理性思考及行动。人工智能被认为是21世纪三大尖端技术（另外两个为纳米科学、基因工程）之一。

全球范围内，越来越多的政府和企业组织逐渐认识到人工智能在经济和战略上的重要性，并从国家战略和商业活动上涉足人工智能。全球人工智能市场将在未来几年经历现象级的增长。据推算，世界人工智能市场在2020年将达到6800亿元人民币。截至2018年，中国人工智能市场规模已达到了339亿元人民币，同比增长56.2%。据预测，到2020年，中国人工智能市场规模将达到710亿元人民币（见图1）。

图1　2015～2020年中国与全球人工智能产业规模及预测

资料来源：中国产业信息网。

如图2所示，在2018年的人工智能市场中，以图像识别、视频识别等技术为核心的计算机视觉市场规模最大，占比34.9%。

133

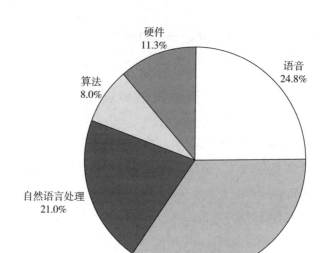

图2 中国人工智能市场结构

资料来源：科技部新一代人工智能发展研究中心等编《中国新一代人工智能发展报告（2019）》。

当前，中国人工智能企业主要集中在北京、上海和广东三地，其中，北京人工智能企业数量为395家，遥遥领先于其他省份。除此之外，浙江和江苏两省也有较多的人工智能企业（见图3）。

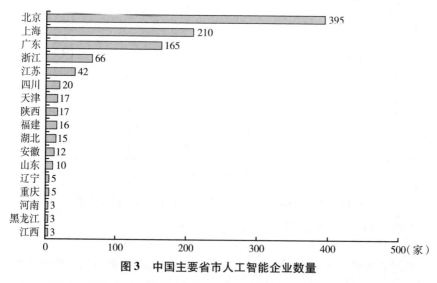

图3 中国主要省市人工智能企业数量

资料来源：科技部新一代人工智能发展研究中心等编《中国新一代人工智能发展报告（2019）》。

人工智能产业仅用了几年的时间就取得如此成绩，这样的转变不仅得益于人们希望新技术解放生产力的诉求和政策的扶持，也离不开资本市场对人工智能的助推。在2014～2017年间，中国人工智能领域投资出现快速增长。被外界视为人工智能元年的2015年，投资总额达到了450.7亿元，同比增长306%，并在2016年和2017年持续增加频次。直到2017年，投资金额才出现了小幅度的回落（见图4）。2017年，中国人工智能企业融资总额占全球融资总额70%，中国超过美国，成为人工智能领域获得投资最多的国家。

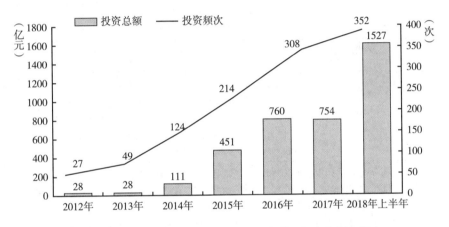

图4　2012年至2018年上半年人工智能产业投资总额与频次

资料来源：德勤《中国人工智能白皮书》。

二　产业政策

如表1所示，自2015年5月以来，国家对人工智能产业规划不断完善，多项政策相继出台。直至2018年，仍有新的标准和政策落地。

2018年1月，在国家人工智能标准化总体组、专家咨询组成立大会上，国家标准化管理委员会宣布成立国家人工智能标准化总体组、专家咨询组，负责全面统筹规划和协调管理我国人工智能标准化工作。会议发布了《人工智能标准化白皮书（2018版）》，从支撑人工智能产业整体发展的角度出发，研究制定了能够适应和引导人工智能产业发展的标准体系，进而提出近期急需研制的基础和关键标准项目。

2018年3月5日，在第十三届全国人民代表大会第一次会议上，国务院总理李克强在政府工作报告中提出："发展壮大新动能。做大做强新兴产业集群，实施大数据发展行动，加强新一代人工智能研发应用，在医疗、养老、教育、文化、体育等多领域推进'互联网＋'。发展智能产业，拓展智能生活。运用新技术、新业态、新模式，大力改造提升传统产业。"

表1 人工智能产业政策

时间	政策法规文件	主要内容	颁布主体
2015.05	《中国制造2025》	提出"加快发展智能制造装备和产品"，指出"组织研发具有深度感知、智慧决策、自动执行功能的高档数控机床、工业机器人、增材制造装备等智能制造装备以及智能化生产线，统筹布局和推动智能交通工具、智能工程机械、服务机器人、智能家电、智能照明电器、可穿戴设备等产品研发和产业化"	国务院
2015.07	《国务院关于积极推进"互联网＋"行动的指导意见》	明确提出人工智能作为11个重点布局的领域之一，促进人工智能在智能家居、智能终端、智能汽车、机器人等领域的推广应用	国务院
2015.07	《关于加强社会治安防控体系建设的意见》	加大公共安全视频监控覆盖，将社会治安防控信息化纳入智慧城市建设总体规划，加深大数据、云计算和智能传感等新技术的应用	中央办公厅、国务院
2016.03	《国民经济和社会发展第十三个五年规划纲要（草案）》	人工智能概念进入"十三五"重大工程	国务院
2016.05	《"互联网＋"人工智能三年行动实施方案》	明确了要培育发展人工智能新兴产业、推进重点领域智能产品创新、提升终端产品智能化水平，并且政府将在资金、标准体系、知识产权、人才培养、国际合作、组织实施等方面进行保障	国家发改委、科技部、工信部、中央网信办
2016.07	《"十三五"国家科技创新规划》	发展新一代信息技术，其中人工智能方面，重点发展大数据驱动的类人工智能技术方法，在基于大数据分析的类人工智能方向取得重要突破	国务院
2016.09	《智能硬件行业创新发展专项行动（2016—2018年）》	重点发展智能穿戴设备、智能车载设备、智能医疗健康设备、智能服务机器人、工业级智能硬件设备	国家发改委

时间	政策法规文件	主要内容	颁布主体
2016.11	《"十三五"国家战略性新兴产业发展规划》	发展人工智能、培养人工智能产业生态,推动人工智能技术向各行业全面融合渗透	国务院
2017.07	《新一代人工智能发展规划》	明确将人工智能划定为"经济发展的新引擎",可以带来社会建设的新机遇。重点提出构建开放协同的人工智能科技创新体系、培育高端高效的智能经济和建设安全便捷的智能社会	国务院
2017.12	《促进新一代人工智能产业发展三年行动计划(2018—2020年)》	结合"中国制造2025",对《新一代人工智能发展规划》相关任务进行细化和落实,以信息技术与制造技术深度融合为主线,以新一代人工智能技术产业化和集成应用为重点,推动人工智能和实体经济深度融合	工信部
2018.01	《人工智能标准化白皮书(2018版)》	提出能够适应和引导人工智能产业发展的标准体系	中国电子技术标准化研究院
2018.03	《政府工作报告》	加强新一代人工智能研发应用	国务院

三 产业链图谱

(一)产业链图谱

人工智能发展需要算法的演进、算力的提升和数据的支撑。目前,人工智能算法不断创新,较为流行的是机器学习以及深度学习算法,而开源框架则成为科技巨头们布局的重点,开源深度学习平台是推进人工智能技术发展的重要动力。人工智能算法的实现需要强大的硬件基础设施支持,自2015年起新一轮人工智能的爆发离不开GPU的广泛应用,当GPU与人工智能结合后,人工智能才迎来了高速发展。硬件算力是提升人工智能发展的重要因素。数据则是人工智能发展的基石,人工智能的核心在于数据。图5展示了我国人工智能的产业图谱,从中可以看出,我国人工智能在场景应用层、基础应用层、技术支撑层均得到长足发展。

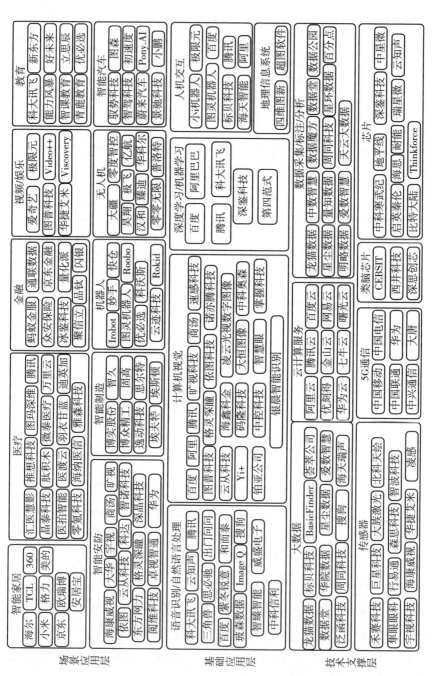

图5　人工智能产业图谱

（二）全球市场

全球人工智能企业数量在近年来快速增长，尤其是欧洲和亚洲增速逐步提升，我国人工智能企业数量接近 1500 家，在全球位居第二，是全球人工智能发展高地之一（见图6）。

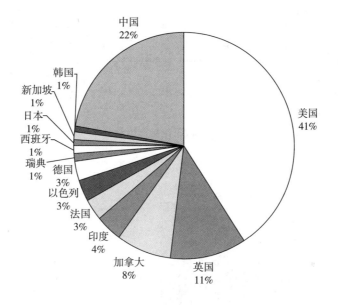

图6　全球各国 AI 企业分布

资料来源：中国信息通信研究院。

过去 20 年，全球众多国家及地区在人工智能领域的基础研究方面进行了大量的投入，其中中国与美国的论文产出量分别位居全球第一、第二（见图7）。

对比全球各国人工智能专利数量，中国、美国和日本专利申请数量居于领先地位，中国已经超过美国成为 AI 领域专利申请量最高的国家。从图8可知，中、美、日三国专利申请总量占全球 AI 专利的 75％。

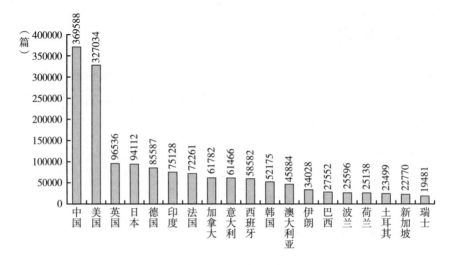

图7　全球 AI 论文产出量分布

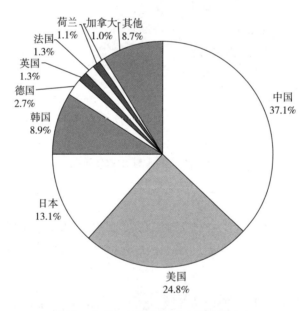

图8　全球人工智能专利申请地域分布

资料来源：中国信息通信研究院。

四　产业重大并购

赛灵思收购深鉴科技

1. 交易概况

2018 年 6 月 17 日，全球领先的 FPGA（可编程逻辑芯片）厂商赛灵思（Nasdaq：XLNX）宣布收购中国 AI 领域明星创业公司深鉴科技，该案例被称为"AI 芯片收购第一案"。交易金额和细节尚未对外披露。交易完成后，深鉴科技团队将继续保持独立运营，成为赛灵思大中华区的成员。2017 年 5 月，赛灵思在深鉴科技的 A 轮融资中便成为其战略投资人。据悉，收购完成后，深鉴科技核心团队需要四年锁定期，锁定期内不得离开赛灵思。

2. 收购方介绍

赛灵思成立于 1984 年，总部位于美国加利福尼亚州，目前全球范围内员工人数超过 4000 人，其中一半员工为软件开发工程师。2001 年公司在纳斯达克上市，截至 2018 年 12 月 31 日，公司总市值 279 亿美元，动态市盈率 36.9 倍。2018 年，公司实现收入 29.4 亿美元，净利润 8.4 亿美元。赛灵思是 FPGA、可编程 SoC 及 ACAP 的发明者。公司提供的处理器技术能够为包括消费电子、汽车电子和云端在内的软件及应用提供支持。作为一家高科技公司，赛灵思一直保持着高研发投入，2013～2017 年公司累计研发费用达到 27.9 亿美元，年均研发费用收入占比一直高于 20%，公司已经拥有超过 4000 项专利。

20 世纪 60 年代，戈登·摩尔发表了关于摩尔定律的著名论文，后来成为计算机行业发展的黄金定律。依据摩尔定律，每 18～24 个月，集成电路上所容纳的元器件数量便会增加一倍，性能也将提升一倍。近年来，随着半导体产业逐渐发展，芯片制程变得过于复杂，以具有商业价值的方式缩短芯片制程变得不具有可行性，摩尔定律失效。为了弥补摩尔定律失效带来的芯片性能供给与需求的缺口，专用芯片的应用呼之欲出。1984 年，赛灵思发明了 FPGA，作为半定制化的专用集成电路，能够满足计算机行业逐渐向专用垂直领域发展的需求，因而逐渐成为神经网络算法应用的主流芯片。FPGA 能够帮助初创公司缩短芯片的量产周期，直接将新的产品结构融入 FPGA 即可生产产品，一款芯片从流片到上市最短只需要三个月。

赛灵思的竞争策略是在下一代电子信息系统中替换 ASICs、ASSPs 和传统的 PLD。此外，公司聚焦于"建设具有适应性的智能世界"，重点推进三方面的业务场景拓展。首先是数据中心，赛灵思致力于与数据中心客户及软件开发者共同构建计算加速、计算存储和网络加速生态；其次是核心市场的迅速增长，核心市场包括自动驾驶、无线基础设施、无线通信、音视频广播、空间站和国防、医学科技等；最后是通过推广 ACAP 推动可适应性计算，ACAP 是赛灵思独创的一个高度集成化的多核计算处理平台，能够从硬件层面适应下游一系列应用和工作流的需求。

3. 标的方介绍

深鉴科技是一家 AI 领域的深度处理器算法公司，创始人是一支来自清华的团队。公司自 2016 年创立后，成为芯片初创公司中的宠儿，在两年时间内融资三轮超过 5000 万美元。深鉴科技拥有豪华的投资人组合，包括了金沙江创投、高榕资本、联发科、阿里巴巴等知名财务与产业投资人。与其他 AI 领域创业公司相似，深鉴科技团队曾经斩获数个国际论文奖项，包括 ICLR 最佳论文奖和 NIPS Workshop 最佳论文提名奖等。深鉴科技提供基于原创的神经网络压缩和 DPU 平台，为深度学习提供端到端的解决方案。通过神经网络与 FPGA 的协同优化，使提供的嵌入式端与云端的推理平台更加高效、便捷、经济，能够应用于安防与数据中心等领域。深鉴科技将自己定位为深度学习解决方案提供商，而并非单纯的芯片公司（Fabless）。

和许多 AI 领域初创公司一样，深鉴科技面临较大的商业化压力，需要与垂直领域的科技公司合作，生产基于应用场景的具有商业化变现潜质的芯片产品。作为资本密集型产业，一款芯片产品在量产后至少要有百万片的出货量方可实现盈亏平衡。2017 年下半年以来，多个 AI 芯片初创公司纷纷发布了芯片产品，平均每个月就有 3 ~ 5 个芯片产品面世。在激烈竞争下，AI

芯片行业面临洗牌，部分初创公司面临被市场淘汰出局的命运。

从成立伊始，深鉴科技便与赛灵思建立了较为紧密的合作关系，深鉴科技一直基于赛灵思的底层技术开发平台开发机器学习解决方案。而在 2017 年赛灵思成为深鉴科技投资人后，两者的合作更加紧密，深鉴科技决定跟随投资方赛灵思共同进入汽车市场，赛灵思也为深鉴科技介绍了其三分之二的汽车客户。基于技术研发升级和应用场景落地的实际需求，深鉴科技最终决定接受赛灵思的并购，让双方能够共同挖掘机器学习的潜力。

4. 潜在风险

第一，管理风险。并购完成后，深鉴科技成为赛灵思大中华区的成员。由于美国到中国的管理链条增加，再加之文化差异、认知差异等原因，赛灵思对深鉴科技的管理可能存在"水土不服"的问题，使深鉴科技丧失了原先作为创业公司的灵活性。如果赛灵思不能从战略上重视对于深鉴科技的并购，并与深鉴科技的管理团队进行良性沟通，则容易带来较大的管理风险。

第二，技术风险。由于 AI 行业仍然处于发展早期，且各个技术团队的背景往往相似，均来自海内外知名高校，因此 AI 创业公司之间的技术竞争一直非常激烈，技术成熟度往往较为接近。如果并购完成后深鉴科技不能选择正确的研发方向，或研发进度不及预期，则公司将面临技术被竞争对手赶超的风险。

第三，市场风险。AI 初创公司往往缺乏实际的商业应用场景，需要和下游各个垂直领域的科技公司进行合作。在被赛灵思并购以后，尽管可以获得更多赛灵思的下游客户，但是深鉴科技也可能会因为赛灵思与竞争对手的竞争关系而丧失部分客户。此外，由于中美在科技领域的竞争日趋激烈，作为美国公司的子公司，深鉴科技可能会丧失一些国产化领域的订单机会，从而面临在中国市场拓展不及预期的风险。

物联网产业并购发展报告

摘　要： 物联网被视为世界信息产业发展的第三次浪潮。随着5G的推
广及社会信息化水平的不断提高，物联网产业将加速进入大
规模普及与运用阶段。近年来，中国物联网政策支持力度不
断加大，技术创新成果接连涌现，各领域应用持续深化，产
业规模保持快速扩大，并形成了以北京—天津、上海—无锡、
深圳—广州、重庆—成都为核心的四大产业集聚区。与"十
二五"初期相比，中国在物联网关键技术研发、应用示范推
广、产业协调发展和政策环境建设等方面取得了显著成效，
成为全球物联网发展最为活跃的地区之一。

关键词： 物联网　移动通信　产业集聚

一　产业发展概述

物联网（Internet of Things）简称"IoT"，即连接人与人、人与物、物
与物之间的桥梁。物联网是互联网的延伸，这种延伸需要通过射频识别
（RFID）技术和信息传感设备，按照一定的通信协议与互联网进行连接，最
终达到物品之间的信息交换和通信，实现智能化识别、定位、追踪、管理。
物联网仍然需要以互联网为基础，但其从用户端扩展到了物体之间，其发展
和成熟应用将对人们现有的生活习惯产生巨大影响，因此也被称为世界信息
产业发展的第三次浪潮。

2018年，全球物联网应用出现三大主线。一是面向需求侧的消费型物联

网，即物联网与移动互联网相融合的移动物联网，创新高度活跃，孕育出可穿戴设备、智能硬件、智能家居、车联网、健康养老等规模化的消费类应用；二是面向供给侧的生产型物联网，即物联网与工业、农业、能源等传统行业深度融合形成行业物联网，成为行业转型升级所需的基础设施和关键要素；三是智慧城市发展进入新阶段，基于物联网的城市立体化信息采集系统正加快构建，智慧城市成为物联网应用集成创新的综合平台。

2018年，全球物联网设备已达到70亿台，预计到2020年，活跃的物联网设备数量将增加到100亿台。全球物联网产业规模由2008年的500亿美元增长至2018年近1510亿美元。预计到2025年中国物联网连接数将达到53.8亿台。根据统计数据，2017年，中国物联网产业规模达到了1.15万亿元人民币，同比增长23.66%，2018年其产业规模达到1.35万亿元人民币，同比增长17.39%（见图1）。预计到2020年，中国物联网产业的整体规模将超过1.8万亿元。

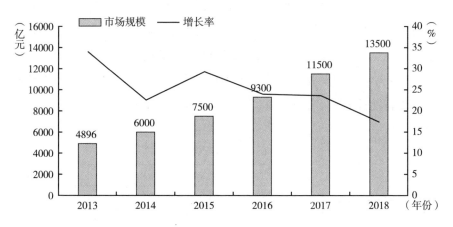

图1　2013～2018年中国物联网市场规模

资料来源：中国信息通信研究院。

二　产业政策

物联网作为新一代信息技术的集成和综合应用，将引发新一轮的产业变革，是推动经济发展的新增长动力，我国为了掌握未来经济科技发展的主动权，在物联网领域进行了战略布局，对物联网的政策支持力度不断加大。2013年以来，国家对物联网产业相继出台多项政策，物联网产业顶级设计规划不断得到完善（见表1）。2013年2月，国务院发布的《国务院关于推进物联网有序健康发展的指导意见》中提出要实现物联网在经济社会各领域的广泛应用，基本形成安全可控、有国际竞争力的物联网产业体系。2016年发布的《"十三五"国家战略性新兴产业发展规划》和《"十三五"国家信息化规划》中均对物联网产业发展提出专项要求。2017年1月工信部印发的《物联网"十三五"规划》中提出要建设物联网应用基础设施和服务平台，推进物联网重大应用示范工程，广泛开展物联网技术集成和模式创新，丰富物联网运用。

2018年，被列为国家重点扶持的物联网产业研究与示范中心城市——无锡出台《关于进一步支持以物联网为龙头的新一代信息技术产业发展的政策意见》，进一步增强物联网产业的示范效应。此外，国家发改委在同年2月发布的《2018年新一代信息基础设施建设工程拟支持项目名单》中明确支持5G与物联网发展，工信部则在12月发布《车联网（智能网联汽车）产业发展行动计划》，明确了物联网在汽车行业的落地规范。

表1 物联网产业政策

时间	政策法规	主要内容/规划目标	颁布主体
2013.02	《国务院关于推进物联网有序健康发展的指导意见》	实现物联网在经济社会各领域的广泛应用，基本形成安全可控、有国际竞争力的物联网产业体系	国务院
2013.09	《物联网发展专项行动计划（2013—2015年）》	到2015年，充分发挥物联网发展部际联席会议制度作用，健全完善物联网统筹协调工作机制，初步实现部门、行业、区域、军地之间的物联网发展相互协调，以及物联网应用推广、技术研发、标准制定、产业链构建等相互协调发展的局面	国家发改委、工信部、教育部、公安部、财政部、国土资源部、商务部、国家税务总局、国家统计局、国家知识产权局、中科院、工程院、国家标准委

时间	政策法规	主要内容/规划目标	颁布主体
2014.6	《工业和信息化部2014年物联网工作要点》	突破核心关键技术:推进传感器及芯片技术、传输、信息处理技术研发,支持物联网标识体系及关键技术研发,开展物联网技术典型应用与验证示范,构建科学合理的标准体系	工信部
2016.03	《国民经济和社会发展第十三个五年规划纲要》	建设物联网应用基础设施和服务平台,推进物联网重大应用示范工程,广泛开展物联网技术集成和模式创新,丰富物联网运用	国务院
2016.11	《"十三五"国家战略性新兴产业发展规划》	实施网络强国战略,加快建设"数字中国",推动物联网、云计算和人工智能等技术向各行业全方面融合渗透,构建万物互联、融合创新、智能协同、安全可控的新一代信息技术产业体系	国务院
2016.12	《"十三五"国家信息化规划》	推进物联网感知设施规划布局,发展物联网开环应用;实施物联网重大应用示范工程,推进物联网应用区域试点,建立城市级物联网接入管理与数据汇聚平台,深化物联网在城市基础设施、生产经营等环节中的应用	国务院
2017.01	《信息通信行业发展规划物联网分册(2016~2020年)》	推进物联网感知设施规划,到2020年公众网络M2M连接数突破17亿	工信部
2017.01	《物联网"十三五"规划》	物联网产业"十三五"的发展目标:完善技术创新体系,构建完善标准体系,推动物联网规模应用,完善公共服务体系,提升安全保障能力等	工信部
2017.03	《2017年政府工作报告》	深入实施《中国制造2025》,加快大数据、云计算、物联网应用	国务院
2017.05	《关于实施深入推进提速降费、促进实体经济发展2017专项行动的意见》	加快窄带物联网(NB-IoT)商用,拓展蜂窝物联网在工业互联网、城市公共服务及管理等领域的应用	工信部、国务院国资委
2017.06	《关于全面推进移动物联网(NB-IoT)建设发展》	全面推进广覆盖、大连接、低功耗移动物联网(NB-IoT)建设,目标到2017年末实现NB-IoT网络对直辖市、省会城市等主要城市的覆盖,基站规模达到40万个	工信部

时间	政策法规	主要内容/规划目标	颁布主体
2017.11	《关于第五代移动通信系统使用 3300 – 3600MHz 和 4800 – 5000MHz 频段相关事宜的通知》	规划 3300 – 3600MHz 和 4800 – 5000MHz 频段作为 5G 系统的工作频段，其中，3300 – 3400MHz 频段原则上限室内使用	工信部
2018.02	《2018 年新一代信息基础设施建设工程拟支持项目名单》	此次建设工程拟支持 8 个项目，其中 3 个为三大运营商的 5G 规模组网建设及应用示范工程	国家发改委
2018.02	《关于进一步支持以物联网为龙头的新一代信息技术产业发展的政策意见》	政策旨在推动无锡物联网新一代信息技术产业做大做强，加快打造经济发展的"新引擎"，重大项目最高可获 1 亿元支持	无锡市政府
2018.12	《车联网（智能网联汽车）产业发展行动计划》	发展车联网产业，有利于提升汽车网联化、智能化水平，实现自动驾驶，发展智能交通，促进信息消费	工信部

三 物联网产业链

（一）产业链图谱

由图 2 可知，物联网产业链自下而上看包括感知层、网络层、平台层和应用层。

感知层构成了物联网的核心，通过各类传感器感知获取外部信息（物理、化学及生物信息）并转化为数字信息进行传输。因此也可以将感知层比作是人类的皮肤和五官，是后续处理数据的基础。互联网数据中心（IDC）表示，物联网硬件是 2018 年物联网支出最大的技术类别，约有 2390 亿美元投入，主要用于模块和传感器，并在其他基础设施方面投入了一些资金。Macquarie Research 预计物联网半导体在 2017~2021 年的年复合增长率约为 26%，而全球半导体市场同期年复合增长率为 6%。2018 年，处理器支出占物联网硬件支出的 41%，其次是传感器 21%、连接性 IC 20% 和其他（内存、PMIC 等）18%。

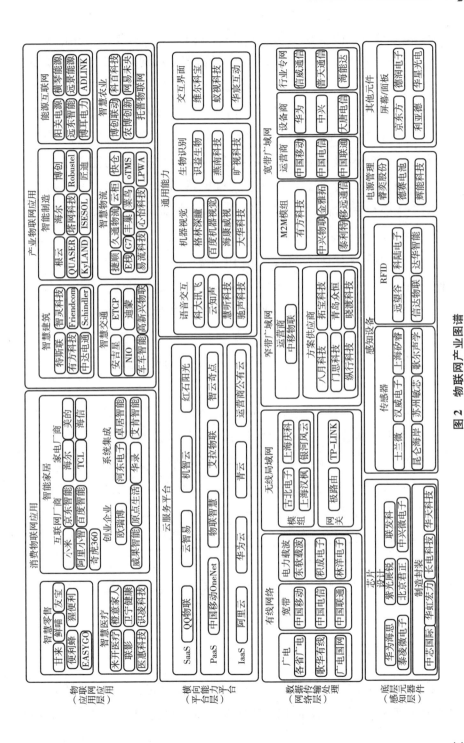

图 2　物联网产业图谱

网络层是物联网的通信基础，以无线传输为主，主要有广域网络通信即低功耗广域网（LPWAN）和近距离网络通信即局域网（LAN）两种方式。感知硬件收集的数据经由网络传输到数据中心或者云平台进行下一步的处理。LPWAN 是为低功耗、远程无线通信而设计的技术，常用的诸如 NB - IoT 和 EMTC 等网络，非常适合用于低功耗窄带宽物联网设备的大规模部署，预计未来物联网设备数量增长的很大一部分将来自低功耗广域网。到 2025 年，预计将有超过 20 亿台设备通过 LPWAN 连接。Sigfox、Lora 和 NB - IoT 这三个主要竞争标准采用了该项技术，电池寿命极长，设备成本低，最大通信范围超过 20 公里，目前该技术正在全球推广，目前已连接超过 2500 万台设备，其中大部分是智能电表等使用频次低的场景。华为、爱立信、高通和沃达丰等技术领导者是 NB 物联网标准化的主要贡献者。据 IDC 统计，2017 ~ 2021 年 LPWAN 的年复合增长率预计将超过其他连接技术，达到 38%。LAN 预计将在 2017 ~ 2021 年实现 22% 的年复合增长率，并在未来几年保持主流连接技术地位。与之相反，有线技术的市场份额预计将从 2017 年的 22% 下降到 2021 年的 15%。

物联网平台层主要起到承上启下的作用。物联网平台向下接入分散的物联网传感层，汇集传感数据，向上面向应用服务提供商提供应用开发的基础性平台和统一的接口，平台层主要用于设备管理、连接管理、应用支撑和数据分析。巨头如 AWS IoT、阿里等定位云平台基础设施，各个细分领域也不乏玩家，如设备管理商 Wireless、连接管理商思科、爱立信，应用支撑服务商宣通世纪等。

应用层则是"物联网 +"的一种业态，物联网作为一种信息技术，并非独立存在的一个行业，而是通过物联网对传统行业进行赋能和改造，如当下火热的共享单车、智慧家居等，都是物联网和传统行业的深度结合所带来的质变。

（二）全球市场

根据 IDC 数据，2018 年全球物联网支出达 11360 亿美元，物联网支出的最大市场是亚太地区（除日本外），2018 年的支出超过 2910 亿美元，与 2017

年相比增长了约12%。北美地区物联网支出达2030亿美元，美国在制造业、运输业和公共事业推动下，支出额为1940亿美元。欧洲、中东和非洲（EMEA）的MER市场份额为1710亿美元，2018年日本为680亿美元（见图3）。拉丁美洲预计未来5年的物联网支出增长最快，复合年增长率将超过25%。

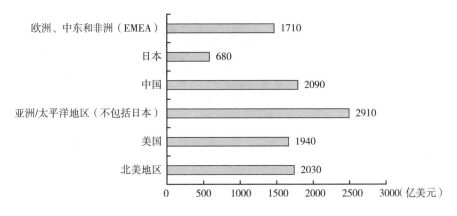

图3　全球各地区2018物联网产业规模

资料来源：IDC。

全球物联网支出中，物联网硬件是2018年物联网支出中最大的技术类别，约有2390亿美元投入，主要用于模块和传感器，并在其他基础设施方面投入了一些资金。就应用端来看，物联网的应用已经覆盖制造业（IIoT）、智能家居、智能城市、消费电子产品（智能电视、可穿戴设备等）、物流（车队监控、货物管理等）、能源和公用事业（智能电网、智能电表等）、汽车和交通（联网汽车、GPS监控、智能交通管理）等众多领域。2018年全球在物联网解决方案上花费较多的行业是制造业（1890亿美元）、运输业（850亿美元）和公用事业（730亿美元），分别占物联网总支出的25%、11%和9%，此外，约有920亿美元的跨行业支出（见图4）。制造企业的物联网支出主要集中在支持生产运营和生产资产管理的解决方案上。在运输方面，三分之二的物联网支出将用于货运监控，其次是车队管理。公用事业行业的物联网支出将由电力、天然气和水的智能网络主导。2018年，消费物联网支出达到620亿美元，成为第四大行业细分市场。

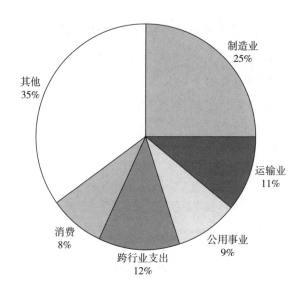

图 4　全球物联网应用支出比例

四　产业重大并购

（一）闻泰科技收购安世半导体

1. 交易概览

闻泰科技（600745.SH）于 2018 年 4 月通过其 100%控股孙公司合肥中闻金泰，联合云南省城市建设投资集团有限公司（简称"云南城投"）与上海矽胤企业管理合伙企业（有限合伙）（简称"上海矽胤"）以 114.35 亿元的对价中标合肥广芯持有的安世集团基金 49.37 亿元人民币基金份额，溢价率为 131.6%，其中闻泰科技出资 67.05 亿元。安世集团主要资产为旗下全资子公司世界领先的半导体供应商安世半导体公司，该协议达成后闻泰科技计划继续通过发行股份及支付现金的方式收购资产，以实现对安世半导体的间接控制。2018 年 10 月 24 日，闻泰科技公布了对安世集团的收购预案。在最初发布的预案中，闻泰科技计划以 184.49 亿元交易对价向境内外持有安世集团基金份额的 GP（普通合伙人）和 LP（有限合伙人）收购其持有的部分安世集团的财产和权益，溢价率为 154.8%，两笔交易结束后闻泰科技将支付合计 251.54 亿元，获得安世半导体合计 75.86% 的股权（穿透后）。2018 年 12 月 1 日闻泰科技发布收购预案修订稿，宣布引入格力电器、港荣集团、智泽兆纬等投资人，由上述投资人先行收购标的公司部分资产，公司再以发行股份的方式购买投资人持有的标的公司资产，最终以 201.49 亿元交易对价对境内外安世集团基金份额完成收购，其中以现金支付 88.93 亿元，以发行股份的方式支付 112.56 亿元，溢价率为 154.8%。两次收购闻泰科技合计将支付 268.54 亿元，获得安世半导体 79.97% 的股权（穿透后），收购完成后，闻泰科技将一举成为中国最大的半导体行业上市公司。

2. 并购方简介

闻泰科技成立于 2005 年，最初为一家 IDH（Independent Design House）公司，主营业务为手机设计与研发。凭借低价策略、优秀的供应链管理技术以及对市场需求的精准把握能力，闻泰科技在 2007 年一跃成为国内出货量最大的 IDH 公司，达到 1800 万部。随后闻泰向产业链下游手机制造组装扩张，在嘉兴等地建立大型生产基地，于 2008 年转型为 ODM（Original Design Manufacturer）公司，为手机品牌商提供设计、研发、生产、制造一条龙服务。由于转型较早，闻泰科技乘着智能手机普及的东风，先后中标华为、联想和小米等国内著名品牌商项目，其研发能力和生产能力获得大幅提升，连续多年成为世界出货量最大的智能手机 ODM 公司。闻泰科技 2017 年智能手机出货量约为 8350 万部，市场占有率接近 20%。与同行业竞争对手相比，闻泰科技致力于精品战略，依靠其成熟的手机设计方案和生产工艺积累，开发出具有极高性价比和差异化特点的中低端"爆款"手机，借此带动销量和利润的快速增长。2017 年，闻泰科技成功推出红米 4X、魅蓝 Note5 和荣耀畅玩 6A 等 11 款百万级出货量的明星机型，2017 年 ODM 业务销售收入同比增长约 26%，当时预计 2018 年全年出货量将达到 1 亿部。闻泰科技于 2016 年借壳中茵股份上市后，一方面不断剥离原中茵股份的房地产业务，另一方面持续拓展智能硬件新业务领域。2016年闻泰科技与高通签署战略合作协议，成为高通在ODM领域的唯一合作厂商。基于高通芯片平台，闻泰科技不仅提高了手机产品的性能，还开发出了VR头显、AR眼镜、物联网（IoT）硬件、笔记本电脑和服务器等一系列电子硬件产品。进入半导体行业能够使闻泰科技有效提升所需核心电子元器件的性能和品质，优化供应链，助力公司现有的智能硬件业务高速发展。

尽管闻泰科技过去的ODM业务业绩骄人，但是如今的经营状况却不容乐观，公司在2018年前两个季度均出现亏损。公司于2018年1月26日发布的《闻泰科技2018年年度业绩预减公告》显示，预计2018年利润为0.55亿元至0.8亿元，同比减少约80%。公司披露业绩下滑主要的原因是元器件涨价、汇率波动和5G提前研发导致的研发费用增加。虽然公司于年中推出的全面屏手机帮助公司止住颓势，恢复盈利，但智能手机行业逐渐饱和的大环境仍让投资者对公司的持续盈利能力产生疑虑。据IDC统计，2018年全年智能手机出货量约为14亿部，同比下跌4.1%，公司ODM业务的市场竞争愈加激烈。

闻泰科技此次并购一方面是为了向产业链上游扩张，形成协同效应。闻泰科技董事长张学政曾表示，希望抓住未来物联网和5G普及的机遇期，布局半导体行业，成为全球智能硬件行业的领导者；另一方面则是希望通过并购拓展新业务领域，找到新的盈利增长点，改善主营业务ODM疲软对公司经营业绩的不利影响。

3. 被并购方介绍

安世半导体前身为荷兰半导体巨头恩智浦（NXP）的标准器件业务部，拥有超过60年的半导体行业从业经验，与专注于半导体产业链某一环节的集成电路设计（IC）公司、芯片制造公司、封装测试公司相比，安世半导体的业务范围涵盖半导体产品的全产业链，是一家世界领先的半导体IDM公司。目前安世集团在英国和德国分别拥有一家前端晶圆加工工厂，在中国广东、马来西亚、菲律宾分别拥有一家后端封测工厂，并在荷兰拥有一座工业设备研发中心ITEC。

2016 年 6 月以中国北京建广资产管理有限公司（以下简称"建广资产"）和境外 Wise Road Capital LTD（以下简称"智路资本"）为首的财团以 27.6 亿美元的交易对价联合收购恩智浦剥离出的标准器件业务部。为收购安世半导体，并购方于 2017 年 2 月分别成立了安世集团和裕成控股，目前安世半导体的股权结构为安世集团持有安世半导体 100% 控股权，裕成控股持有安世集团 100% 控股权，裕成控股的股份分别由合肥裕芯和境外基金持有，合肥裕芯的股份又由境内 12 家基金持有（见图 5）。

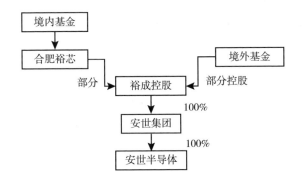

图 5　安世半导体股权结构

根据 IHS 数据，安世半导体的标准分立器件业务处于全球市场领先地位，其分立器件全球市场占有率排名第一，逻辑器件排名第二，仅次于德州仪器，汽车功率器件 MOS 全球市场占有率排名第二，仅次于英飞凌，公司产品在汽车电子、消费电子、可穿戴设备和物联网等新兴高增长领域受到广泛应用。受 5G、物联网和汽车智能化等新浪潮的推动，半导体行业在可预见的未来将保持高速增长。天风证券预计安世半导体在 2019 年、2020 年的净利润分别将达到 18.9 亿元和 24.5 亿元，年化增长率超过 20%。考虑到中美贸易摩擦的影响，安世半导体是目前以及未来相当长一段时间内中国企业能够接触到的最优质半导体标的，是闻泰科技向智能硬件产业链上游半导体行业转型的极佳选择。

安世半导体接受此次并购主要有三大原因：1. 闻泰科技作为世界排名

第一的 ODM 厂商，一直是安世半导体的重要客户，并且在并购前已经是安世半导体第二大单一股东，双方长期保持着良好的研发和业务合作关系；2.两家公司分别处在产业链上下游，此次并购能够实现优势互补，优化双方公司的技术研发和供应链管理，形成协同效应；3.中国作为世界最大的半导体市场，在中国政府的大力支持下，预计将会成为未来全球半导体产业增长最快的区域，而安世半导体在中国的市场占有率并不高，借助闻泰科技的客户资源和销售力量，安世半导体有望进一步开拓中国市场，加速销售和利润增长。

4. 后续整合计划

收购完成后格力电器等投资人能成为闻泰科技重要股东，除公司现有硬件制造业务实现向上游拓展外，还能与格力电器等下游企业实现业务协同，打通从半导体到硬件设备再到终端市场的整条产业链，实现强强联合，优势互补。闻泰科技不仅能获得更优质的电子元器件供应，还能借此机会进入汽车电子、智能家电等领域，安世半导体则能借助闻泰科技等下游公司的客户资源和市场影响力，拓展其中国市场份额。

另一方面，闻泰科技与安世半导体目前都在积极研发 5G 产品，并购完成后两家公司通过技术交流、联合研发以及产品深度融合，将加速双方对5G 产业的布局，在 5G 和物联网等快速增长领域建立优势地位。此外，并购完成后安世半导体强大的盈利能力有望帮助闻泰科技改善经营业绩下滑的不利局面，为公司带来强劲的盈利增长。

5. 潜在风险

审批风险

本次交易构成重大资产重组，需要证监会审批同意。由于交易结构复杂，且涉及内幕信息，如果公司不能管理好本次交易停牌前内幕消息知情人利用内幕信息进行交易的行为，则本次交易面临取消风险。此外，标的公司总部位于荷兰奈梅亨，在全球开展业务，此次交易需要通过 CFIUS 审查程序，不能排除相关政府和监管机构针对本次交易出台政策、法律或者展开调查行动的风险。

财务风险

巨额收购费用为公司财务带来沉重负担。根据闻泰科技第三季度报告披露的信息,在宣布并购之前,公司的财务风险就已经大幅增加,公司应收账款及应收票据在第三季度末较期初余额合计增加 66.7%,短期借款较期初增长 103.65%,达到 17.49 亿元,而同期公司仅有现金 12.37 亿元,并且公司实际控制人张学政已经质押超过 90% 的股权。与公司最初的收购方案相比,在收购预案修订稿中公司通过引入格力电器等投资人,减少支付 11.15亿元现金对价,并将定向增发募集的资金从 46.3 亿元上调至 70 亿元,以减轻公司此次并购的财务压力。

商誉减值风险

闻泰科技预计标的公司安世集团 2017 年商誉余额为 113.96 亿元,占标的公司总资产的 50.89%。公司初步预估此次并购将形成 200 亿元左右的巨额商誉,占并购完成后公司总资产的 40% 左右。如果并购完成后安世半导体业绩不如预期,或者公司 5G 研发进展缓慢,公司将面临大额商誉减值风险。

(二)亚马逊收购 Ring

1. 交易概况

2018 年 2 月 27 日,亚马逊(NasdaqGS:AMZN)同意以 10 亿美元(约63 亿元人民币)的现金收购智能家居设备制造商 Ring。本次收购成为亚马逊历史上规模最大的交易之一,仅次于亚马逊 2017 年以 137 亿美元收购全食超市。收购消息披露后,亚马逊股价上涨了 2%,而家庭安全设备制造商ADT 的股价下滑了约 7%,当日股价为 52 周以来的新低。此次收购完成后,Ring 在保持独立运营以外可以支持 Alexa 向更多智能设备上扩展,补充亚马逊现有的服务。用户在亚马逊网站购买商品后,快递员在家中无人时也可送货上门。此外,在家庭智能物联网领域,谷歌推出的一系列 Nest 安全产品和语音助手阻碍了亚马逊进一步拓展市场的步伐;通过收购 Ring,亚马逊能增强与谷歌在智慧家庭领域的竞争力,并在智能门铃这一垂直领域占据领先优势。

2. 收购方介绍

亚马逊公司成立于 1994 年，于 1996 年在特拉华州重新注册。1995 年，亚马逊正式开设网店，作为最早开设经营电子商务的公司之一，其成立之初主要销售书籍，现在则扩大到多种产品，包括图书、电子产品、服饰、户外产品和家居产品等。1997 年 5 月，亚马逊成功地在美国纳斯达克证券交易所完成上市，目前公司市值为 7801.38 亿美元。2018 年亚马逊全年实现销售额 2328.87 亿美元，同比增长 30.9%；净利润为 100.73 亿美元，同比增长 232.1%。

1999 年，亚马逊决定将其商业模式由管道式变为平台式，把网站开放给商户和个体经营者，允许他们在上面出售商品，亚马逊从中收取月费或交易抽成。这一平台化改革方案使得大批的商户逐渐集中到了亚马逊平台，从而解决了亚马逊自营商品种类少的问题，吸引更多消费者，促进了自营业务的增长，平台化改革后所创造的收入和盈利也使得亚马逊免于在 2000 年互联网泡沫破灭时陷入资金链断裂的困境。2006 年，亚马逊推出 AWS 云计算服务平台，为使用者提供整套的云计算服务，有效地帮助公司减少前期投资和维护投入，成为全球 IaaS 服务领跑者。2018 年亚马逊 AWS 云服务全年营收为 256.55 亿美元，相比 2017 年实现了 46.9% 的涨幅，约占亚马逊总营收的 11%，净利润则为 72.96 亿美元，同比增长 68.5%，占亚马逊总净利润的 72.4%；2018 年 AWS 云服务市场占比 51.8%，位列第一，是第二名市场份额的 4 倍。

随着物联网和人工智能技术的发展，亚马逊将更多精力投入新交互终端的开发上，于 2014 年推出了智能音箱 Echo。Echo 是一个内置智能家居连接模块的音箱，同时搭载 Alexa 语音助手，向用户提供查询信息（天气、新闻等）、遥控智能设备（电灯、电视机等）和预订服务或购买商品（预订车辆、餐饮等）三大功能。Alexa 的成功促使亚马逊专门成立一个新的部门来开发各种硬件和软件，开发宗旨是将 Alexa 最大可能地加载到更多设备上，比如电灯、电冰箱和汽车等。截至 2018 年，预装 Alexa 语音助手的智能设备销售数量已超过 1 亿；搭载 Alexa 的产品种类为 150 多种，包括耳机、电脑、汽车和电灯；Alexa 的技能数量为 70000 多种。

亚马逊将智能音箱作为切入点，以语音交互作为手段，以生态作为撬开家庭智能物联网的入口，进军市场规模不断扩大的智能家居领域。为了强化智慧家庭安全布局，2015 年亚马逊投资 Scout Alarm 公司，其开发的防盗报警器支持亚马逊 Alexa 语音助手功能，可完成用户包括布防、撤防等语音命令。2017 年 12 月 22 日亚马逊斥资约 9000 万美元收购了 Blink；Blink 作为一家以电池供电的摄像头和门铃的初创公司，其特有的低能耗电池可以维持两年的常规使用，在电池使用寿命方面表现优秀；亚马逊收购 Blink，一方面可以将其与自身开发的 Cloud Cam 和 Amazon Key 产品结合来解决现有的安全漏洞，另一方面亚马逊可以将 Blink 开发团队的专业知识用于无人机等的开发，其中的专用芯片设计也可加大竞争对手拷贝亚马逊产品的难度。在 2018 年 2 月收购 Ring 前，亚马逊还曾出价 1 亿美元收购智能锁具制造商 August Home，但 August 最终以 1.5 亿美元的价格和瑞典锁具制造商 Assa Abloy 开启了合作。

2019 年 1 月 24 日，亚马逊正式加入 Zigbee 联盟董事会，成为 Zigbee 付费水平最高的会员之一，这代表亚马逊今后在通用智能家居标准的制定方面掌握了更大的话语权。亚马逊 Alexa 语音助手与 Zigbee 联盟的后续合作，也将有利于改善产品语音互动的开放标准，确保智慧装置的无缝连接与运行。

3. 标的方介绍

智能门铃制造商 Ring 成立于 2012 年，其前身为 DoorBot，总部位于美国加利福尼亚州南部，公司约有 1300 名员工。Ring 公司的长期使命是通过向用户提供有效且价格合理的家庭安全工具来减少社区犯罪，这一长期使命帮助 Ring 创造和驱动"方便"、"监控"和"安保"这 3 个产品价值。Ring 的主要代表产品是配备摄像头的智能可视化门铃，当摄像头监测到来访者时，会通过用户已关联智能设备上的应用程序进行通知，让用户无论身在何处都可以看到门前实况，并和来访者交谈。Ring 公司的智能可视化门铃不仅可以防止非法闯入，还有助于警方通过摄像头所拍摄的视频来识别肇事者。2016 年，Ring 宣布将 HomeKit 引入 Ring Pro，通过增加 Siri 支持来创造另一个用户与 Ring 产品互动，但截至 2018 年 Ring 公司尚未确定这一新功能的发布日期。同年，谷歌旗下的智能家具部门 Nest 推出的智能视频门铃 Hello 和亚马逊推出的家用安防摄像头 Cloud Cam 开始发售，这两款产品使得 Ring 的智能可视化门铃遭受了较大的竞争压力，推动 Ring 寻求与亚马逊合作来获取资源和资金以支持后续开发。截至被亚马逊收购之前，True Ventures、Kleiner Perkins、Upfront Ventures 和亚马逊 Alexa 基金等风险投资者已向 Ring 提供了约 4.5 亿美元的投资。

4. 后续整合计划

Ring 公司除了生产智能门铃，还生产开发有线和电池供电安全摄像头、烟雾感应器、水灾/冷冻感应器和各种配件等；若将 Ring 产品线与亚马逊自有的 Echo 业务进行有效整合，Ring 公司有望在未来成为家庭联网设备市场的主要供应商。再者，Ring 公司为用户提供了视频录制、云储存和分享服务，未来亚马逊将会以优惠价为购买 Ring 摄像头和门铃的 Prime 会员提供类似的录制、储存和分享服务，后期还可能向购买 Ring 产品的用户提供专业安全检测服务。此外，收购完成后亚马逊可以从 Ring 现有的用户群中获取更多数据和用户使用反馈，通过将 Ring 的安全设备与亚马逊的 Amazon Key 和 Alexa 整合，提供一个更加统一的智能购物体验。收购 Ring 将有助于亚马逊进一步融入消费者的家庭，增强其 Prime 服务的黏性，开拓以亚马逊智能语音助手 Alexa 为中心的智能家庭物联网业务。

5. 潜在风险

首先，Ring 公司需要服从亚马逊的统一竞争策略，可能不利于其自身的独立发展。亚马逊通过硬件销售发展服务的排他性战略有时会损害用户体验，比如亚马逊开发的 Fire Phone 虽然采用了 Fire OS 操作系统，但封锁了谷歌应用程序和服务，应用商店提供的应用数过少损害了用户日常使用体验；若亚马逊未来不能对用户体验加以重视，这一缺点将不利于 Ring 硬件设备的完善发展，将非亚马逊阵营的消费者拒之门外。其次，Ring 的产品销售收入仍然被亚马逊的竞争对手共享。尽管 Ring 在收购后可保持独立运营，但亚马逊的竞争对手，例如 Walmart 和 Costco，仍在销售 Ring 公司的产品，这种情况未来会持续多久尚不明确，亚马逊在 Ring 产品方面的销售收入可能会因此受到影响。最后，Ring 的产品特性使其对用户数据的隐私保护受到争议，可能面临潜在的法律风险。Ring 公司乌克兰分部曾因不愿承担加密所需费用，未对客户监视器画面进行妥善处理，从而被用户投诉侵犯隐私；若 Ring 公司未来不能对其用户数据的私密性加以监管，消费者可能会对 Ring 公司保护用户隐私的能力产生怀疑，这将不利于 Ring 公司发展潜在客户和打造品牌声誉。

（三）北京君正与思源电气竞购北京矽成控制权

1. 交易概况

2018 年 11 月 10 日，北京君正（300223.SZ）宣布拟以发行股份及支付现金的方式购买屹唐投资 99.9993% 财产份额、华创芯原 100% 股权、民和志威 99.9% 财产份额、WorldwideMemory100% 股权、AsiaMemory100% 股权和厦门芯华 100% 财产份额，交易价格暂定为 26.42 亿元。根据收购计划，此次北京君正发行股份收购资产的股份对价金额为 14.77 亿元，现金对价金额为 11.65 亿元；并采取询价方式向不超过 5 名符合条件的特定投资者募集总额不超过 14 亿元的配套资金，用于支付此次交易的现金对价和偿还标的企业的部分贷款。

本次交易完成后，北京君正将通过标的企业间接持有北京矽成 51.5898% 的股权，并通过屹唐投资、华创芯原和民和志威间接持有闪胜创芯 53.2914% 的 LP 份额。北京君正未来将充分利用北京矽成存储芯片开发技术优势，发挥在产品类型、客户结构、技术革新等多方面的协同效应，从而优化公司利润结构，夯实行业地位，加速开拓国内外的市场份额。

2. 收购方介绍

北京君正集成电路股份有限公司成立于 2005 年 7 月 15 日，并于 2011 年 5 月 31 日在深圳证券交易所上市，截至 2018 年 12 月 31 日市值为 43.48

亿元。利用自主创新的 XBurst CPU 和视频编解码等核心技术，北京君正研发了一系列高性价比的微处理器芯片、智能视频芯片和智能可穿戴芯片等 ASIC 芯片产品，覆盖了智能家居、智能穿戴、智能家电、生物识别和智能视频等领域，成为国内外领先的嵌入式 CPU 芯片及解决方案提供商之一。

2009 年，北京君正以 80.5% 的绝对市占率占据了电子书 CPU 芯片市场的第一位；但由于平板电脑、手机的普及和阅读 App 的开发，电子书市场逐渐萎缩，北京君正的芯片销售也因此受到了影响，业绩发生了快速下滑。其中，2011 年营业收入较前一年下降 18.39%，扣非净利润下降 35.98%，2012 年营业收入下降 36.44%，扣非净利润下降 85.23%，在这期间北京君正依靠闲置资金产生的巨额利息避免了陷入亏损的局面。然而到了 2014 年，北京君正的净利润下降 139.22%，扣非净利润下降了 225.35%，公司被迫彻底放弃移动互联网终端应用处理器芯片研发项目，转而投入到智能可穿戴设备领域的芯片研发项目，开启了转型之路；依靠自主研发的低功耗 CPU 技术，北京君正顺利研发了 M 系列芯片，推出了针对智能手表、智能眼镜等产品的解决方案，并与盛大果壳、智器等多家公司率先开启合作，从而为公司打开了新的成长空间。

2016 年，为了加强 CMOS 图像传感器的性能和产品特性，市值为 73 亿元的北京君正宣布计划以 120 亿元价格收购北京豪威 100% 股权、以 3.55 亿元价格收购视信源 100% 股权、以 2.67 亿元价格收购思比科 40.4343% 股权，交易采取发行股份和现金支付相结合的方式支付。但由于当时再融资新规的出台以及国内证券市场环境发生较大变化，北京君正最终放弃了这一收购计划。

2017 年，北京君正为了应对市场需求的改变，在智能视频领域加大了研发投入，成功完成了 XBurst2CPU 核的设计、优化和验证工作，并进行了样片投产。2017 年营业总收入为 1.84 亿元，实现了 65.17% 的同比涨幅，特别是智能视频领域销售收入有了明显提高，但由于智能视频市场竞争激烈，公司投入了大量资金用于市场推广，导致该年净利润仅为 650.11 万元，同比下降 7.81%。

3. 标的方介绍

北京矽成半导体有限责任公司是一家控股型公司，成立于 2014 年 11 月 2 日，其主要经营业务覆盖了集成电路存储芯片及其衍生产品的开发、技术服务和销售，以及集成电路模拟芯片的开发和销售。集成电路存储芯片作为北京矽成的核心业务，其产品包括 DRAM（动态随机存储器芯片）、SRAM（静态随机存储器芯片）、FLASH（闪存芯片）芯片等，并向汽车电子、工控医疗和通信网络等行业提供芯片支持。截至 2017 年末，北京矽成总资产为 60.4 亿元，净资产为 53.5 亿元，营业收入实现 25.1 亿元，扣非后净利润为 3 亿元。

北京矽成本身未开展任何具体业务，其业务由全资子公司 ISSI、ISSI Cayman 和 SI EN Cayman 等经营。ISSI 公司成立于 1988 年 10 月，并于 1995 年 2 月在美国纳斯达克证券交易所上市，之后于 2015 年 12 月被北京矽成私有化收购并退市。ISSI Cayman 和 SI EN Cayman 在被收购前均为 ISSI 的子公司，私有化完成后被调整为 ISSI 的兄弟公司。ISSI 总部设立在美国加利福尼亚州，并在中国、欧洲、印度、日本、韩国、新加坡和美国设有办事处。作为拥有国家领先水平的存储芯片制造商，ISSI 利用高性价比、高品质的半导体产品瞄准高增长市场，并与专用领域的国际一流客户建立了良好的长期合作关系。ISSI 子公司的外包制造模式是基于与亚洲和本地晶圆厂的联合技术开发历史，同时在选定的晶圆厂开展战略性股权收购交易。通过在中国和韩国雇用超过 80 名设计、产品和测试工程师，ISSI 总部的产品管理团队的研发优势进一步扩大。

2016 年 9 月 20 日，兆易创新曾发布公告计划以 65 亿元的价格收购北京矽成 100% 的股权，但之后 ISSI 的主要供应商南亚科认为兆易创新与 ISSI 重组后会成为其潜在竞争对手，要求在交易完成时有权终止相关合作合同。此举导致兆易创新认为北京矽成未来业绩会因此遭受很大影响，最终在 2016 年 8 月 9 日决定终止重组。此后，思源电气于 2018 年 9 月 5 日宣布其持有 66% 出资额的上海集岑企业管理中心以 29.67 亿元的现金购买上海承裕资产管理合伙企业份额，上海承裕资产管理合伙企业共持有北京矽成 41.65% 股权，北京矽成估值约为 72 亿元。

4. 后续整合计划

在主营业务方面，收购完成后北京君正实现对北京矽成的进一步控制和融合，利用北京矽成现有供应链，客户资源和销售渠道完善自身销售体系，凭借交易双方在国内外市场积攒的研发实力和稳定的市场份额来实现业务的有效整合。同时，借由此次收购，北京君正未来将补充现有芯片产品的类型，并将产品适用领域扩展至专业级应用市场，市场占有率也将因此有所提高。

在盈利方面，北京君正和北京矽成共享研发团队、客户资源和销售渠道，将有效降低研发成本和营销成本，从而改善主营业务的利润空间，提升公司的竞争力，利用协同效应来增强北京君正的持续盈利能力；若后续北京君正与北京矽成报表能够实现合并，将优化北京君正财务报表的表现。

在公司管理方面，交易完成后，北京君正将引进北京矽成存储芯片研发团队和国际化管理团队，为北京君正完善国际化布局提供可靠支持；同时，管理团队的整合将使得公司提高管理效率，更有效地为现有项目配备人员和资源。

5. 潜在风险

首先，本次交易涉及了跨境换股的方式，根据外国投资者对上市公司战略投资管理办法的规定，民和德元可能会因受到 GP 变更 LP 进度的影响，从而改变暂定交易方式；同时，为了避免发生实际控制人变更的情况，在我国商务、发改委等部门相关监管的要求下，本次交易方案可能会有所调整。此外，本次交易中的 ISSI 为美国公司，由于中美关系的进一步紧张，美国监管机构对于此次收购案的审查（如 CFIUS 安全审查等）可能会变得更加严格，北京君正将因此面临审批不予通过的危险。

其次，本次收购面临无法顺利合并北京矽成财务报表的风险。依据北京矽成现有公司章程，公司确定相关重要事项需得到董事会一致通过或三分之二以上（且赞成的董事中需包括屹唐投资、华创芯原及上海承裕提名的至少各自一名出席会议的董事）通过才可作为有效决议。虽然北京君正通过此次交易间接收购了51.5898%股权，但若后续无法与其他股东达成意见一致，公司净利润将受到来自报表合并范围之外投资收益风险的影响。

再次，本次交易的现金对价为11.65亿元，北京君正计划募集总额不超过14亿元的配套资金来支付现金对价和偿还北京矽成的企业贷款，这意味着在配套资金足额募集的前提下公司还需以自有资金或自筹资金投入8.80亿元。然而截至2018年9月30日，北京君正实际可使用的货币资金及其他流动资产的金额合计为5.77亿元，公司还存在3.03亿元的资金缺口，巨大的资金压力可能导致此次交易最终失败，或提高公司资产负债率水平和偿债风险。

最后，近年来北京君正净利润主要依靠政府补助和利息收入，主营业务利润空间持续得不到改善，如果能够顺利完成收购，北京君正将有望依赖于北京矽成的盈利表现。然而，集成电路行业的发展取决于新技术的开发效率，其产品迭代周期会随着技术的快速改进变得越来越短，进而形成了集成电路行业周期性波动的特征；北京矽成作为集成电路产业的上游环节，在行业面临周期性下行趋势时，公司的销售业绩和净利润会遭到较大的负面影响，北京君正将无法依赖北京矽成的业绩来改善自身盈利表现。

云计算产业并购发展报告

摘　要： 当前，全球云计算市场正逐渐成熟。云计算的发展经历了从虚拟
化、并行等技术成熟的前期积累阶段，到 SaaS、IaaS、PaaS 三种
形式出现的形成阶段，目前正处于通过深度竞争形成主流平台和
标准的成熟阶段。我国云计算市场总体保持快速发展态势。近年
来各部委陆续出台企业上云、扩大信息消费等政策，支持云计算
发展，使云计算市场的创新活力得到充分释放。2018 年国内云计
算市场规模达 540 亿元，国内云服务市场仍将保持高速增长态
势。工业上云在政府主导下加紧开展，服务业会成为云化重点。
随着 5G 时代的到来，车联网、智能家居、AR 等大流量行业应
用将加速落地，对云需求将不断加深。

关键词： 云计算　产业应用　云服务

一　2018年产业发展概述

云计算（Cloud Computing）是分布式计算的一种，指的是通过网络
"云"将巨大的数据计算处理程序分解成无数个小程序，然后，通过多部服
务器组成的系统处理和分析这些小程序得到结果并返回给用户。云计算早期
即简单的分布式计算，解决任务分发，并进行计算结果的合并，通过这项技
术，可以在很短的时间（几秒钟）内完成对数以万计的数据的处理，从而
达到强大的网络服务。现阶段所说的云服务已经不单单是一种分布式计算，
而是分布式计算、效用计算、负载均衡、并行计算、网络存储、热备份冗杂

和虚拟化等计算机技术混合演进并跃升的结果。

近年来，在阿里、百度及腾讯等互联网巨头带领下，加上政策的大力支持，云计算在我国快速发展，规模不断扩大。同时，云计算发展不能脱离互联网，对网络安全的需求不断增加，使资本不断涌入，为网络安全投资的重要领域——云安全带来了巨大的发展机遇。

当前我国公有云市场整体规模达521亿元，私有云市场整体规模达642亿元，整体以私有云为主（见图1、图2）。

图1 2015～2021年中国公有云市场规模及增速

资料来源：中国信息通信研究院。

图2 2015～2021年中国私有云市场规模及增速

资料来源：中国信息通信研究院。

二 产业政策

从中美公有云的发展差距可以看出我国云市场未来有较大的发展空间，所以国家政策作为产业发展的催化剂不断出台，高度支持云计算行业发展，为行业带来了及时雨。近四年内，我国至少出台了 15 条云计算相关政策，其中，2018 年 7 月，出台的《推动企业上云实施指南（2018～2020 年)》和《扩大和升级信息消费三年行动计划（2018～2020 年)》，明确了 2020 年全国新增上云企业 100 万家的目标（见表 1)。

表 1 云计算产业政策

时间	政策法规文件	主要内容	颁布主体
2015.01	《关于促进云计算创新发展培育信息企业业态的意见》	到 2020 年，云计算应用基本普及，云计算服务能力达到国际先进水平，掌握云计算关键技术，形成若干具有较强国际竞争力的云计算骨干企业	国务院
2015.05	《关于加强党政部门云计算服务网络完全管理的意见》	高度重视并增强风险意识、责任意识。切实加强采购和使用云计算过程中的网络安全管理	中央网信办
2015.07	《国务院关于积极推进"互联网 +"行动的指导意见》	实施云计算工程，大力提升公共与服务能力，引导行业信息化应用向云平台迁移，加快内容分布网络建设，优化数据中心布局	国务院
2015.08	《促进大数据发展行动纲要》	充分利用现有政府和社会数据中心资源，运用云计算技术与各行业的深度融合，构建数据中心体系，促进云计算在制造业全产业链集成运用，推动制造模式变革和工业转型升级	国务院
2015.11	《云计算综合标准化体系建设指南》	指南指出由"云基础""云资源""云服务"和"云安全"4 个部分组成的云计算综合标准化体系框架	工信部

续表

时间	政策法规文件	主要内容	颁布主体
2016.07	《国家信息化发展战略纲要》	明确云计算作为国家信息化发展战略的核心地位	国务院
2016.07	《"十三五"国家科技创新规划》	进一步强调要构建完备的云计算生态和技术体系,支撑云计算成为新一代ICT(信息通信技术)的基础设施	国务院
2017.11	《关于深化"互联网+先进制造业"发展工业互联网的指导意见》	着力夯实平台发展基础、提升平台运营能力,推动企业上云和工业App培育,形成"建平台"与"用平台"有机结合、互促共进的良好发展格局	国务院
2018.07	《推动企业上云实施指南(2018～2020年)》	到2020年,云计算在企业生产、经营、管理中的应用广泛普及,全国新增上云企业100万家	工信部
2018.07	《扩大和升级信息消费三年行动计划(2018～2020年)》	推动中小企业业务向云端迁移,到2020年实现中小企业应用云服务快速形成信息化能力,形成100个企业上云典型应用案例	工信部、发改委

三 产业链图谱

(一)产业链图谱

云计算可以分为三种服务类型,包括软件即服务(SaaS)、平台即服务(PaaS)和基础设施即服务(IaaS)。SaaS平台供应商由提供面向客户的软件应用程序的公司组成,这些软件应用程序位于用户的办公场所之外。PaaS服务允许用户自己开发基于平台的应用程序,或者使用一种或多种编程语言和开发工具自定义现有的应用程序。IaaS服务提供云计算基础设施,例如计算操作所需的设备和硬件,包括存储、处理和联网组件等(见图3)。

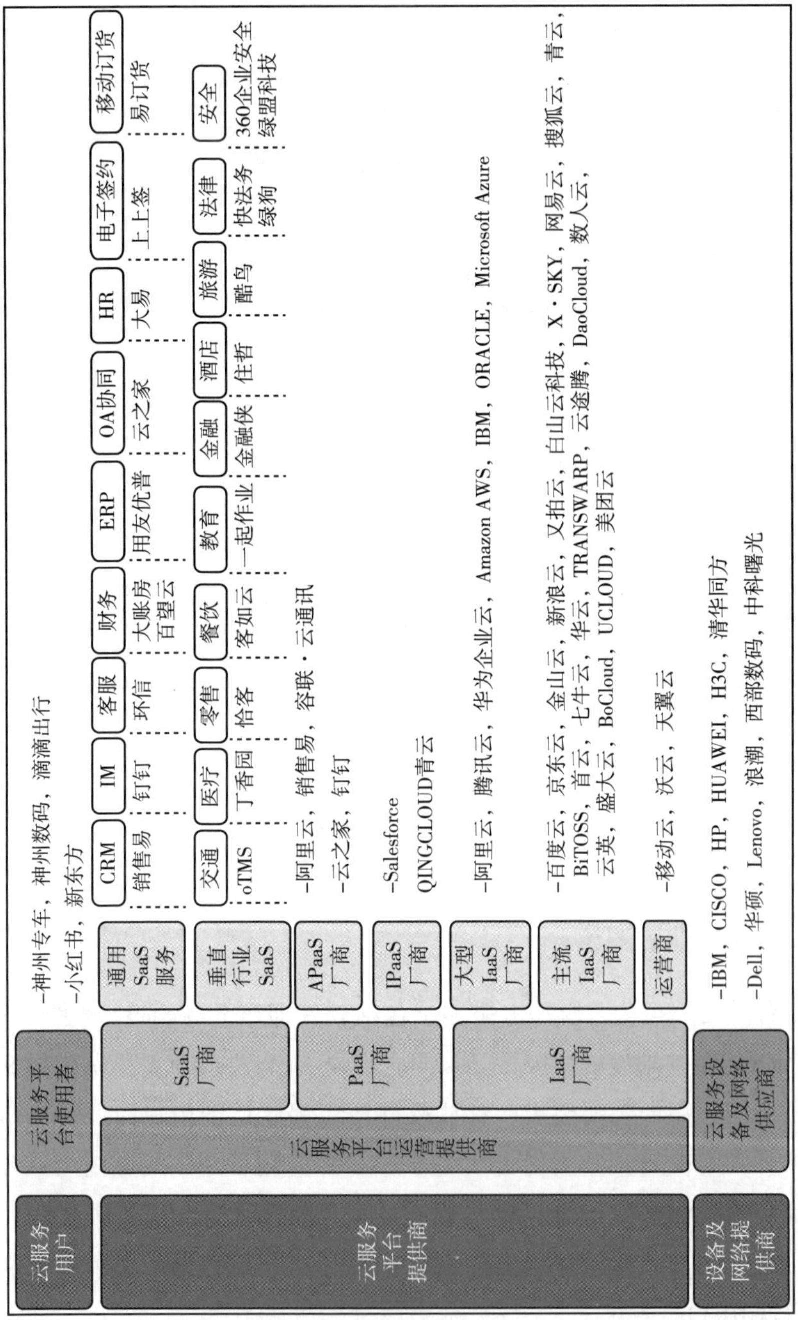

云服务用户 / 云服务平台使用者

云服务平台提供商 / 云服务平台运营提供商

- SaaS厂商
- PaaS厂商
- IaaS厂商

设备及网络提供商 / 云服务设备及网络供应商

通用SaaS服务
- 神州专车，神州数码，滴滴出行
- 小红书，新东方

CRM	IM	客服	财务	ERP	OA协同	HR	电子签约	移动订货
销售易	钉钉	环信	大账房 百望云	用友优普	云之家	大易	上上签	易订货

-阿里云，销售易，容联·云通讯
-云之家，钉钉

垂直行业SaaS

交通	医疗	零售	餐饮	教育	金融	酒店	旅游	法律	安全
oTMS	丁香园	恰客	客如云	一起作业云	金融侠	住哲	酷鸟	快法务 绿狗	360企业安全 绿盟科技

APaaS厂商 -Salesforce

IPaaS厂商 QINGCLOUD青云

大型IaaS厂商 -阿里云，腾讯云，华为企业云，Amazon AWS，IBM，ORACLE，Microsoft Azure

主流IaaS厂商 -百度云，京东云，金山云，新浪云，又拍云，白山云科技，X·SKY，网易云，搜狐云，青云，BiTOSS，首云，七牛云，华云，TRANSWARP，云途腾，DaoCloud，数人云，云英，盛大云，BoCloud，UCLOUD，美团云

运营商 -移动云，沃云，天翼云

-IBM，CISCO，HP，HUAWEI，H3C，清华同方
-Dell，华硕，Lenovo，浪潮，西部数码，中科曙光

图3 云计算产业图谱

从全球来看，IT 云化的趋势明显，全球 IT 支出有所减少，但云计算收入在不断增加，全球云计算收入占 IT 支出渗透率在不断上升（见图 4）。说明 IT 支出正在向更高效的配置方式转变，云计算正在成为新的 IT 资源提供方式。企业通过使用云服务可以节约成本，更加专注于自身核心竞争力的提升，这也是传统 IT 向云计算转变的根本动力。近年来，中国 IT 支出在不断上升（见图 5），但增速有所放缓，中国云计算收入快速增加，近乎快于全

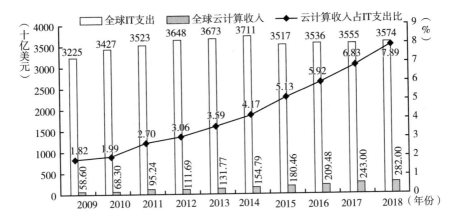

图 4　2009～2018 年全球云计算收入占 IT 支出渗透率

资料来源：前瞻产业研究院。

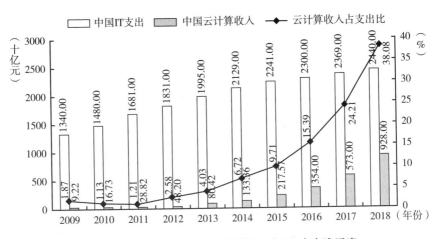

图 5　2009～2018 年中国云计算收入占 IT 支出渗透率

资料来源：前瞻产业研究院。

球增速一倍，云计算收入占 IT 支出渗透率在快速上升，云计算最终将会成为 IT 基础资源。

四　产业重大并购交易

（一）光环新网收购科信盛彩

1. 交易概况

2018 年 7 月 31 日，光环新网（300383. SZ）收购科信盛彩 85% 股权获得证监会审核通过，此次收购于 2018 年 9 月 20 日完成。光环新网以发行股份及现金支付的方式购买科信盛彩 85% 的股权，并以定增方式募集配套资金。本次交易总对价为 114750.00 万元，其中以发行股份的方式支付 58075.00 万元，剩余的 56675.00 万元为现金支付。科信盛彩承诺 2018 ～ 2020 年净利润分别不低于 9210.00 万元、12420.00 万元和 16100.00 万元。根据 2018 年承诺的净利润，此次交易价格对应市盈率为 12.46 倍。此次交易前，光环新网已持有科信盛彩 15% 股权，交易完成后，光环新网持有科信盛彩 100% 的股权，科信盛彩成为上市公司全资子公司。本次收购将有效增强光环新网提供 IDC 业务的能力，提升公司的市场份额和行业竞争力。由于本次交易前光环新网通过一致行动协议已经获得科信盛彩的实际控制权，此次交易不构成实际控制权变化，不形成商誉。

2. 收购方介绍

北京光环新网科技股份有限公司于 2009 年 11 月 24 日正式整体变更为股份公司，其前身为北京光环新网数字技术有限公司，目前光环新网约有 1059 名员工。2014 年 1 月 29 日，光环新网在深圳证券交易所创业板上市，当前公司市值约为 300 亿元。作为国内规模最大的第三方中立互联网综合服务商之一，光环新网主营业务为互联网宽带接入服务（ISP）、互联网数据中心服务（IDC 及其增值服务和 IDC 运营管理服务）和云计算服务。目前，公司拥有东直门、酒仙桥、光环云谷、太和桥、上海嘉定、房山和亦庄共计七个互联网数据中心。

2010～2014年公司逐步发展IDC及其增值业务，由于公司业务模式是
开展服务前收款，公司经营性净现金流明显优于净利润，而良好的现金流
则为公司后期进行持续的业务扩展提供了可靠的支持，2014年公司IDC及
其增值服务与宽带接入服务所创造的合计收入较2010年增长超两倍（见
表2）。

表2　光环新网2010～2014年主营收入

单位：万元

	2010年	2011年	2012年	2013年	2014年
IDC及其增值服务收入	3728	7929	14446	23316	35791
宽带接入服务收入	9207	8732	8063	6421	7004
其他收入	430	558	1714	1078	659
总收入	13365	17219	24223	30815	43454
净利润	3232	4207	5538	6726	9518
经营活动产生的净现金流	3480	5293	7523	10144	14916

2015～2016年光环新网着重完善自身云服务产品体系，全力拓展云服
务及大数据市场空间，通过收购公司获得土地资源来建设IDC机房，从而
增强公司的区域竞争力。自2015年起，光环新网通过与公司第一大股东百
汇达共同投资亦庄项目，提供6000个IDC机柜来扩大云计算服务规模，而
后又开发建设了房山一期和二期项目，合计提供12000个云计算机柜及
60000台以上的云主机服务。2015年9月，光环新网以发行股份及支付现金
购买资产的方式全资收购中金云网和无双科技100%股权。得益于此次重大
资产重组，光环新网原有业务规模进一步扩大，深化了公司在IDC和SaaS
领域的布局，保障公司有充足的资金来建设燕郊二期、上海嘉定和房山这三
大云计算中心。2016年3月15日，光环新网宣布以16000万元收购德信无
线通讯科技有限公司持有的北京亚逊新网科技有限公司100%股权，利用亚
逊新网的房屋扩建酒仙桥数据中心。2016年8月光环新网经亚马逊授权为

北京区域提供并运营 AWS 云服务，而后 2017 年底光环新网通过购买运营亚马逊云服务的特定经营性资产，获得了云计算业务牌照，进一步确保公司稳定持续提供并运营 AWS 云服务的能力，同时提升了公司在云计算领域的业务规模和市场竞争力。

2017 年公司加快了落实年度经营计划的步伐，实现营业收入 407716.87 万元，同比增幅为 75.92%，公司经营状况良好；利润总额为 51045.10 万元，同比增长 30.48%。2017 年公司业绩实现大幅度增长，特别是云计算服务，云计算服务的收入占公司全年总收入的 70.42%。

截至 2018 年底，公司在 IDC 方面的运营机柜数约为 3 万个，收费机柜数约为 2.3 万个，预计未来两年公司每年新增运营机柜数将达到 6000 个，到 2020 年机柜总数有望突破 4.5 万个。光环新网立足于自身 IDC 业务的优势，一方面依靠收购无双科技向轻资产的 SaaS 市场转型，另一方面与亚马逊 AWS 云服务深入合作来促进 IaaS 服务的发展，将会在未来进一步扩大自身业务规模和改善利润率空间。

3. 标的方介绍

北京科信盛彩云计算有限公司成立于 2011 年 11 月 14 日，经营范围覆盖了云计算技术、商业及办公房屋出租、信息系统集成服务、软件技术的技术开发、技术咨询、技术服务等。在 2015 年光环新网和百汇达增资科信盛彩前，科信盛彩主营收入来源于房地产开发、物业管理及出租商业和办公用房，资产总额和营业收入规模较小；自光环新网和百汇达增资后，科信盛彩开始利用充足的资金逐步开展 IDC 业务，并于 2016 年 12 月获得增值电信业务经营许可证，科信盛彩的主营业务也由此发生改变，资产规模和盈利能力得到明显提高。近年来科信盛彩逐渐成立了专业服务团队和技术团队，可以根据客户的不同类型、不同规模和不同的消费习惯，通过有效整合机房资源向客户提供主机托管等 IDC 业务，并提供设备代维护、监控服务和智能灾备服务。目前科信盛彩拥有 3 栋数据中心，可用机房面积共计 16276.80 平方米，可提供约 8100 个机柜，属于建设规模较大、机柜数量较多的数据中心，可提供稳定的第三方互联网数据中心服务。2017 年营业总收入为

8080.95 万元，同比大幅增长，其中 86.9% 收入来源于 IDC 及其增值服务，13.1% 收入来源于房租及物业服务；2017 年归属母公司股东净利润为 1726.97 万元，实现了扭亏为盈。

4. 后续整合计划

近年来由于大数据、云计算和人工智能等技术的发展，用户对于 IDC 服务的需求越来越高，但由于高能源消耗，IDC 数据中心扩建存在政策限制，使得现有北京区域的 IDC 数据中心变成了稀缺资源。此次交易有助于科信盛彩将其所拥有的亦庄绿色互联网数据中心与光环新网其余数据中心进行业务整合，有助于上市公司拥有更多可供出租的机柜规模，降低经营机柜的边际成本，进而提升公司盈利水平和抗风险能力。此外，光环新网全资收购科信盛彩后，可以更好地控制和分配子公司资源，从而提升子公司的管理和运营效率，同时也有利于母公司对其业务发展规划进行整体部署，增强区域竞争力。最后，科信盛彩机柜需求主要来自云计算厂商、AWS 扩容需求和互联网公司；收购完成后光环新网可以完善其 AWS 云生态布局，当公司收入规模进一步扩大后，通过规模效应，降低费用率并提升利润空间。

5. 潜在风险

首先，2017 年科信盛彩与光环新网开展合作而获得的 IDC 及其增值服务收入为 5359.10 万元，科信盛彩主营收入的 66.32% 来自于其与光环新网的关联交易，科信盛彩经营业绩对光环新网依赖度较高。而科信盛彩 2018～2020 年业绩承诺平均年化增长率高达 32%，这不禁让人对科信盛彩业绩承诺的可实现性产生怀疑。若科信盛彩无法实现业绩承诺，将会影响光环新网的整体业务水平和盈利能力。

其次，根据交易方案，收购完成后公司的总股本规模较发行前会有一定程度的增长；若科信盛彩未来为母公司创造更多利润，将会提高公司每股收益；但若科信盛彩未来经营状况不如预期，则同样存在摊薄每股收益的风险。

最后，科信盛彩所处行业在快速发展阶段，根据科信盛彩的商业规划，未来几年公司都将继续快速扩张业务，这就意味着科信盛彩未来需要大量的资金投入来建设数据中心和采购设备，为公司带来较大的资本开支压力；截至 2017 年底，科信盛彩的资产负债率为 67.42%，科信盛彩的重资产运营模式未来可能导致其面临一定的偿债风险；同时，为了配合快速扩张业务的战略，公司必须进一步提高经营管理和规划资源的能力，否则过快的扩张速度将为科信盛彩带来经营风险。

（二）IBM 收购 Red Hat

1. 交易概览

2018 年 10 月 28 日，国际商业机器公司（IBM）宣布将以每股 190 美元的价格收购美国开源软件行业龙头企业 Red Hat 100% 股权，交易于 2019 年下半年完成。这笔交易的总价值约 340 亿美元，收购价格较交易宣布之前 Red Hat 收盘价 116.68 美元溢价约 63%，为 IBM 迄今为止最大的一笔并购，也是美国科技史上第三大交易。IBM 首席执行官 Ginni Rometty 表示，这项交易将使 IBM 成为世界排名第一的混合云服务供应商，显示了 IBM 布局云计算业务的决心。消息公布后第一个交易日，IBM 小幅下跌 4.13%，而 Red Hat 股价暴涨 45.38%。

2. 并购方介绍

IBM 总部位于美国纽约州阿蒙克市，成立于 1911 年，是一家 IT 产品和服务提供商。公司于 1915 年在纽约证券交易所上市，收购完成前市值约为 1200 亿美元，在全球拥有近 40 万员工。除生产和销售计算机软件与硬件外，公司还致力于提供云计算基础设施、系统集成、认知解决方案、业务流程及技术领域咨询服务。公司业务分为五个部分：技术服务和云平台、认知解决方案、全球业务服务（GBS）、系统和全球融资。

IBM 前身为计算制表记录公司（CTR），创立之初公司主营业务是制造和销售基于穿孔卡片的电子制表机器。1915 年老沃森入主公司，建立"百分百俱乐部"以整合、强化公司销售力量。在老沃森的带领下公司逐渐走上正轨，发展成为一家雇员过万人的跨国制表机和印刷机制造公司。

1952 年，电子计算机和磁带技术方兴未艾，老沃森之子小沃森出任公司 CEO，他决心领导公司从机械行业向电子科技行业转型。IBM 在随后几年研发出商用电子计算机，并成功击败竞争对手占据了 70% 的美国商用计算机市场。在这之后，小沃森将公司的资源全部投入大型机 System/360 的研发上，IBM 在此项目上的投入高达 50 亿美元，甚至超过了当时美国政府"曼哈顿"计划的投入。最终 System/360 于数年后问世，奠定了 IBM 在大型机领域的领导者地位。然而 IBM 的大型机业务在 20 世纪 90 年代初遭到了个人电脑等新兴技术的严重冲击，公司一度濒临破产，为削减成本，逾 3 万人被裁员。在时任 CEO 郭士纳的带领下，IBM 艰难地完成了向分布式计算和软件行业的转型，截至 2010 年，IBM 的软件部门已经成为全球企业软件市场第四大供应商，在全球服务器市场常年占据前三名。IBM 前五大股东见表 3。

表 3　IBM 前五大股东概览

投资者名称	持股比例
The Vanguard Group, Inc.	7.69%
State Street Global Advisors (US)	5.84%
BlackRock Institutional Trust Company, N. A.	4.60%
State Farm Insurance Companies	1.83%
Geode Capital Management, L. L. C.	1.29%

IBM 通过创新、投资和转型，不断改变自身业务运营，专注于具有更高价值、更大盈利能力的市场。公司现任首席执行官 Ginni Rometty 于 2014 年提出了"CAMS"转型战略（Cloud——云计算、Analysis——大数据分析、Mobility——移动、Social——社交）。2014 年 IBM 向联想出售利润逐渐下滑的 x86 服务器业务，并将经营重心转向云计算、人工智能等高利润、高增长潜力的"战略要务"。在随后的几年里，一方面，IBM 通过在高价值领域进行战略性投资和收购来加强自身地位，先后以 20 亿美元收购云计算基础设施公司 Softlayer，以 26 亿美元收购基于云的健康大数据

公司 Truven Health Analytics，并耗资近 15 亿美元在全球建设了 60 个云数据中心；另一方面，IBM 一直在开展内部研发，以增加新技术和拓展新市场领域。自 2013 年以来，IBM 每年研发投入约占总收入的 7%。2017 年，IBM 获得的专利数达到了 9043 项，连续 25 年超过其他美国公司。这些专利中 1900 项与云计算有关，1400 项与人工智能有关，1200 项与网络安全有关。

IBM 此次并购一方面是为了整合 Red Hat 的混合云技术，成为快速增长的新兴混合云市场第一供应商。IBM 认为 2018 年企业在公有云上只分配了 20% 的工作负载，预计剩余的 80% 工作负载将会在未来快速迁移到云上，这将是一个价值一万亿美元的市场。Ginni Rometty 表示，通过整合 Red Hat 开放式混合云核心基础技术，IBM 将增强应用和数据的可移植性，帮助企业将工作负载迁移到最适合运行的云上，并向企业提供跨多个公有云和私有云移动应用程序和数据的混合云管理解决方案。另一方面，IBM 期望利用与 Red Hat 交叉销售的收入协同效应，促进公司长期增长。在 2018 年以前，IBM 经历了连续五年收入下滑，2017 年 IBM 的总收入为 791.4 亿美元，是公司 20 年来的最低水平，且 2017 年公司的净利润率从上一年的 14.9% 下降至 7.3%。虽然业绩下滑部分是由公司剥离业务造成的，但公司在"战略要务"领域一直无法取得关键进展是主要原因。公司的 IaaS 拳头产品 Softlayer 在全球的市场份额远远落后于 Amazon Web Services（AWS）、Microsoft Azure 和 Google Cloud Platform（GCP）。IBM 旗下认知解决方案 Watson 人工智能也未能创造稳定的收入增长，根据公司季报披露，2018 年前三个季度认知解决方案业务收入同比减少约 1.3%，许多分析师表示该数据不及预期。利用 Red Hat 在 Linux 领域的高渗透率和 Openshift 平台来协助销售 IBM 包括 Analysts 和 Watson 在内的云服务产品，同时依靠 Red Hat 超过 15% 的年均销售增长提升公司整体增长率，IBM 认为收购 Red Hat 能为公司带来 2% 的收入增长，是 IBM 实现"战略要务"领域关键进展的依托。

3. 被并购方介绍

Red Hat（RHT）成立于 1993 年，是一家专门研究 Linux 操作系统的开源模式软件公司，总部位于北卡罗来纳州罗利市。该公司开创了开源软件业务模式，向企业免费提供基于 Linux 的操作系统 Red Hat Enterprise Linux（RHEL），然后向客户收取定制功能、维护和技术支持费用。这种商业模式让 RHEL 在部门服务器、数据中心服务器集群、应用程序开发、Web 服务器等环境中得到广泛采用，使公司成为 Linux 领域的龙头企业，占据了约 60% 的 Linux 商用市场。分析师普遍认为迁移到 Linux 的工作负载将会继续快速增长，当前在 Windows 上运行的应用程序可能会被陆续移植到 Linux 上。考虑到 Linux 的开放源码体系结构以及大量免费的服务，与 Windows 相比，它是一种更灵活、便宜的选择。2018 年公司销售收入超过 30 亿美元，收入同比增长率达到 19%，创造了 10 亿美元的自由现金流，自由现金流增长达 20%。目前公司已经成功推出了多个新产品，包括虚拟化、PaaS、存储、云管理和中间件等一系列云计算产品。在并购宣布前，Red Hat 市值为 205.78 亿美元，EPS 为 2.2 美元/股，静态市盈率约为 53.04 倍。

Red Hat 接受收购提议可能出于以下三个方面的考虑。

（1）利用 IBM 在市场上的资源优势吸引更广泛的客户。根据摩根士丹利最近的一份首席信息官调查报告，在受访者眼中，IBM 在其企业混合云战略供应商中排名第四，高于 Cisco、Google 和 HPE，与此同时，没有首席信息官提到 Red Hat 公司作为混合云战略的核心供应商。由于两家企业分别针对不同层次的混合云，Red Hat 加入 IBM 后 IBM 的销售人员能够将 Red Hat 的产品与 IBM 的服务结合起来，实现交叉销售，合作共赢。

（2）IBM 和 Red Hat 已经持续合作了 20 年，IBM 作为 Linux 操作系统的早期支持者，与 Red Hat 合作开发和推广了企业级 Linux，两家企业在技术上既互补又相互继承，Red Hat 可以将自己的企业开源工具及混合云解决方案与 IBM 在云计算基础设施层面服务、平台层面服务、人工智能、区块链

和财务分析等复杂新兴技术融合，加强双方在关键技术（如 Linux 容器、
Kubernetes、多云管理）方面的共同领导地位。

（3）IBM 表示将致力于继承 Red Hat 的开源遗产，承诺 Red Hat 在并购
结束后将作为 IBM 混合云团队中的一个独立的单元运行，并通过保持 Red
Hat 独特的开放式治理、参与开源社区、开放发明网络和 LOT 网络等努力，
保障开源的持续自由。考虑到 2018 年初微软以 75 亿美元收购代码共享公司
Github，以及 Salesforce 以 65 亿美元收购 MuleSoft 可能引起的开源行业并购
浪潮，Red Hat 会选择与合作多年且愿意保留公司独特开源文化的 IBM 合并
并不让人意外。Red Hat 总裁兼首席执行官 Jim Whitehurst 表示，与 IBM 联
手将为公司带来更多的资源和能力，以加速开源作为数字化转型基础，并将
Red Hat 带给更广泛的受众，同时保留其自身独特的文化，坚定不移地致力
于开源创新。

4. 后续整合计划

Red Hat 成为 IBM 混合云部门下的一个独立部门，Red Hat 现任首席执
行官 Jim Whitehurst 加入了 IBM 的高级管理团队。并购结束后 IBM 将成为全
球排名第一的混合云供应商，能为企业提供唯一的开放云解决方案，加速混
合云的采用。OpenStack、Openshift 是 Red Hat 的重磅产品，它们允许客户跨
公有云和私有云进行业务管理，提高了数据可移植性并降低了客户的锁定风
险。IBM 认为企业最终将采用混合云方案，部署私有云用于执行关键工作任
务，同时使用公有云满足企业突发事件处理和节约成本的需求。而 Red Hat
的 OpenStack 云基础平台及 Openshift 应用程序容器管理平台为企业实现混合
云环境提供了完美的解决方案，并且能够协助销售 IBM 的应用程序产品，
如 Watson 智能医疗顾问。与此同时，IBM 还能收获超过 800 万人的开发者
生态系统。Red Hat 则可以借助 IBM 的资源，利用交叉销售的机会，接触更
多企业客户，同时维护 Red Hat 对开源的承诺，使开源之路走得更加顺畅。

5. 潜在风险

大额并购给 IBM 带来偿债风险

本次交易全部用现金支付，IBM 通过过桥贷款等方式为交易所需现金

进行筹划。截至 2018 年 9 月底，IBM 拥有 147 亿美元的现金和有价证券。公司总负债 469 亿美元，其中 304 亿美元与融资业务有关。据汤森路透披露，在并购交易公布后，IBM 发起了一笔 200 亿美元一年期过桥贷款用于本次并购交易。如此巨额的现金支付和短期贷款可能会造成 IBM 2019 年现金流紧张，威胁到营运资金。IBM 近期表示将暂停 2020 年和 2021 年的股票回购，但不会停止发放股息，公司计划在大约两年内恢复正常的杠杆比率。

企业文化冲突

IBM 之前还进行了一些云计算相关的收购，包括 Gravitant（云经纪和管理软件）、Sanovi（混合云恢复和迁移软件）、CrossIdeas（云安全平台）以及 CSL International（云虚拟化管理技术），但 IBM 的云计算业务却并没有起色，甚至收入和利润率还在继续下滑。分析师认为这主要是因为许多收购的企业已经成为 IBM 结构和业务的一部分，个性和创造力受到这家百年公司文化中官僚主义的破坏。IBM 虽然承诺将致力于保护 Red Hat 的开源创新精神，但其是否能在不干扰 Red Hat 核心价值主张的情况下，对 Red Hat 进行有机整合，仍是一个令许多开发者担心的问题。

企业业务冲突

为与微软、亚马逊等公司在云计算领域展开竞争，IBM 于 2013 年收购了 Softlayer，获得了基于 Softlayer 的公共云平台。开发者在其他云平台上使用 Red Hat 的 Linux 系统，虽然会为 IBM 带来额外收入，但会造成与 IBM 已有云平台的冲突，IBM 需要思考如何解决这样的产品冲突。此外，尽管 IBM 与 Red Hat 在核心产品上几乎没有冲突，但 IBM 的应用程序平台软件（即中间件 WebSphere）与 Red Hat 的中间件（JBoss）似乎在业务上有重叠。相关人士解释说，这两个中间件重叠的影响有限，因为针对的客户群体不同，JBoss 更适合偏好开源开发的客户，而 WebSphere 则面向 IBM 的企业客户。应用基础设施和中间件细分市场排名情况见表 4。

表4   应用基础设施和中间件细分市场排名

业务	细分市场	1	2	3	4
应用基础设施和中间件	应用集成软件	IBM（27%）	Oracle（12%）	Microsoft（12%）	Tibco（9%）
	应用平台即服务（aPaaS）	Salesforce（51%）	Amazon（7%）	Google（5%）	Microsoft（3%）
	应用平台软件	Oracle（37%）	IBM（33%）	Red Hat（8%）	Pivotal（4.3%）
	B2B 网关软件	IBM（21%）	Axway（11%）	OpenText（6%）	SAP（4%）
	业务流程管理	IBM（28%）	Oracle（7%）	OpenText（6%）	Pegasystems（5%）
	全生命周期 API 管理	IBM（12%）	Google（10%）	CA（8%）	Mulesoft（7%）
	集成平台即服务（iPaaS）	Informatica（18%）	Oracle（15%）	Dell Boomi（13%）	Mulesoft（8%）
	文件传输套件	IBM（25%）	Axway（7%）	Saison（6%）	Ipswitch（5%）
	面向信息的中间件	IBM（58%）	Amazon（8%）	Tibco（7%）	Alibaba（3%）
	移动应用开发平台	IBM（11%）	Microsoft（9%）	SAP（8%）	Progress（8%）
	其他 AIM	Amazon（7%）	OpenText（4%）	IBM（2%）	Software AG（1%）
	门户和数字参与技术	Microsoft（37%）	IBM（20%）	Oracle（19%）	Liferay（5
	事务处理监视器	IBM（84%）	Oracle（11%）	Hitachi（1%）	Fujitsu（1%）

注：括号内为市场份额，浅灰色为 IBM，深灰色为 Red Hat。

信息安全产业并购发展报告

摘　要： 网络空间安全是信息安全产业健康发展的前提保障，是形成网络空间话语权和控制权的基础，是实现我国网络强国目标的先决条件。我国高度重视信息安全和网络安全，出台了多项法律法规，将网络安全提升至国家战略高度。当前，伴随着新一轮数字化浪潮和数字经济的蓬勃发展，网络安全的基础保障作用和发展驱动效应日益突出，网络安全风险逐渐向智慧医疗、金融科技、车联网、工业物联网等新兴产业蔓延。近年来，各国政府不断细化完善网络安全政策和标准体系，着力提升整体网络安全防御水平，加大网络安全投入。随着网络安全形势的日趋严峻，企业安全意识也在不断提高，网络安全行业迎来新的发展高峰，各细分领域龙头企业为快速提升市场占有率，开始进行大规模并购，实现技术互补与市场资源整合。

关键词： 信息安全　网络安全　国家安全

一　产业发展概述

信息安全指对信息系统的硬件、软件、系统中的数据及依托其开展的业务进行保护，使得它们不会由于偶然或者恶意的原因而遭到未经授权的访问、泄露、破坏、修改、审阅、检查、记录或销毁，保证信息系统连续可靠地正常运行。当前，信息安全已经成为一个以计算机科学为核心，涵盖信息安全技术、密码技术、网络技术、通信技术、信息论、数论等多学科的综合体。

随着互联网的广泛普及和云计算行业的高速发展，网络安全成为网络活动中不可或缺的一部分，信息安全产业已经进入包含云安全在内的网络安全时代。

云安全是指基于云计算，保护云基础设施、架构于云端之上的数据与应用的安全措施。与传统网络安全厂商不同，云安全厂商需在云计算的环境下解决虚拟化安全、多租户复杂环境、用户隐私保护等问题。

国家网信工作持续发力，为网络安全技术创新、网络安全企业做大做强提供了宝贵机遇，也为网络安全产业发展创造了更为优越的政策环境，国内网络安全产业进入发展黄金期，近三年来产业增长率不断走高，产业规模迅速扩大。2018 年网络信息安全产业规模达 545.5 亿元（见图1）。

图1　2012～2018 年网络信息安全产业规模

资料来源：中国信息通信研究院。

二　产业政策

如表1所示，我国一直高度重视信息安全产业的发展。2014 年，中央网络安全和信息化领导小组成立，充分体现了国家对信息安全的重视程度。

2016 年 11 月，全国人民代表大会常务委员会通过《中华人民共和国网络安全法》，并于 2017 年 6 月 1 日开始实施，强调了金融、能源、交通、电子政务等行业的网络安全等级保护制度建设。这是我国第一部网络安全的专门性立法，是应对网络安全挑战这一全球性问题的中国方案。2016 年 12 月，国家互联网信息办公室发布《国家网络空间安全战略》，是我国第一次向全世界系统性地阐述关于网络空间发展和安全的立场和主张。2017 年 1 月，工业和信息化部制定印发了《信息通信网络与信息安全规划（2016 ~ 2020年)》，紧扣"十三五"期间行业网络与信息安全工作面临的重大问题，对"十三五"期间行业网络与信息安全工作进行统一筹划、设计和部署。

为推动信息安全产业健康发展，2018 年，中央网信办及证监会联合发布了《关于推动资本市场服务网络强国建设的指导意见》，对网络安全产业和企业在资本市场上的健康发展提出了指导意见。

表 1　信息安全产业政策

时间	政策法规	主要内容/规划目标	颁布主体
2012. 06	《关于大力推进信息化发展和切实保障信息安全的若干意见》	意见要求实施"宽带中国"工程,构建下一代信息基础设施;推动信息化和工业化深度融合,提高经济发展信息化水平;加快社会领域信息化,推进先进网络文化建设;推进农业农村信息化,实现信息强农惠农;健全安全防护和管理,保障重点领域信息安全等内容	国务院
2014. 05	《关于加强党政机关网站安全管理的通知》	通知要求提高党政机关网站安全防护水平,保障和促进党政机关网站建设	中央网信办
2014. 09	《关于应用安全可控信息技术加强银行业网络安全和信息化建设指导意见》	从 2015 年起,各银行业金融机构对安全可控信息技术的应用以不低于 15% 的年度信息化预算,到 2019 年安全可控信息技术在银行总体达到 75% 左右的使用率	银监会
2014. 10	《关于进一步加强军队信息安全工作的意见》	指出必须把信息安全工作作为网络强军的重要任务和军事斗争准备的保底工程	中央军委

续表

时间	政策法规	主要内容/规划目标	颁布主体
2015.06	《关于加强党政部门云计算服务网络安全管理的意见》	意见要求加强党政部门云计算服务网络安全管理,维护国家网络安全	中央网信办
2015.07	《中华人民共和国国家安全法》	以法律的形式确立了中央国家安全领导体制和总体国家安全观的指导地位,明确了维护国家安全的各项任务,建立了维护国家安全的各项制度,对当前和今后一个时期维护国家安全的主要任务和措施保障作出了综合性、全局性、基础性安排,为构建和完善国家安全法律制度体系提供了完整的框架,为走出一条中国特色国家安全道路提供了坚实有力的法律和制度支撑	国防部
2015.07	《关于运用大数据加强对市场主体服务和监管的若干意见》	意见要求以社会信用体系建设和政府信息公开、数据开放为抓手,充分运用大数据、云计算等现代信息技术,提高政府服务水平,加强事中事后监管,维护市场正常秩序,促进市场公平竞争,释放市场主体活力,进一步优化发展环境	国务院
2015.07	《关于积极推进"互联网＋"行动的指导意见》	意见要求加快推动互联网与各领域深入融合和创新发展,充分发挥"互联网＋"对稳增长、促改革、调结构、惠民生、防风险的重要作用并提出了行动要求和发展目标	国务院
2016.03	《"十三五"规划纲要(2016~2020年)》	加强关键信息基础设施核心技术装备威胁感知和持续防御能力建设,完善重要信息系统等级保护制度,健全重点行业、重点地区、重要信息系统条块融合的联动安全保障机制,积极发展信息安全产业	国家发改委
2016.11	《工业控制系统信息安全防护指南》	对安全软件选择、系统配置和补丁管理、边界安全防护、物理和环境安全防护、系统身份认证、远程访问安全、安全监测、数据安全等作出详细要求	工信部
2016.11	《中华人民共和国网络安全法》	该法旨在监管网络安全,保护个人隐私和敏感信息,以及维护国家网络空间主权/安全。与一些最常用的网络安全标准相类似,主要强调了网络产品、服务、运营、信息安全以及监测、早期诊断、应急响应和报告等方面的要求。在保护数据隐私方面,其与其他国家的数据隐私法律法规亦相近	人大常委会
2016.12	《"十三五"国家战略性新兴产业发展规划》	加强数据安全、隐私保护等关键技术攻关,形成安全可靠的大数据技术体系	国务院

时间	政策法规	主要内容/规划目标	颁布主体
2016.12	《国家网络空间安全战略》	以总体国家安全观为指导,贯彻落实创新、协调、绿色、开放、共享的发展理念,增强风险意识和危机意识,统筹国内、国际两个大局,统筹发展、安全两件大事,积极防御、有效应对,推进网络空间和平、安全、开放、合作、有序,维护国家主权、安全、发展利益,实现建设网络强国的战略目标	国家互联网信息办公室
2016.12	《"十三五"国家信息化规划》	加强网络安全态势感知、监测预警和应急处置能力建设。建立统一高效的网络安全风险报告机制、情报共享机制、研判处置机制,准确把握网络安全风险发生的规律、动向、趋势。建立政府和企业网络安全信息共享机制,加强网络安全大数据挖掘分析,更好感知网络安全态势,做好风险防范工作。完善网络安全检查、风险评估等制度。加快实施党政机关互联网安全接入工程,加强网站安全管理,加强涉密网络保密防护监管	国务院
2017.01	《软件和信息技术服务业发展规划(2016~2020年)》	采用定量目标和定性目标相结合的方式,提出了"十三五"时期我国软件和信息技术服务业发展目标。在总体目标方面,提出"产业规模进一步扩大,技术创新体系更加完备,产业有效供给能力大幅提升,融合支撑效益进一步凸显,培育壮大一批国际影响力大、竞争力强的龙头企业",明确打造具有国际竞争力的产业生态体系。在具体目标方面,围绕产业规模、技术创新、融合支撑、企业培育、产业集聚5个方面提出了细化要求	工信部
2017.01	《信息通信网络与信息安全规划(2016~2020年)》	确定了到2020年底建成"责任明晰、安全可控、能力完备、协同高效、合作共享"的信息通信网络与信息安全保障体系的工作目标	工信部
2017.02	《战略性新兴产业重点产品和服务指导目录》	目录中详细列举了网络安全产品和服务中所包含的关键类别	国家发改委
2017.07	《关键信息基础设施安全保护条例(征求意见稿)》	条例明确了国家行业主管或监管部门按照国务院规定的职责分工,以及关键信息基础设施的运营者的责任和义务,列出了产品服务安全以及运营安全的具体条例	国家互联网信息办公室

续表

时间	政策法规	主要内容/规划目标	颁布主体
2017.12	《工业控制系统信息安全行动计划（2018~2020年）》	到2020年，全系统工控安全管理工作体系基本建立，全社会工控安全意识明显增强。建成全国在线监测网络，应急资源库、仿真测试、信息共享、信息通报平台，态势感知、安全防护、应急处置能力显著提升。培育一批影响力大、竞争力强的龙头骨干企业，创建3~5个国家新型工业化产业示范基地（工业信息安全），产业创新发展能力大幅提高。	工信部
2018.03	《关于推动资本市场服务网络强国建设的指导意见》	推动网信企业加快发展。支持符合条件的网信企业利用主板、中小板、创业板、新三板、区域股权市场、债券市场等多层次资本市场做大做强。鼓励网信企业通过并购重组，完善产业链条，引进吸收国外先进技术，参与全球资源整合，提升技术创新和市场竞争能力。	中央网信办、证监会

三　产业链图谱

（一）产业链图谱

信息安全市场一般可以按解决方案、服务、安全类型、部署和垂直市场进行细分（见图2）。基于解决方案，市场分为身份和访问管理（IAM）、风险和合规管理、数据丢失预防（DLP）、统一威胁管理（UTM）、安全与漏洞管理（SVM）、灾难恢复、防火墙、防病毒、入侵检测/防御、分布式拒绝服务（DDOS）缓解、网络过滤等。基于服务的市场细分包括专业服务与教育咨询、支持与维护、风险与威胁评估、设计与集成、托管服务。网络安全市场按安全类型可分为无线安全、端点安全、应用程序安全、云安全、网络安全和其他。基于部署，市场由云和内部部署组成。按垂直细分市场可分为医疗保健、航空航天和国防、银行金融（BFSI）、制造业、政府、零售、IT和电信等。

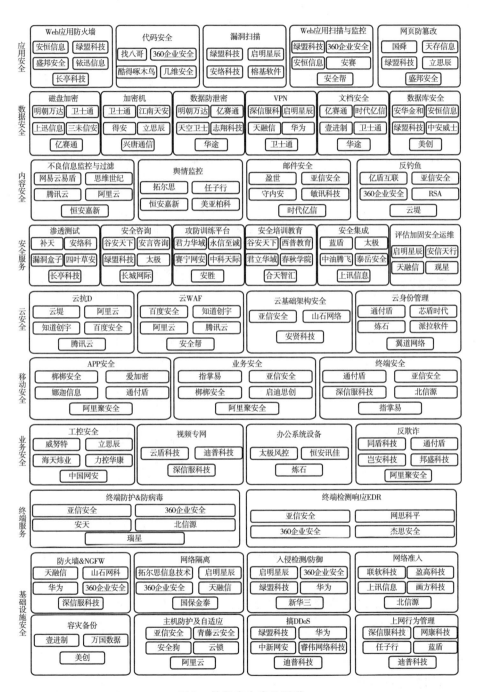

图2　信息安全产业图谱

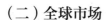

（二）全球市场

据 Gartner 统计，2018 年全球信息安全市场规模超过 1141 亿美元，同比增长 12.4%，预计 2019 年市场规模将同比增长 8.7% 至 1241 亿美元（见表 2）。ResearchAndMarkets 认为 2018 年美国网络安全市场收入为 476.7 亿美元，相较于 2013 年 309.1 亿美元收入，五年复合增长率为 9.05%。预计 2019 年收入为 518.2 亿美元。

表 2　2017～2019 年全球信息安全细分市场规模

单位：百万美元

市场细分	2017 年	2018 年	2019 年（E）
应用程序安全	2434	2742	3003
云安全	185	304	459
数据安全	2563	3063	3524
身份和访问管理（IAM）	8823	9768	10578
基础设施保护	12583	14106	15337
集成风险管理	3949	4347	4712
网络安全设备	10911	12427	13321
其他信息安全软件	1832	2079	2285
安全服务	52315	58920	64237
消费者安全软件	5948	6395	6661
合计	101544	114152	124116

资料来源：Gartner。

IDC 预计 2018 年全球互联网安全支出约为 914 亿美元，同比增长 10.2%，在 2016～2021 年预测期内，全球安全解决方案支出将实现 10.0% 的年复合增长率。美国是信息安全行业最大的区域市场，总支出接近 380 亿美元。第二大市场是英国（65 亿美元），其次是中国（60 亿美元）、日本（51 亿美元）和德国（46 亿美元）（见图 3）。中国和马来西亚的支出增长最强劲，五年复合增长率分别为 26.3% 和 19.7%，其次是印度（18.1%）和新加坡（17.2%）。

此外，IDC 还预测全球网络安全及无线市场将从 2016 年的 274 亿美元

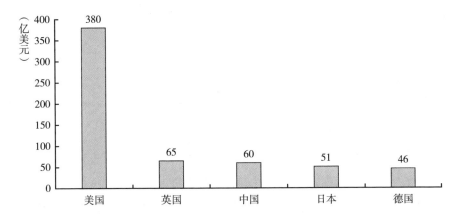

图3　2018年网络安全支出前五大国家

资料来源：IDC。

增长到2019年的336亿美元，年复合增长率为7.04%。这种增长由主要市场美国以及欧洲、亚太和中东国家网络安全支出增加所致。Crispide Research预计2018年北美将占总市场的57%，其次是亚太地区（20%）、欧洲（12%）、中东（8%）以及拉丁美洲和非洲（3%）。

四　产业重大并购交易

（一）Palo Alto Networks收购Evident.io

1.交易概述

2018年3月14日收盘后，美国网络安全领导者Palo Alto Networks（NYSE：PANW）宣布以3亿美元现金收购公有云基础设施安全领域初创企业Evident.io，该交易已于2018年3月26日完成。Palo Alto Networks首席执行官Mark McLaughlin表示，将Evident.io整合进公司的安全平台后，Palo Alto Networks将成为全球唯一一家能为企业客户的关键安全需求提供整体云服务的供应商。在消息公布当天的盘后交易中，Palo Alto Networks股价维持

在 188.5 美元/股不变。

2. 并购方介绍

Palo Alto Networks（以下简称 PANW）是一家美国信息安全公司，由 Check Point 和 NetScreen 前工程师 Nir Zuk 创立于 2005 年，总部位于加利福尼亚州圣克拉拉市。公司最初的主营业务是开发和销售防火墙解决方案，并于 2007 年推出第一款自主研发的重磅产品"下一代防火墙"。与依赖端口号和协议等简单规则来识别应用程序和威胁不同，公司的下一代防火墙产品能够深入网络堆栈的所有层执行检查，并且能够通过数据包深层检测和应用程序签名库等来识别应用程序，这样即使是端口号和协议相同的两个应用程序，也能被识别出来。基于这种创新的解决方案，公司的防火墙产品可以独立于端口号和协议识别与阻止威胁，在应对使用非标准端口、动态端口的潜在恶意软件等威胁方面远远强于传统防火墙，一经面世便为公司创造了可观的业绩。自 2011 年起至今，PANW 凭借卓越的安全技术能力一直被信息技术研究机构 Gartner 在其企业防火墙魔力象限（Enterprise Firewall Magic Quadrant）上列为领导者。公司于 2012 年 7 月 20 日在纽约证券交易所（NYSE）上市。

随着云计算行业的发展，大量企业开始向云端迁移，云端安全问题受到越来越多的重视。在毕马威 2017 年发布的 *The Creative CIO Agenda* 调查报告中，有 53% 的首席信息官（CIO）表示，安全问题是阻碍企业采用云计算的主要原因之一。强烈的安全需求促进了云安全行业的崛起，Gartner 预测 2018 年全球云安全服务市场规模将达到 67.8 亿美元。作为全球网络安全领先企业，PANW 在上市后不久就将云安全作为公司接下来的业务重点，目前公司已经开发出集下一代防火墙、端点威胁检测、云端防护三大功能于一体的下一代安全平台，通过云交付等方式将公司安全能力向云延伸，为企业客户提供更好的云端网络防护。企业为了利用各个云供应商的不同优势，正在越来越多地使用多云和混合云，然而云计算供应商提供的安全服务往往是基于自身架构设计，对于使用混合云或者多云的企业客户，维持跨云平台的安全环境非常困难。PANW 目前正致力于为使用混合云及多云的客户提供全面、一致，并且能与各主流云端基础架构直接集成的下一代安全平台。公司管理层表示，公有云安全由三个主要部分组成：内联安全性、基于主机的安全性和基于 API（应用程序编程接口）的安全性。PANW 已经拥有了公有云安全的前两个组成部分，即 VM 系列虚拟防火墙和 Traps 端点防护产品，通过收购基于 API 的公有云基础安全供应商 Evident.io，公司能够有效补充自身全行业领先的云安全产品组合，成为全球唯一能提供整体云安全服务的供应商，巩固公司在云安全领域的领先地位。此外，截至 2018 年 1 月 31 日，公司库存现金和短期投资为 16.36 亿美元，而应付账款仅为 3340 万美元，良好的流动性意味着公司能对市场上出现的任何潜在机会进行投资。截至并购公布日，公司股价已经从发行价 42 美元/股上涨至 188.5 美元/股，增值率达到 348.81%，公司市值达到 223.5 亿美元，静态市盈率为 47 倍。

3. 被并购方介绍

Evident.io 由 Adobe Cloud infrastructure 前架构师 Tim Prendergast 和 Justin Lundy 于 2013 年创建，公司总部位于加利福尼亚州普莱森顿市。Evident.io 主营业务是为运营云基础设施的客户提供安全服务，公司基于 API 安全的 evident security platform（ESP）安全平台能够实时监控云整体安全态势，该平台的个性化仪表盘允许运维人员按区域、团队、时间范围、严重性和状态查看风险，并及时得到风险预警和专业补救指导。此外，ESP 还能通过分析服务配置和账户设置提供安全审计和合规报告。早期的网络安全立法侧重于起诉网络犯罪分子，然而最近的法规如 GDPR 等则迫使企业更好地保护其客户数据，并提高其检测和报告违规行为的能力。AWS 和 Microsoft Azure 等云基础设施供应商，为了遵守这些与数据存储、加密和访问控制等相关的法规要求，不得不大量依赖手工检查和审计来验证安全性和合规性。EPSP 安全平台的优点在于可以跨多个公有云平台支持进行自动基础设施风险评估和实时风险识别，基于事件驱动的云基础设施检测也大大缩短了识别环境中漏洞的时间。由于解决了企业在云安全和风险合规管理方面的痛点，Evident.io 得到了投资人的青睐，从 2013 年到 2017 年 2 月经历了四轮融资，总共筹集到 4900 万美元，最近的 C 轮融资额为 2200 万美元，由 GV（Google

Venture）领投，其他参与者还有早期投资者 Bain Capital、True Ventures 和
Venrock。在 C 轮融资四个月后，公司从 CIA 的 In – Q – Tel 获得了战略投
资，具体数额没有披露。美国信息周刊评选 2016 年最具发展潜力的云安全
初创企业时，Evident. io 入选。截至被收购前，公司共有 112 名员工和 200
家企业客户。

Evident. io 接受收购可能有两个原因，一方面是因为公司产品与 PANW
的产品组合互补：Evident. io 的 API 安全和合规能力与 PANW 的云端威胁防
护能够无缝结合，扩展公司的云安全能力，为客户提供全面、完整的云安全
服务。另一方面，PANW 作为全球领先的信息安全公司，拥有庞大且优质的
客户资源，比如《财富》100 强企业中超过 80 家都在使用 Palo Alto
Networks 提供的安全服务。通过产品整合，公司能够向大企业客户迅速推广
自己的产品，在云安全市场建立声誉和市场地位。

4. 后续整合计划

并购交易完成后 Evident. io 的两位创始人 Tim Prendergast 和 Justin Lundy 加
入 PANW，随后 PANW 开始产品整合工作，利用 Evident. io 的产品和技术完善公
司的云安全产品组合，拓展公司基于 API 的安全功能。另一方面，PANW 还可
以获得 Evident. io 大量有价值的云数据。公司表示，一旦产品集成完成，客户
将能够使用单一方法对其云部署进行持续监控、合规性验证以及生成报告，
这将简化安全操作，让开发人员可以更快地部署新的云应用程序。Tim
Prendergast 在接受采访时表示："Expose. io 和 Palo Alto Networks 的组合功能
将为客户提供信心，让他们能够在云中更好、更快、更安全地运行。"

5. 潜在风险

尽管拥有较强的流动性和充足的资金，PANW 的盈利能力一直不及预
期。2017 财年公司经营业绩较上一年有所下滑，净亏损达到 2.22 亿美元，
超过 2016 年 1.93 亿美元的净亏损。在这种情况下进行大额收购可能会恶化
公司的财务状况，如果整合后的产品组合不能满足客户快速变化的安全需
求，公司业绩将会进一步下降，并限制公司未来的增长。

金融科技产业并购发展报告

摘　要： 金融科技是指技术带来的金融创新，它能够创造新的业务模式或应用流程，从而对现有金融市场、机构或金融服务造成重大影响。当前金融行业进入转型发展阶段，随着人工智能、区块链、云计算、大数据等新兴技术的发展与应用，金融科技正在以迅猛的势头重塑金融产业生态，"无科技不金融"成为行业共识。近年来，中国的金融科技行业发展迅速，在云计算、大数据、人工智能和区块链等领域已经成长出一批拥有先进技术和行业实践的核心骨干企业。国家高度重视金融科技对于强化金融监管和促进金融转型发展的双重作用。在强化监管方面，以降低合规成本、有效防范金融风险为目标的监管科技正在成为金融科技的重要组成部分。在促进发展方面，金融科技应用能够有效提升金融服务效率，强化对实体经济的服务能力。

关键词： 金融科技　新兴技术　监管与发展

一　产业发展概述

金融科技（FinTech），主要是指通过技术手段推动金融创新并对金融市场、机构及金融服务产生重大影响的业务模式、技术应用、金融流程和产品。目前，金融科技所依赖的主要技术有云计算、互联网、大数据、物联网、人工智能、区块链等信息技术。这些新技术与金融的紧密结合推动了金融业态的创新和发展。

在促进发展方面，金融科技应用能够有效提升金融服务效率，强化对实体经济的服务能力。大数据、人工智能等新技术应用能够帮助金融机构更好地识别风险，降低金融服务成本，为普惠金融服务创造有利条件，还能加强金融精准服务能力，设计提供更个性化的金融服务产品。此外，金融科技的应用能够更广泛地收集、整理和分析金融客户信息，让更多弱势群体进入金融服务范围，有效提升金融服务覆盖能力。

回顾金融科技发展历程，技术对于金融的作用正逐步从辅助业务的地位，上升成为决定金融未来发展的关键因素。近年来，移动支付、互联网银行、智能投顾、大数据征信等发展得如火如荼，但这只是金融科技历史发展阶段的产物，未来科技将更加深入金融体系内部，降低行业成本，从本质上改变金融行业的经营业态，创造出更多新的金融业务模式和形态。

从行业数据看，近 5 年第三方支付移动端交易规模保持高速增长，年复合增长率高达 202.6%（见图 1）。而随着社会人群结构不断变化，个人理财市场的互联网化程度不断提高，从而推动互联网理财市场规模的扩大。2017 年我国互联网理财市场规模增长至 14.22 万亿元（见图 2）。

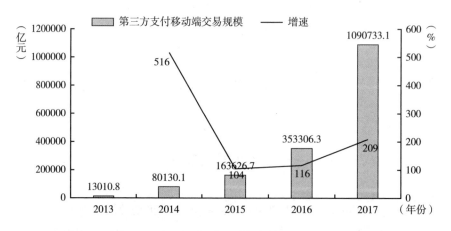

图 1　2013～2017 年中国第三方支付移动端交易规模及增速

资料来源：易观。

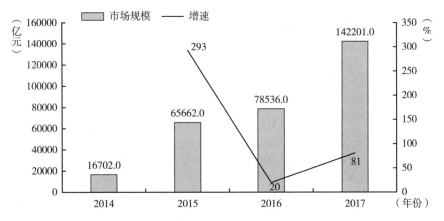

图2 2014～2017年中国互联网理财市场规模及增速

资料来源：易观。

二 产业政策

2015年，10部委联合印发了《关于促进互联网金融健康发展的指导意见》，明确提出对互联网金融要有包容的态度，即"采取适度宽松的监管政策，为互联网金融创新留有余地和空间"。2016年，中国政府以"鼓励合法、打击非法"为核心原则，开展了为期一年的互联网金融专项整治。2017年，"穿透式"监管全面落地，如银行理财、保险资金等诸多产业已经正式发文。2018年，强调强化金融监管统筹协调，健全互联网金融公司监管（见表1）。目前，互联网金融监管体系及框架已逐渐成熟，但"穿透式"监管能力、协调监督效率仍

表1 金融科技产业政策

时间	政策法规	主要内容/规划目标	颁布主体
2015.07	《关于促进互联网金融健康发展的指导意见》	积极鼓励互联网金融平台、产品和服务创新，激发市场活力；鼓励从业机构相互合作，实现优势互补。通过鼓励创新和加强监管相互支撑，促进互联网金融健康发展，更好地服务实体经济	中国人民银行、工信部、公安部、财政部、工商总局、法制办、银监会、证监会、保监会、国家互联网信息办公室

续表

时间	政策法规	主要内容/规划目标	颁布主体
2015.11	《关于积极发挥新消费引领作用加快培育形成新供给新动力的指导意见》	支持互联网金融创新发展，强化普惠金融服务，打造集消费、理财、融资、投资等业务于一体的金融服务平台。支持发展消费信贷，鼓励符合条件的市场主体成立消费金融公司，将消费金融公司试点范围推广至全国	国务院
2015.12	《关于大力推进体制机制创新，扎实做好科技金融服务的意见》	大力培育和发展服务科技创新的金融组织体系。加快推进科技信贷产品和服务模式创新。拓宽适合科技创新发展规律的多元化融资渠道。进一步深化科技和金融结合试点	中国人民银行、科技部、银监会、证监会、保监会
2016.01	《推进普惠金融发展规划（2016～2020年)》	到2020年，建立与全面建成小康社会相适应的普惠金融服务和保障体系，有效提高金融服务可得性，明显增强人民群众对金融服务的获得感，显著提升金融服务满意度，满足人民群众日益增长的金融服务需求，特别是要让小微企业、农民、城镇低收入人群、贫困人群和残疾人、老年人等及时获取价格合理、便捷安全的金融服务，使我国普惠金融发展水平居于国际中上游水平	国务院
2016.03	《国务院关于印发"十三五"国家科技创新规划的通知》	引导银行等金融机构创新信贷产品与金融服务，加快发展科技保险，鼓励保险机构发起或参与设立创业投资基金，探索保险资金支持重大科技项目和科技企业发展，推进各具特色的科技金融专营机构和服务中心建设	国务院
2016.04	《国务院关于印发北京加强全国科技创新中心建设总体方案的通知》	推动科技与产业、科技与金融、科技与经济深度融合，培育一批具有国际竞争力的创新型领军企业，聚集世界知名企业技术创新总部，构建跨界创新合作网络。完善技术创新服务平台体系，加强研究开发、技术转移和融资、计量、检验检测认证、质量标准、知识产权和科技咨询等公共服务平台建设	国务院
2016.08	《互联网金融信息披露规范(初稿)》	要求P2P从业机构每天更新交易总额、交易总笔数、借款人数量、投资人数量	中国互联网金融协会
2016.09	《互联网金融风险专项整治工作实施方案》	对当前及下一时期互联网金融风险整治工作作出全面部署和安排，相关部门也依据责任分工同时发布了互联网金融相关产业风险专项整治工作实施方案，首次提出"穿透式"监督。专项整治工作已于2016年4月开始，预计在2018年6月完成	国务院

时间	政策法规	主要内容/规划目标	颁布主体
2017.02	《网络借贷资金存管业务指引》	明确了网贷资金存管业务应遵循的基本规则和实施标准,鼓励网贷机构与商业银行按照平等自愿、互利互惠的市场化原则开展业务	银监会
2017.04	《关于进一步做好互联网金融风险专项整治清理整顿工作的通知》	继续做好互联网金融风险专项整治工作,将其摆在今年防控金融风险、整顿金融秩序的重要位置,切实维护金融稳定	中国人民银行
2017.09	《关于防范代币发行融资风险的公告》	任何组织和个人不得非法从事代币发行融资活动;各金融机构和非银行支付机构不得开展与代币发行融资交易相关的业务	中国人民银行、中央网信办、工信部、工商总局、银监会、证监会、保监会
2017.12	《关于规范整顿"现金贷"业务的通知》	规范整顿开展现金贷业务的小贷公司、P2P、银行业金融机构等	中国人民银行、银监会
2018.10	《互联网保险业务监管办法(草稿)》	新增健康险(除长期护理保险和报销型医疗保险外)、养老年金保险、税延养老保险、支持保险公司、保险中介机构在风险可控、安全隔离的前提下探索互联网保险的业务创新、机构创新、服务创新等,提高保险经营效率,改善保险消费服务体验	银保监会

有待提升。2018年政府工作报告对互联网金融监管提出了更高层次的要求,因而健全监管体系、提升监管效能将成为短期内的重要政策倾向。

三　产业链图谱

(一)金融科技产业链

从金融科技行业来看,金融科技产业链包括基础设施层、科技服务层和科技应用层(见图3)。基础设施层主要是为金融科技企业提供必要的科技基础设施,主要包括云计算、大数据、区块链和人工智能;科技服务层主要

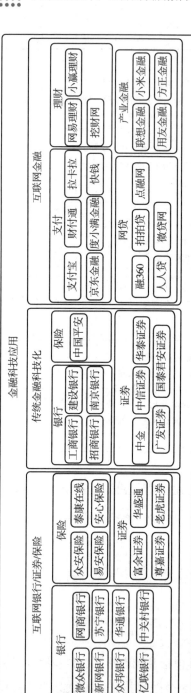
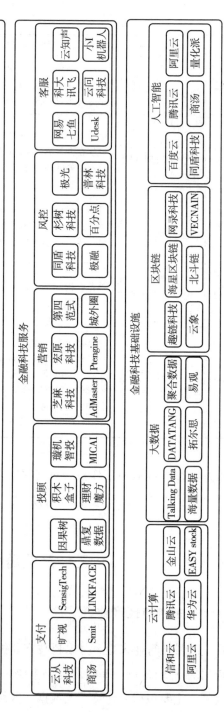

图 3　金融科技产业链图谱

是为金融科技应用企业提供支付、投顾、营销、风控和客服等第三方服务；金融科技应用层主要是各类金融产品，包括银行类、保险类、证券类、第三方支付、互联网金融等移动端产品，当前金融科技产品月度活跃使用人数在5.2亿以上，依此估算金融科技的市场渗透率达53%以上，预计到2020年渗透率会进一步提升至65%以上。目前，金融科技主要的服务对象是银行、证券、交易所、大型平台等B端用户。这些金融机构借助金融科技的技术优势，丰富金融服务产品，提升服务水平，进而为民众带来优质、便捷、高效的金融服务。

（二）全球市场

目前，世界各国均在大力发展金融科技，全球已涌现出一批金融科技发展的标杆区域。根据《2018全球金融科技中心指数》，全球金融科技区域发展划分为三个梯队。第一梯队分别是中国的长三角地区、美国的旧金山湾区（硅谷）、中国的京津冀地区、英国的大伦敦地区、中国的粤港澳大湾区以及美国的纽约湾区；第二梯队为新加坡、东京湾等地区；第三梯队为瑞士、法兰克福等地区。中国引领全球金融科技领域发展，在第一梯队中，中国占据三席，正努力实现金融科技发展的"换道超车"（见图4）。从金融科技生态来看，北京、纽约、伦敦、上海、深圳、杭州、新加坡和旧金山拥有全球最好的金融科技生态，其发达的经济金融环境、浓郁的创新氛围、有力的政府支持等为金融科技发展提供了沃土。

据统计，2017年美国金融科技市场规模约为350亿美元，中国金融科技市场规模只有美国的13%，约为45.5亿美元。2017年金融科技全球用户渗透率排名前列的细分行业分别是支付、资金转移、个人理财和个人借款（见图5）。

全球金融科技融资在2018年增至1118亿美元，较2017年的508亿美元增长了120%（见图6），这主要得益于大型并购和收购交易。2018年上半年，Vantiv以129亿美元收购WorldPay，Ant Financial完成140亿美元融资；2018年下半年，黑石集团斥资170亿美元投资Refinitiv；Silver Lake和P2 Capital Partners公司斥资35亿美元收购Blackhawk Network。在亚洲金融

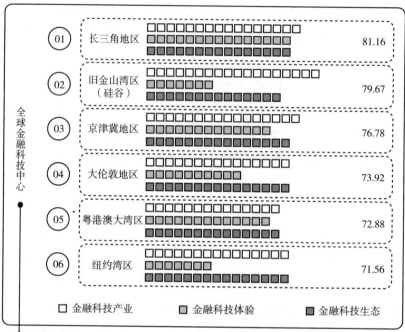

图4 全球金融科技中心

注：图中数据为2018全球金融科技中心指数（GFHI）排名。
资料来源：浙大AIF司南研究室。

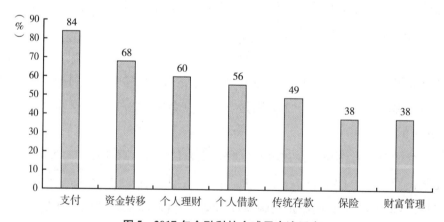

图5 2017年金融科技全球用户渗透率

资料来源：PWC。

科技投资中，中国占据最大份额。2018 年，在 83 宗交易中，中国获得了 182 亿美元的融资，其中，蚂蚁金融第二季度的融资规模为 140 亿美元。

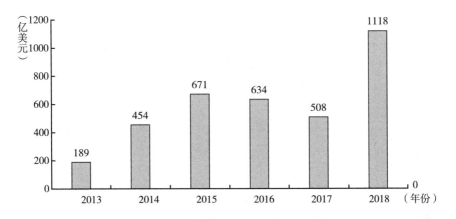

图 6　2013～2018 年全球金融科技行业投资规模

资料来源：KMPG。

四　产业重大并购交易

（一）恒生电子收购大智慧香港

1. 交易概述

2018 年 10 月 22 日，恒生电子（600570.SH）宣布以 4.55 亿元现金的交易对价收购大智慧（601519.SH）持有的大智慧（香港）投资控股有限公司（以下简称大智慧香港）41.75% 股权。在本次交易前，恒生电子已于 2017 年以 3.67 亿元交易对价收购了大智慧香港 51% 股权，成为大智慧香港控股母公司。随后，大智慧香港以增发股份的形式收购恒生电子及其关联方宁波高新区云汉股权投资管理合伙企业（云汉投资）所持有的恒生香港 100% 控股权。截至本次交易宣布前，恒生电子已经持有大智慧香港 54.7% 的控股权，本次交易完成后，大智慧将出清其持有的大智慧香港全部股份，而恒生电子将拥有大智慧香港

96.45%控股权，剩余 3.55%股权由云汉投资持有（见表2）。2018 年 10 月 22 日收盘时，恒生电子股价蹿升 7.23%，反映资本市场对该项并购较为看好。

表2　大智慧香港股权结构（并购前）

股东名称	持股比例
恒生电子	54.70%
大智慧	41.75%
云汉投资	3.55%

2. 并购方介绍

恒生电子股份有限公司（以下简称恒生电子）成立于 1995 年，是国内最大的金融 IT 服务供应商，于 2003 年在上交所上市。截至 2018 年 12 月 31 日，公司总市值 415 亿元，动态市盈率 67.5 倍。公司致力于为证券、期货、基金、信托、保险、银行、私募等金融机构提供整体的解决方案和服务，为个人投资者提供财富管理工具。由于公司创立较早，主要大型金融机构早期系统大部分都是由公司开发的，后续的维护和升级非常依赖公司的产品和服务，因而客户黏性强，转换成本高，"护城河"较为宽阔。目前公司的金融软件产品在国内几乎所有金融细分领域均具有领先地位，在基金、券商、保险等领域市场占有率超过 80%。此外，恒生电子目前拥有约 6000 名员工，其中 80% 以上是研发人员，公司注重研发，技术积累深厚，盈利能力强，增长前景良好。根据恒生电子发布的业绩快报，公司预计于 2018 年实现净利润 5.98 亿 ~ 6.59 亿元，同比增长 26.96% ~ 39.92%。

杭州浙江融信网络技术有限公司（浙江融信）于 2014 年收购杭州恒生电子集团有限公司（恒生集团）100% 股权，为恒生电子实际控股股东。

尽管恒生电子在国内各金融领域都占有优势地位，但自从 2017 年中国提出"去杠杆，强监管，防风险"，加强金融行业监管以来，国内各主要金融行业都受到了严格监管的较大影响，比如信托资产余额减少、证券行业成交量下滑等，对恒生电子的经营造成了一定的压力。恒生电子开始把目光转向境外，于 2017 年收购大智慧香港的 51% 股权，布局香港金融 IT 市场，同时借助大智慧香港的技术积累和产品线，填补公司在香港市场中小券商系统解决方案领域的空白。恒生电子本次并购主要是为了获得大智慧持有的剩余大智慧香港股份，强化公司对于大智慧香港的经营控制能力，拓展公司在香港及周边国家和地区的金融市场业务。

3. 被并购方介绍

大智慧香港成立于 2014 年，注册地为香港，注册资本为 6000 万港元。大智慧香港为投资控股型公司，无实质经营业务，原为大智慧 100% 控股子公司。在本次并购前，大智慧香港的全部资产是其持有的恒生网络有限公司（香港）（以下简称恒生香港）100% 股权和艾雅斯资讯科技有限公司（艾雅斯）100% 股权。

艾雅斯成立于 2002 年，主营业务为向香港及周边国家和地区的证券公司及期货公司提供交易系统及结算系统方案。艾雅斯在香港中小型券商交易系统市场中的占有率高达 70%，且与恒生电子目前的产品线互补，能形成协同效应，整合后的完整金融 IT 解决方案提高了公司在香港及周边地区的竞争力。另一方面，经过多年经营，目前艾雅斯的机构客户已经超过 200 家，这些优质的客户资源能帮助恒生电子有效开拓境外市场。

恒生香港成立于 2008 年 1 月，注册地为香港，注册资本为 5000 万港元，原为恒生电子子公司。恒生香港主营业务为向香港金融行业提供一体化的账户、证券和期货解决方案。在 2017 年恒生电子收购大智慧香港 51% 股权后，大智慧香港以增发股份的形式向恒生电子和云汉投资收购恒生香港 100% 控股权，将恒生香港装入大智慧香港，随后恒生电子开始着手恒生香港和艾雅斯的业务整合工作，以解决两家公司可能存在的业务冲突问题。

大智慧香港原母公司——大智慧于 2013 年爆出财务造假丑闻，公司业绩直线下滑，大智慧在这之后一直试图通过进入新行业、开拓新市场来提振公司业绩，然而却在转型和扩张的路上屡屡碰壁。截至 2017 年年中，大智慧已经连续亏损 7 个季度，被上交所实施退市风险警示。为了避免被强制退市，大智慧于 2017 年向恒生电子出售子公司大智慧香港 51% 的股权，合计获得 5.49 亿元投资收益，2017 年经营实现扭亏为盈。然而没有找到业绩支撑点的大智慧在 2018 年三季报中披露，截至 2018 年第三季度末，公司已经亏损 3882 万元。出于筹集转型资金和摆脱亏损的需要，大智慧接受了恒生电子对自己持有的大智慧香港 41.75% 剩余股权的购买要求。

4. 后续整合计划

云汉投资是一个由恒生电子高管及骨干持股的投资平台，因而本次并购完成后，恒生电子将获得大智慧香港实质上 100% 的控股权，进一步强化对大智慧香港经营活动的管理控制能力，促进大智慧香港和恒生香港的业务整合工作。恒生电子通过收购和重组大智慧香港，弥补了公司在香港中小券商交易领域的不足，整合出了面向香港中小券商的完整 IT 系统解决方案，大大提高了恒生电子在香港及周边国家和地区的竞争力。另外，借助艾雅斯优质的客户资源，恒生电子能够快速拓展境外金融市场。

5. 潜在风险

第一，财务风险。据恒生电子三季报披露，公司在第三季度末仅有 5.13 亿元现金，而本次并购公司需要付出 4.55 亿元现金，这可能会造成公司营运现金流紧张，目前公司表示将通过发债和自有资金为并购提供资金。

第二，审批风险。大智慧本次以 4.55 亿元现金对价出售其所持有的大智慧香港股权，构成重大资产重组，需要获得中国证监会审批同意，存在审批不通过从而导致本次收购无法完成或无法如期完成的风险。

第三，商誉减值风险。此次收购完成后，恒生电子将形成约 3.24 亿元的商誉。如果香港大智慧业务整合后协同作用不及预期，或者宏观经济衰退导致并购完成后收入、利润增长放缓，公司将面临商誉减值风险。

（二）PayPal 收购 iZettle AB

1. 交易概况

2018 年 9 月 20 日，PayPal 公司（Nasdaq 代码：PYPL）宣布以约 22 亿美元的价格完成了对瑞典移动支付初创公司 iZettle AB 的现金收购。收购完成后，iZettle 将继续保持独立运营，iZettle 的联合创始人兼首席执行官也将继续担任 iZettle 的首席执行官。此次交易建立在 PayPal 向小型企业提供强大产品和服务的基础上，旨在实现业务加速增长，并为商家提供无缝的商业体验。虽然本次收购短期内无法帮助 PayPal 实现利润的快速增长，但有利于 PayPal 与其竞争对手 Square 更好地竞争。2018 年 5 月 17 日，PayPal 宣布了收购 iZettle 的消息，Square 的股价在这之后的两个交易日里累计下跌了 7%。本次收购交易是 PayPal 有史以来规模最大的交易，此前 PayPal 曾于 2015 年以 8.9 亿美元收购了 Xoom 公司，并且在 2013 年作为 eBay 的一部分，以 8 亿美元收购了 Braintree 和 Venmo。

2. 收购方介绍

PayPal 公司成立于 1998 年 12 月，是全球使用最广泛的在线支付服务商，总部在美国加利福尼亚州，目前全球约有 21800 名员工。PayPal 公司的基本理念是为金融服务创造机遇，致力于使金融服务民主化，赋予用户和企业参与全球经济并在其中蓬勃发展的能力。PayPal 开放式数字支付平台给予了超过 2.5 亿的活跃账户持有者以一种全新而强大的方式进行沟通和交易的信心，无论他们是在网上、移动设备上、应用程序上，还是面对面交易。通过将技术创新和建立战略合作关系相结合，PayPal 创造了一个更好的方式来管理和转移资金，并在发送支付、支付中和已支付时向用户提供选择性和灵活性。PayPal 支付平台包括 PayPal、PayPal Credit、Braintree、Venmo、Xoom 和 iZettle，这些平台覆盖了全球 200 多个市场，使得用户和企业可以接收超过 100 种货币的资金，提取 56 种货币的资金，并在 PayPal 账户中持有 25 种货币的余额。PayPal 的收入主要来源于为客户完成支付交易收取手续费和提供增值服务。截至 2018 年底，PayPal 活跃用户约有 2.67 亿人，公司总支付额为 5780 亿美元，较 2017 年增长了 27%；全年营收总额为 154.5 亿美元，同比增长 18%；净利润为 20.57 亿美元，同比增长 14.60%。

2002 年 2 月 14 日，PayPal 在纳斯达克证券交易所上市，随后于同年 10 月被 eBay 以 15 亿美元的价格收购。2015 年 7 月 17 日，PayPal 正式从

eBay 剥离，但与 eBay 签订了五年合作的合约，逐渐从一家主要为企业处理在线交易的公司，转变为向客户提供整套数字支付服务的公司。2015 年 7 月 20 日，PayPal 以股票代码 PYPL 重新在纳斯达克证券交易所独立上市，上市后公司市值一路飙升，目前市值为 1113.49 亿美元。2018 年 2 月 1 日，eBay 宣布将于 2023 年 7 月停止使用 PayPal 作为其后端支付服务，而改用 PayPal 竞争对手提供的产品。至此，PayPal 与 eBay 的合作关系宣告终止。

2018 年，PayPal 宣布预计每年准备 30 亿美元用于收购，从而获得一些特别的业务能力。继 2018 年 5 月 8 日宣布收购 iZettle 后，PayPal 又在 5 月 19 日宣布以 4 亿美元收购支付平台 Hyperwallet。Hyperwallet 的服务覆盖了全球 200 多个市场，并为这些市场提供预付卡、借记卡、现金支付等支付方式。通过收购 Hyperwallet，PayPal 增强了向全球电商平台提供整体支付解决方案的能力，并提升了向不同规模的商家提供支付方案的能力。5 月末，PayPal 再次宣布将收购人工智能零售系统开发商 Jetlore，利用 Jetlore 的专业技术团队和人工智能技术，提高开发效率，丰富 PayPal 的现有功能，帮助商家优化服务和沟通。6 月 22 日，PayPal 宣布以 1.2 亿美元现金收购反欺诈风险管理平台 Simility；在收购前 PayPal 已拥有该公司 3% 的股份，收购 Simility 后 PayPal 将具备向全球商家提供防欺诈和风险管理解决方案的能力，从而有效地保障支付安全（见表 3）。

表 3　2014～2018 年 PayPal 收购交易案

单位：美元

标的公司名称	收购时间	收购金额	业务领域
Braintree	2014 年	8 亿	支付网关
Paydiant	2015 年	2.3 亿	移动钱包
Xoom Corporation	2015 年	8.9 亿	国际汇款
Modest	2015 年	—	移动电商应用
TIO Networks	2017 年	2.43 亿	账单管理
Swift Financial	2017 年	1.83 亿	在线借贷
iZettle	2018 年	22 亿	读卡器制造商

续表

标的公司名称	收购时间	收购金额	业务领域
Hyperwallet	2018 年	4 亿	电商支付平台
Jetlore	2018 年	1600 万	AI 零售系统
Simility	2018 年	1.2 亿	防欺诈风险管理

3. 标的方介绍

iZettle AB 公司成立于 2010 年，总部坐落于瑞典斯德哥尔摩，被誉为"欧洲的 Square"。公司创立之初主要为小企业和个人提供一种使用迷你信用卡读卡器"iZettle Reader"进行支付的方式。"iZettle Reader"读卡器的产品特点是快速、便携，接受芯片、刷卡和非接触式支付，包括通过 Apple Pay、Samsung Pay 和 Android Pay 完成支付。除此之外，iZettle 还提供销售点服务，包括 POS 机、发票服务和电子商务工具。由于小型企业可能缺乏足够资金购买接受信用卡支付的昂贵硬件，iZettle 为此开发了加密狗，将它插入 USB 端口，即可实现智能手机或平板电脑与外部 Wi–Fi 设备之间的无线连接，从而完成信用卡支付。近期 iZettle 还开发了新的电子商务平台来实现战略转移，这一平台使得小型企业可以轻松地建立和定制一个全新的网店，或者通过多种渠道在线销售商品，包括社交媒体、博客和网站等。目前 iZettle 最大的市场是英国、巴西和瑞典。2015 ~ 2017 年，iZettle 的总收入以 60% 的复合年增长率保持增长；iZettle 的总收入从 2016 年的 6.41 亿瑞典克朗猛增至 2017 年的 9.66 亿瑞典克朗，同时经营亏损也从 2.44 亿瑞典克朗缩减至 2.28 亿瑞典克朗，预计 2020 年可实现经营盈利。

自成立以来，iZettle 累计募集了 3 亿多美元的风险投资，投资者包括 Greylock Partners、Index Ventures 和 Creandum 等。其中，2017 年 1 月 12 日，iZettle 获得了 4500 万欧元的债务融资和 1500 万欧元的 D 轮融资；2017 年 12 月 13 日，iZettle 又获得了来自 Dawn Capital 等投资者的 4000 万欧元的 E 轮及以后融资；这些资金后续被用来开发新的产品线和开拓中欧、东欧和拉丁美洲的新市场。

2018年5月8日，作为欧洲最大的金融科技公司之一，iZettle计划在斯德哥尔摩纳斯达克证券交易所上市，通过IPO募集20亿瑞典克朗（约2.27亿美元）来支持公司持续性的业务增长，估值约为11亿美元。iZettle认为通过IPO可以为公司进入资本市场提供更好的机会，促进业务增长，并帮助iZettle在主要商业伙伴及激烈的人才竞争中提升公司形象。同一时期，欧洲各国监管机构也计划制定政策，推动金融服务领域的技术创新和数字化发展，以刺激与现有银行的竞争。因此，IPO的成功和相关支持政策的落地都会进一步助力iZettle扩展小型企业支付业务。但随后PayPal开始积极接触iZettle，22亿美元的收购价格让iZettle股东获得比计划IPO多一倍的估值，iZettle最终放弃了IPO，转投到PayPal旗下。

4. 后续整合计划

长久以来，小型企业的店内支付是PayPal的业务短板。尽管PayPal与Visa和Mastercard进行了合作，但仍不能阻止Square在2018年底稳定占据了小型商业支付市场20%的份额。有了iZettle加密狗产品的支持后，PayPal有望在未来改善自身商业基础，抢占更多的市场份额，提高公司在全球范围内的影响力。此外，iZettle业务在12个国家的开展将使PayPal获得更广泛的受众，凭借技术优势抢占巴西、丹麦、芬兰、挪威和瑞典等欧洲市场，尤其是作为Square积极扩展目标的英国。最后，过去PayPal在收购Xoom和Venmo后取得了巨大的成功，这意味着iZettle未来在保持独立运营的前提下，利用PayPal庞大的网络结构和资源而实现业务快速增长的可能性变得很大。

5. 潜在风险

虽然iZettle业务覆盖12个国家，PayPal业务覆盖约200个国家，收购后PayPal可以帮助iZettle处理向新地理区域拓展业务所面临的监管问题，但iZettle未来能否有效地与PayPal已有销售点的支付服务整合还有待观察。此外，收购后PayPal曾收到了美国竞争监管机构的警告，该机构指出PayPal收购iZettle公司可能会威胁自由竞争，PayPal未来有很大可能抬高服务价格，降低服务质量，这最终将会损害消费者的利益。最后，全球支付行业竞争激烈，并且受到严格的监管审查，随着企业业务的合并和联盟变得趋势化，不同领域的其他成熟企业也会进行扩展，从而与 PayPal 各方面的业务形成新的竞争。若 PayPal 在收购后不能有效利用 iZettle 的技术优势，将自身服务与竞争对手的服务区别开来，这将会影响 PayPal 改善利润空间和扩大市场份额。

新能源汽车产业并购发展报告

摘　要：　新能源汽车是指使用清洁可再生能源作为动力来源的新型汽车。中国将新能源汽车产业纳入战略新兴产业，由工信部牵头出台了多项政策对新能源汽车产业发展进行补贴和专项支持。目前，一方面，中国已经超过美国和欧洲成为全球最大的电动汽车市场，而未来几年，中国正处于由"政策驱动"向"市场引领发展"的关键阶段，随着补贴退坡、产能过剩、新进入者增加等多重因素发挥作用，现有新能源汽车厂商的竞争将变得日趋激烈。另一方面，技术的不断创新，包括智能科技、车联网、自动驾驶等与汽车产业全面融合，当前新能源汽车产业的价值链正在经历挑战与革新，未来，创新服务、数据应用将成为创造新利润增长的重要引擎。

关键词：　新能源汽车　市场化发展　车联网　智能科技

一　产业发展概述

新能源汽车是指使用清洁可再生能源作为动力来源，结合车辆在动力控制和驱动方面的先进技术，形成结构创新的新型汽车。新能源汽车包括纯电动汽车（BEV，包括太阳能汽车）、混合动力汽车（HV）、燃料电池电动汽车（FCEV）、氢发动机汽车、插电混动汽车（PHEV）、其他新能源（如高效储能器、二甲醚）汽车等各类别产品。

目前中国新能源汽车处于爆发式发展阶段，但仍以政策驱动为主。2018

年中国新能源汽车产销分别完成 127 万辆和 125.6 万辆，比上年同期分别增长 59.9% 和 61.7%（见图 1）。其中纯电动汽车产销分别完成 98.6 万辆和 98.4 万辆，比上年同期分别增长 47.9% 和 50.8%；插电式混合动力汽车产销分别完成 28.3 万辆和 27.1 万辆，比上年同期分别增长 122% 和 118%。

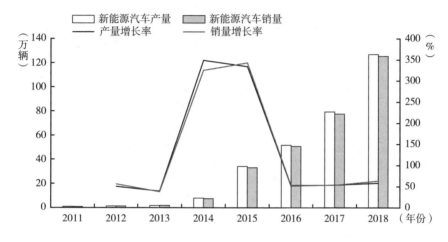

图 1　2011～2018 年中国新能源汽车产销量

资料来源：前瞻产业研究院。

二　产业政策

自 2009 年以来，我国从国家战略高度上支持新能源汽车的发展并出台了一系列政策（见表 1）。2009 年中国开始试点通过财政补贴支持新能源汽车发展；2014 年 9 月实施了免征新能源汽车购置税（截至 2017 年 12 月 31 日）政策；2015 年 3 月工信部发布《汽车动力蓄电池产业规范条件》，规范电池产业的发展；2015 年 4 月财政部发布《关于 2016～2020 年新能源汽车推广应用财政支持政策的通知》，补贴标准向高续驶里程倾斜；2016 年 12 月国务院发布《"十三五"国家战略性新兴产业发展规划》，提出到 2020 年新能源汽车实现当年产销 200 万辆以上，累计产销超过 500 万辆的目标；2017 年 2 月，国务院印发《"十三五"国家战略性新兴产业发展规划》（以下简称《规划》），《规划》强调，新能源汽车、新能源产业是战略性新兴产业的重要组成部分，要把握全球能源变革发展趋势和我国产业绿色转型发展要求，大幅提升新能源汽车和新能源的应用比例，推动新能源汽车、新能源等成为支柱产业。

2018 年 2 月，四部委联合发布《关于调整完善新能源汽车推广应用财政补贴政策的通知》鼓励高续航车型发展，发改委还表示 2018 年将取消专用车、新能源汽车外资股比限制。

表 1　新能源产业政策

时间	政策法规	主要内容/规划目标	颁布主体
2014.01	《关于进一步做好新能源汽车推广应用工作的通知》	2014 年 1 月 1 日起，补贴退坡幅度减半：补助标准从原来 2014 年和 2015 年较 2013 年下降 10% 和 20% 调整为 5% 和 10%	工信部
2014.07	《关于加快新能源汽车推广应用的指导意见》	免征新能源汽车车辆购置税方案，对纯电动汽车、插电式混合动力汽车和燃料电池汽车从 2014 年 9 月 1 日到 2017 年底，免征车辆购置税	国务院办公厅
2014.08	《关于免征新能源汽车车辆购置税的公告》	自 2014 年 9 月 1 日至 2017 年 12 月 31 日，对购置的新能源汽车免征车辆购置税	财政部、税务总局、工信部
2014.11	《关于新能源汽车充电设施建设奖励的通知》	对符合国家技术标准且日加氢能力不少于 200 公斤的新建燃料电池汽车加氢站每个站奖励 400 万元；对服务于钛酸锂纯电动等建设成本较高的快速充电设施，适当提高补助标准	财政部、科技部、工信部、国家发改委
2015.03	《汽车动力蓄电池行业规范条件》	从生产规范、产能、技术要求等多方面做出规定，企业按自愿原则进行申请，而符合相关要求的电池企业则可以进入《汽车动力蓄电池行业规范条件》企业目录	工信部
2015.04	《关于 2016~2020 年新能源汽车推广应用财政支持政策的通知》	补助范围技术要求新规，其中纯电动乘用车的续驶里程由大于等于 80km 提升至 100km，纯电动乘用车 30 分钟最高车速应不低于 100km/h。而 2016 年的补贴标准朝高续驶里程倾斜	财政部
2015.05	《关于完善城市公交车成品油价格补贴政策加快新能源汽车推广应用的通知》	调整现行城市公交车成品油价格补助政策，涨价补助数额与新能源公交车推广数量挂钩。同时，中央财政对完成新能源公交车推广目标的地区给予新能源公交车运营补助	财政部、工信部、交通运输部

续表

时间	政策法规	主要内容/规划目标	颁布主体
2015.06	《新建纯电动乘用车企业管理规定》	投资项目完成建设后,新建企业及产品按照工业和信息化部《乘用车生产企业及产品准入管理规则》和《新能源汽车生产企业及产品准入管理规则》的相关要求,通过考核后列入《车辆生产企业及产品公告》,并按单独类别管理	国家发改委、工信部
2016.01	《关于开展新能源汽车推广应用核查工作的通知》	查骗补拉开序幕,将于近期对新能源汽车推广应用实施情况及财政资金使用管理情况进行专项核查,后引起国务院高度重视	财政部、科技部、工信部、国家发改委
2016.01	《关于"十三五"新能源汽车充电基础设施奖励政策及加强新能源汽车推广应用的通知》	通知详细说明了对充电基础设施的奖补条件、方式、标准和奖补资金适用范围	财政部、科技部、工信部、国家发改委、国家能源局
2016.08	征求对《新能源汽车生产企业及产品准入管理规定(修订征求意见稿)》的意见	规范新能源汽车生产活动,落实发展新能源汽车的国家战略,保障公民生命、财产安全和公共安全,促进新能源汽车产业持续健康发展	工信部
2016.09	征求对《企业平均燃料消耗量与新能源汽车积分并行管理暂行办法(征求意见稿)》的意见	双积分意见稿出台	工信部
2016.12	《严惩新能源汽车骗补行为 规范产业发展秩序》	对涉及"有牌无车"的4家企业给予"责令停止生产销售问题车型、暂停新能源汽车推荐目录申报资质、责令进行为期6个月整改"等处罚措施	工信部
2016.12	《"十三五"国家战略性新兴产业发展规划》	到2020年,实现当年产销200万辆以上,累计产销超过500万辆,整体技术水平保持与国际同步,形成一批具有国际竞争力的新能源汽车整车和关键零部件企业	国务院
2016.12	《关于调整新能源汽车推广应用财政补贴政策的通知》	从2017年1月1日起,新能源乘用车:中央补贴下调20%,地方补贴下调幅度为20%～34%且不超过中央补贴额的50%。大幅调降新能源客车补贴以回应骗补问题。首次提出以电池能量密度参考指标进行补贴,高能量密度受青睐	财政部、科技部、工信部、国家发改委

续表

时间	政策法规	主要内容/规划目标	颁布主体
2017.01	《新能源汽车生产企业及产品准入管理规定》	对新能源汽车的定义、资质考核要求、监管要求、不合格惩罚措施等进行了详细规定	工信部
2017.04	《汽车产业中长期发展规划》	到2020年，新能源汽车年产销达到200万辆，动力电池单体比能量达到300瓦时/公斤以上，力争实现350瓦时/公斤，系统比能量力争达到260瓦时/公斤、成本降至1元/瓦时以下。到2025年，新能源汽车占汽车产销20%以上，动力电池系统比能量达到350瓦时/公斤	工信部、国家发改委、科技部
2017.09	《乘用车企业平均燃料消耗量与新能源汽车积分并行管理办法》	双积分政策将从2018年4月1日正式实行，并自2019年度起实施企业平均燃料消耗量积分核算。2018年不核算，2019年为10%，2020年为12%，两年合并考核	工信部、财政部、商务部、海关总署、国家质检总局
2017.11	《关于2016年度、2017年度乘用车企业平均燃料消耗量管理有关工作的通知》	对CAFC积分核算方法详细做出公布，核心点有以下：a. 2016、2017年CAFC积分目标值分别乘134%和128%；b. 2016或2017年CAFC积分若为负，则在积分归零前禁售燃料消耗不达标的新车；c. 2013~2015年度积分法可以打折后结转抵偿负积分	工信部
2017.12	《免征车辆购置税的新能源汽车车型目录》	自2018年1月1日至2020年12月31日，对购置的新能源汽车免征车辆购置税	工信部
2018.02	《关于调整完善新能源汽车推广应用财政补贴政策的通知》	2018年补贴政策门槛要求更高，续航里程由100公里提高到150公里。150公里之下没有补贴，300公里以下续航比之前最高减少50%的补贴	财政部、科技部、工信部、国家发改委

三　产业链

（一）产业图谱

新能源汽车属于新兴产业，产业链长，涉及多个产业的发展（见图2），其

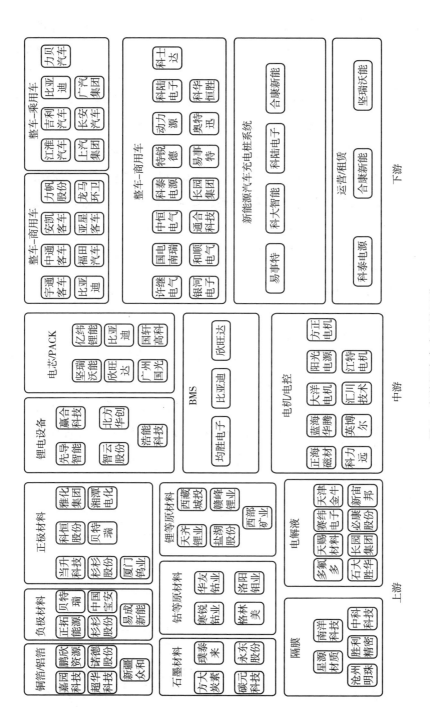

图 2 新能源汽车产业链图谱

产业链主要包括上游锂电池及电机原材料（包括隔膜、电解液、电池正极材料、电池负极材料等）、中游电机/电控、电池以及下游整车、充电桩和运营三个环节，"三电"（电池、电机和电控）是新能源汽车产业的关键零部件。上游环节电池产业链相对较为复杂，主要由正极、负极、隔膜以及电解液组成：正极材料种类较多，包括磷酸铁锂、钴酸锂、锰酸锂以及三元锂，其中三元锂主要是指镍钴锰酸锂 NCM，也包括小部分的镍钴铝酸锂 NCA，对应上游原材料主要为锂矿、钴矿、镍矿以及锰矿等；负极以石墨材料为主，包括人造石墨和天然石墨等；隔膜以聚烯烃材料、聚丙烯 PP 以及聚乙烯 PE 为主；电解液主要成分为六氟磷酸锂。电控环节主要是控制类硬件与线速，电机上游主要是永磁材料与硅钢片，原材料为稀土与铁矿石。

（二）全球市场

2017 年全球电动汽车市场价值为 1188.64 亿美元，预计到 2025 年将达到 5672.98 亿美元，2018 年至 2025 年的年复合增长率约为 22.3%。2018 年全球电动汽车销量总计约 170 万辆，比 2017 年增长了 39.8%。

从各国新能源汽车保有量占国内汽车总保有量的比例来看（见图 3），挪威是世界上新能源汽车普及率最高的国家，截至 2017 年其国内有 39.2%

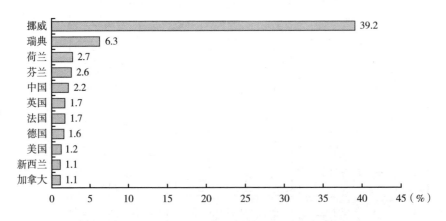

图 3　2017 年全球主要国家新能源汽车保有量占汽车总保有量之比

资料来源：麦肯锡。

的车辆是新能源汽车。中国和英国分别以2.2%和1.7%的新能源汽车市场占有率排名第五和第六，新能源汽车在两国市场有着广阔的发展空间。

图4为麦肯锡发布的2018年全球主要国家新能源汽车指数。该指数分为产业指数和市场指数两个维度，分别衡量选定国家新能源汽车产业技术发展情况和市场表现。从图中可以发现，中国的指数综合得分已经超过美国和德国。

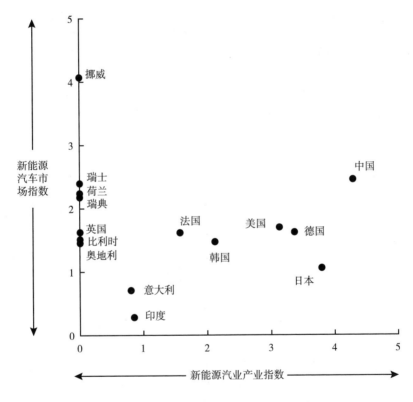

图4　全球主要国家新能源汽车指数发展情况

资料来源：麦肯锡。

2017年中国的公共充电设备遥遥领先于其他国家（见图5）。国际能源署（IEA）认为，一方面，由于中国政府的大力推动，中国新能源汽车消费迎来爆发式增长；另一方面，电动车的主要消费者居住在城市里，人口稠密导致

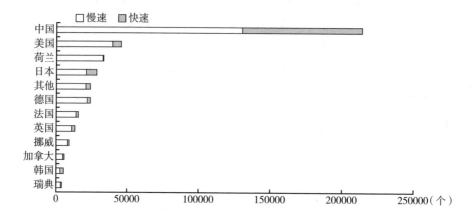

图5　各主要国家（地区）充电桩数量

资料来源：国际能源署（IEA）。

了对公共充电器的大量需求。图6展示了主要国家和地区的高速路充电桩修建计划，为提高新能源汽车的可用性，中国、欧盟和美国等主要市场加大了在公路沿线安装快速充电设施的决心。在各主要国家和地区披露的充电设备基础设施投资中，美国为电动汽车基础设施开发规划了最多的投资（见图7）。

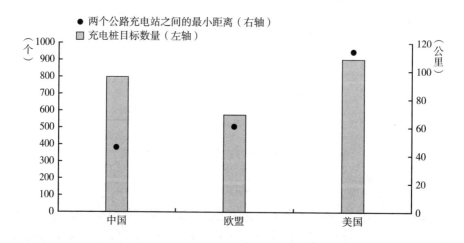

图6　三大国家（地区）高速路充电桩修建计划

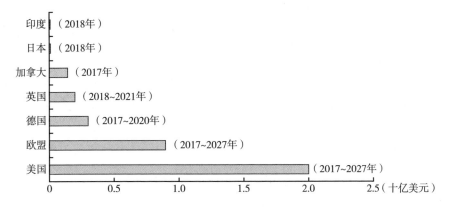

图7 各主要国家（地区）充电设施基础投资

资料来源：Business Wire。

四 产业重大并购

（一）北汽新能源重组上市

1. 交易概览

2018 年 1 月 22 日，因股改停牌超过 15 个月的北京前锋电子股份有限公司（简称"S*ST 前锋"）（600733.SH）发布公告，计划以 288.5 亿元的交易对价，通过资产置换及发行股份的方式收购北京新能源汽车股份有限公司（简称"北汽新能源"）100% 股权。根据 S*ST 前锋披露的重组方案，此次重组中上市公司以 37.66 元/股的发行价，向以北汽集团为首的 35 家北汽新能源股东非公开发行约 7.61 亿股来购买北汽新能源 100% 股权。在北汽新能源 100% 股权注入上市公司的同时，上市公司的全部资产及负债以 1.87 亿元的价格置出至北汽集团控股子公司四川新泰克，抵消后的交易价格为 286.62 亿元。此外，公司还通过向特定投资者发行股份的方式募集配套资金 20 亿元。值得注意的是，北京市国资委于 2017 年 12 月 26 日同意将北京首都创业集团有限公司持有的四川新泰克 100% 股权无偿划转至北汽集团，

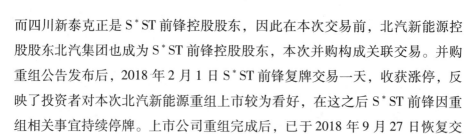

而四川新泰克正是 S*ST 前锋控股股东，因此在本次交易前，北汽新能源控股股东北汽集团也成为 S*ST 前锋控股股东，本次并购构成关联交易。并购重组公告发布后，2018 年 2 月 1 日 S*ST 前锋复牌交易一天，收获涨停，反映了投资者对本次北汽新能源重组上市较为看好，在这之后 S*ST 前锋因重组相关事宜持续停牌。上市公司重组完成后，已于 2018 年 9 月 27 日恢复交易。

2. 并购方简介

北汽新能源成立于 2009 年，于 2014 年变更为股份制公司，是北汽集团旗下负责新能源汽车研发、制造和销售的子公司。考虑到新能源汽车业务还处于起步阶段，研发投入所需资金量大，市场前景不明朗，为控制风险，2014 年北汽集团赴香港上市时将新能源汽车业务剥离，并计划在未来让新能源汽车业务独立上市。

作为国内首家获得新能源汽车整车生产资质的公司，北汽新能源自创立以来一直在国内新能源汽车市场上处于领先地位。2017 年公司销售新能源汽车 10.32 万辆，占全国新能源汽车销售总量的 23%，同比增长接近 100%，在全球新能源车企销售量排名中位居第三，仅次于特斯拉和比亚迪。公司目前以生产销售低端车型为主，如 EC 系列纯电动汽车，该系列纯电动汽车平均每辆在政府补贴后的售价仅为 4 万元左右。据有关数据，2017 年公司的销售量中超过 70% 来自 EC 系列纯电动汽车。在科技部发布的《2017 中国独角兽企业发展报告》中，北汽新能源位列新能源行业第四名。作为新能源汽车领域的独角兽企业，北汽新能源在融资方面一帆风顺，2016 年北汽新能源借助混合所有制改革完成了 30 亿元 A 轮融资，并于 2017 年 7 月为进一步深化混合所有制改革，发起 B 轮融资，总共募集到资金 111.18 亿元，估值达到近 280 亿元。截至借壳上市前，北汽新能源股东数量已经达到 36 家，其中公司控股股东北汽集团及其关联方合计持有公司股份超过 40%，公司非国有资本持股股东包括戴姆勒、欧菲光、宁德时代等国内外知名汽车产业链企业。并购前北汽新能源前五大股东见表 2。根据 S*ST 前锋的公告，截至 2017 年 10 月底，北汽新能源拥有总资产 250.82 亿元，净资产 161.09 亿元，此次重组上市评估增值率达到 75%。

表 2　并购前北汽新能源前五大股东

股东名称	持股比例
北京汽车集团有限公司	29.12%
北京工业发展投资管理有限公司	9.44%
北京汽车股份有限公司	8.15%
芜湖信石信冶投资管理合伙企业（有限合伙）	6.98%
深圳井冈山新能源投资管理有限公司	4.79%
北京星网工业园有限公司	4.28%

　　尽管北汽新能源在新兴的新能源汽车行业稳居前列，销量增长强劲，但在国家逐步减少新能源汽车补贴的大环境下，公司的盈利前景并不乐观。公司在 2016 年和 2017 年前 10 个月分别实现净利润 1.08 亿元和 0.39 亿元，而同时期公司获得的计入当期损益的政府补贴分别为 1.48 亿元和 0.25 亿元。然而自 2016 年以来，国家对新能源汽车领域的补助正在逐步减少。根据财政部于 2016 年 12 月发布的《关于调整新能源汽车推广应用财政补贴政策的通知》，2018~2019 年新能源汽车补贴会在 2016 年的基础上下降 20%，2019~2020 年补贴标准将在 2016 年基础上进一步下降 40%。补贴下降对国内新能源汽车行业的影响是超出预期的，根据国内另一大新能源车企比亚迪 2018 年一季报，该年第一季度公司净利润同比下滑 83%，扣除非经常损益后净利润为亏损 3.29 亿元；蔚来汽车的股价则在 2018 年经历了先涨后跌的过山车，多次跌破发行价。另外，新能源汽车是一个需要大量资金投入的行业。根据北汽新能源 2015 年、2016 年及 2017 年 1~10 月审计报告，公司在这段时间里，合计投入研发费用 9.99 亿元，占 2015 年至 2017 年 10 月总收入的 5%，而且公司新近推出"引领 2025 战略"，提出要在未来五年用 100 亿元重点投资北京蓝谷研发中心，将其打造成世界一流的新能源科技研发中心。

　　政府补贴退出后，北汽新能源迫切需要一个融资平台，以维持公司的运营以及在新能源领域的研发投入。然而根据相关规定，企业需要连续盈利三年才能在 A 股上市。于 2015 年亏损 1.84 亿元的北汽新能源，考虑到 IPO 排

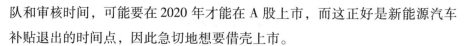

队和审核时间，可能要在 2020 年才能在 A 股上市，而这正好是新能源汽车补贴退出的时间点，因此急切地想要借壳上市。

3. 被并购方简介

S*ST 前锋前身为国营前锋无线电仪器厂，于 1996 年在上交所上市，当时公司的主营业务为热水器的开发、生产和销售。2000 年北京首创集团承债式收购前锋股份，成为公司控股股东。2007 年 S*ST 前锋向监管机构提交了股权分置改革方案，但多年来一直未得到批复。2016 年 8 月 31 日，S*ST 前锋表示公司的股权分置改革方案正在证监会的审批中。在这之后由于公司始终未给出股改相关事宜的明确答复，公司经历了长达 15 个月的停牌，停牌前公司股价为 50.18 元，市值为 99.15 亿元。截至 2018 年 1 月，S*ST 前锋已经是 A 股上市公司中仅剩的两家未完成股改的公司之一。由于多年的股改拖延以及向房地产行业转型失利，S*ST 前锋盈利能力持续走低，在 2015 年和 2016 年连续两年亏损，实现归于公司股东的净利润分别为亏损 3029 万元和亏损 3340 万元，2016 年营收不足 1000 万元，面临退市风险。2017 年尽管公司实现扭亏为盈，但利润主要来自公司出售房产获得的收益，公司的主营业务仍然没有起色，处在退市边缘。2017 年 12 月北京市国资委将 S*ST 前锋无偿划转给北汽集团，在挽救这个负债不高、比较"干净"的壳资源之余，也让 S*ST 前锋能够借助北汽新能源重组上市的机会完成股改，摆脱困境。

4. 后续整合计划

S*ST 前锋在公告中表示，本次交易完成后，北汽新能源成为 S*ST 前锋的全资子公司，S*ST 前锋则成为北汽集团的控股子公司，上市公司将从主营房地产开发与销售，转变为主营纯电动新能源乘用车与核心零部件的开发、生产和销售。由于本次重组前后公司实际控制人不变（均为北汽集团），所以本次重组不构成重组上市。此外，S*ST 前锋的股改也将同时进行，根据 S*ST 前锋于 2018 年 1 月 31 日发布的股改修订方案，上市公司全体非流通股股东向流通股股东以每 10 股流通股送 5 股的方式，作为股改对价。同时，公司以送股、重大资产置换和发行股份购买资产交割完成后的股本为基数，以资本公积向全体股东每 10 股转增 25 股。由于北汽新能源和

S*ST前锋控股股东为同一家公司，且北汽新能源是国家大力扶持的高新技术公司，所以本次重组过程较为顺利，2018年6月1日即获得证监会批复同意本次重组。8月23日，本次发行股份购买资产的新增股份登记办理完毕，新增股份7.61亿股，登记后股份总数为9.59亿股。重组完成后的S*ST前锋更名为北汽蓝谷（600733.SH），于2018年9月27日恢复交易，北汽新能源成为国内第一家在A股上市的新能源汽车企业。并购后北汽新能源前五大股东见表3。

表3　并购后北汽新能源前五大股东

股东名称	持股比例
北京汽车集团有限公司	32.45%
北京工业发展投资管理有限公司	9.50%
北京汽车股份有限公司	8.20%
芜湖信石信冶投资管理合伙企业（有限合伙）	7.03%
深圳井冈山新能源投资管理有限公司	4.82%
北京星网工业园有限公司	4.31%

5. 潜在风险

北汽新能源通过走"平民路线"，凭借低端型纯电动汽车的低价格迅速占领市场，在2017年获得了超过100%的销量增长，然而定位于低端车型使得北汽新能源过分依赖补贴政策，2017年公司超过一半的利润来自政府补贴。在政府减少新能源补贴后，汽车价格被迫上涨，公司的销量受到影响，2018年增长率放缓至53.11%。未来政府补贴将进一步下降，可能会对公司业绩造成不利影响。公司过于依赖EC系列纯电动汽车，产品结构单一。这一产品虽然在2017年为公司贡献了超过70%的销售量，但由于2018年补贴减少，汽车价格在4万元左右基础上上调了约2.4万元，2018年6月仅卖出3辆。此外，北汽新能源发布的2018年三季报显示，公司营收达到97.87亿元，但研发投入仅为1066.97万元，而同行业公司比亚迪和长城汽车三季报披露的研发费用分别为37.87亿元和11.7亿元，2018年北汽新能源在研发上的投入远不如同行业竞争对手，也和自己的"引领2025战略"

严重脱节，这可能会造成未来北汽新能源研发进程缓慢，核心竞争力不足，进而失去市场份额。

在 2018 年 9 月 27 日上市当天，北汽蓝谷开盘后股价直线下滑，从开盘价 14.66 元/股跌至收盘价 9.5 元/股，总计下跌 35.2%，反映出投资人对补贴降低后的北汽新能源盈利能力不太看好。

（二）江森自控出售汽车电池业务

1. 交易概况

2018 年 11 月 13 日，爱尔兰知名汽车零部件供应商江森自控（NYSE：JCI）宣布出售旗下汽车电池业务，预计整体出售作价 132 亿美元，收购方为加拿大风险投资基金 Brookfield Business Partners L. P.，双方预计该交易于 2019 年 6 月 30 日前完成。继 Honeywell 后，江森自控成为第二家正式退出汽车零部件行业的科技巨头。消息公布当日，江森自控股价微涨 1.7%。该交易成为 2018 年汽车零部件行业最大出售案，也是江森自控自 2016 年与泰科集团合并重组以来规模最大的重组事件。

2. 收购方介绍

Brookfield 资产管理公司是一家加拿大另类投资基金，拥有超过 100 年历史，旗下包括房地产、基础设施、新能源和私募股权基金四个分部，资产管理规模超过 2850 亿美元。此次参与投资的 Brookfield Business Partners（NYSE：BBU）是 Brookfield 资产管理公司的一个分部，于 2016 年在美国纽交所和多伦多证券交易所上市，是 Brookfield 旗下第四家上市的私募股权分部。截至 2018 年 12 月 31 日，公司市值 48.4 亿美元，2018 年预计实现收入 372 亿美元，净利润 7400 万美元。

2018 年 11 月，BBU 与江森自控签署了最终的股权转让协议。在 132 亿美元交易对价中，预计 30 亿美元为股权融资，102 亿美元来自长期债权融资。在此次交易中，BBU 将加拿大最大的养老基金 CDPQ（魁北克储蓄投资基金）引入了买方团作为共同投资者，同时 BBU 预计将向机构投资者募集约 7.5 亿美元的基金份额。

3. 标的方介绍

江森自控成立于 1885 年，总部位于爱尔兰，全球雇员数量超过 12 万人，是一家多元化技术和工业领域的科技公司，在《财富》500 强中排名第 70 位。公司目前的主营业务包含智能建筑及能源解决方案，致力于为 150 多个国家和地区的客户提供服务。截至 2018 年 12 月 31 日，公司总市值 303 亿美元，2018 年全球范围内实现销售收入 314 亿美元。

江森自控的电池业务 2018 年销售收入 80 亿美元，息税摊前利润 14.32 亿美元，息税摊前利润率 17.9%。江森自控汽车电池业务包括知名 VARTA 铅酸蓄电池，起停系统专用的 12V 高性能 AGM 锂电池以及用于 48V 轻混的锂电池和用于强混的高电压锂电池。江森自控的汽车电池业务拥有较强的市场竞争力，在 OEM 和后市场均有较高的全球市场份额。该业务的现金流状况较为稳定，依靠非周期性后市场销售产生的现金流约占净利润的 75%。江森自控汽车电池和世界顶级 OEM 厂商及整车厂商均有长期合作，在全球 150 个国家开展业务。在 100 多年的历史中，江森自控电池业务享有安全、产品质量高、表现良好的声誉。因此出售消息公布后，江森自控电池业务成为市场中的优质标的，受到买方欢迎。

然而对于江森集团，汽车电池并非其核心业务。在 2015 年，江森集团便预测未来汽车行业将迎来低利润率时代，因此首先剥离了旗下的汽车座椅和内饰业务。2015 年 7 月 24 日，江森集团剥离了旗下年收入约 200 亿美元的汽车座椅和内饰业务，该业务被装入名为 Adient 的新公司。2016 年 10 月，Adient 在纽交所上市。截至 2018 年 12 月 31 日，该公司总市值 17 亿美元，动态市盈率超过 200 倍。

在业务剥离的同时，江森集团将战略全面聚焦于智能建筑，2016 年斥资 200 亿美元反向收购了爱尔兰老牌安防公司泰科国际，形成了目前的楼宇空调、智能管理、消防以及安装服务四大业务单元。此次并购完成后，江森自控总部也从美国威斯康星州迁移到爱尔兰科克，实现了避税的目的。巨额并购对价为江森自控带来了 66 亿美元的债务负担，也成为江森自控此次剥离汽车电池业务的第二大原因。

本次交易在扣除税费及其他交易费用后，约能为江森自控带来114亿美元的现金收益。在收到现金对价后，江森自控计划用30亿～35亿美元偿还债务，以保持公司的信用评级，并将剩余收益分配给股东。

4. 后续整合计划

在对外声明中，江森自控表示将继续专注于HVAC（供热通风与空气调节）行业的发展机会，通过减轻债务负担，并减少资本开支投入，为股东带来更加稳定的现金流。

作为秉持价值投资理念的基金，Brookfield和CDPQ均享有较长的投资期限，并看好清洁能源领域的相关产业发展。由于汽车电池属于资本密集型行业，预计未来Brookfield和CDPQ能够持续为该业务带来资金支持，从而有利于该业务的进一步发展及研发更具有前沿性的技术。在实现潜在价值提升后，未来Brookfield和CDPQ可能将该资产出售给其他产业方。

5. 潜在风险

汽车电池行业下游的汽车行业周期性明显，周期性可能造成汽车电池业务部门的现金流波动，对公司估值和偿债现金流产生影响。近年来，随着全球宏观经济增长疲软，汽车销售增速逐渐下滑，各国车企纷纷迎来寒冬。位于汽车行业上游的汽车电池供应商遭受了较大的现金流压力，不得不寻求更多的资金支持。出于该原因，其他国际知名厂商，如德国博世和大陆集团也纷纷出售汽车电池业务部门。收购完成后，如果Brookfield和CDPQ不能引入优秀管理团队对该业务部门进行管理，则可能带来企业经营现金流不足以支付债务融资成本的现金压力。

电动汽车电池技术路径多样，标的公司存在因技术路径方向判断失误而投资失败的风险。随着电动汽车浪潮逐渐在全球普及，锂电池技术成为未来新能源汽车的主流技术方向之一，并已经产生了如LG、比亚迪、CATL等主流厂商。标的公司产品主要应用于燃油车和微混动力车蓄电池板块，用于提升燃油效率。然而未来如果纯电动汽车得到全面普及、锂电池功能能够替代传统蓄电池，则标的公司市场将大幅缩减，面临业务无法持续的风险。

生物医药产业并购发展报告

摘　要：　2018 年，是中国生物医药产业蓬勃发展的一年。首先，我国医疗健康行业改革持续推进，包括主管部门组织架构重大调整、药品注册审批改革、"4 + 7" 城市药品集中采购试点等，为医疗技术突破、医药及医疗器械创新打下坚实基础。其次，伴随着科学进步和技术创新，一些高新技术在药品研发过程中将得到越来越多的应用，如高通量快速筛选技术和现代生物技术等。人类基因组计划和生物信息学的发展为制药工业创造新药奠定了基础，一批生物制药公司已经迅速成长起来。而随着港股上市规则调整、科创板注册制试点，生物医药产业资本市场表现活跃。2018 年诸多国产重磅生物医药已逐步开启上市之路，国内生物医药进入黄金时代。同时，国内外生物医药企业都不约而同地选择通过并购来获取新技术与产品，抢占更多的市场。

关键词：　生物技术　基因组技术　资本市场　药品上市

一　产业发展概述

生物医药产业是在生命科学发展下将生物技术运用于制药产业领域的新兴产业，是研究用于防病、治病等人工材料、制品、装置及系统技术的总称，主要是以基因工程、抗体工程或细胞工程生产的，源自生物体内的，用于体内诊断、治疗或预防的制品。生物医药产业由生物技术和生物医药制品构成，具体可分为预防用制品、诊断用制品、组织修复用制品、治疗用制品、生化

制品和生物技术服务六大板块。相对于传统医药制品，生物医药制品对威胁
人类的重大疾病如各类癌症、糖尿病等的治疗起到了更显著的作用。

随着医疗科技的不断突破，医疗领域出现了如基因重组、细胞融合等生
物科技类新技术，而结合大数据、云计算等衍生出基因测序、肿瘤早筛和
POCT 等多种先进的检测诊断技术；医疗大数据、手术机器人和康复机器
人、药物 3D 生物打印技术、血液制品和抗肿瘤药物研发等生物医药细分领
域都取得不同程度的突破。而随着人均 GDP 提高、人口老龄化加剧，人们
对于健康产业的关注度、购买力和需求在逐渐提升。此外，国家战略的高度
重视和一系列鼓励政策的出台加速推动了我国生物医药产业的发展。当前，
中国正从全球廉价原料药和仿制药供应国逐渐转变为生物医药研发大国。至
2018 年，中国已经超越印度成为亚洲生物医药 CMO（研发外包服务）的首
选基地，并替代日本成为亚洲最大的新药研发国。在生物治疗临床试验数量
方面，中国目前排名第二，仅次于美国。

统计数据显示，2012～2017 年国内生物医药产业收入及利润呈现稳步
增长趋势，2012 年主营业务收入为 1775 亿元，利润总额为 230 亿元，利润
率达 12.96%；2017 年这三项指标数据分别增长至 3725 亿元、531 亿元、
14.26%（见图1）。

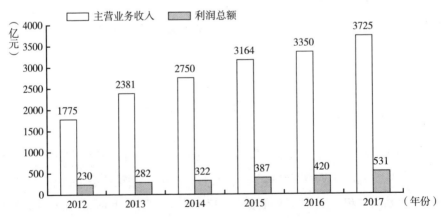

图1 2012～2017 年我国生物医药产业主营业务收入及利润

资料来源：国家统计局。

二 产业政策

在生物医药产业内，我国的相关研究虽然起步较晚，但国家不断出台鼓励政策，促进生物医药产业的发展（见表1）。近年来，随着我国经济不断发展和人口老龄化的加剧，人们对于健康产业和服务的关注度及需求不断提升，医药产品已经成为居民消费中的重要组成部分。这其中，代表医药前沿方向的生物制药成为国家大力支持创新发展的重要领域。

2015年，为提高我国生物医药产业的国际竞争力，《中国制造2025》将生物医药产业列为未来十大重点发展产业之一，并动员了48位院士、400多位专家及相关企业高层管理人员共同编制了生物医药产业技术路线图。2016年出台的《"十三五"生物产业发展规划》提出我国以临床用药需求为导向，依托高通量测序、基因组编辑、微流控芯片等先进技术，促进转化医学发展，在肿瘤、重大传染性疾病、神经精神疾病、慢性病及罕见病等领域实现药物原始创新。计划到2020年，生物医学工程产业年产值达6000亿元，初步建立基于信息技术与生物技术深度融合的现代智能医疗器械产品及服务体系。

自2017年以来，国家开始对临床试验和药品注册技术进行一系列重大改革，以符合国际人用药品注册技术协调会（ICH）的要求。2018年，降费增效、进口替代成为主题，生物医药产业进入严监管、重质量时代。《关于巩固破除以药补医成果持续深化公立医院综合改革的通知》旨在破除以医

表1 生物医药产业政策

时间	政策法规	主要内容/目标规划	颁布主体
2015.02	《国家重点研发计划干细胞与转化医学重点专项实施方案（征求意见稿）》	凝聚优势力量，重点针对干细胞发生、发育和形成功能细胞过程中的重要科学问题，深入开展干细胞、生物材料、组织工程、生物人工器官，以及干细胞与疾病发生等方面的基础研究、应用基础研究和转化开发。整体提升我国干细胞及其转化医学领域的实力，加快科研成果的应用	科技部

续表

时间	政策法规	主要内容/目标规划	颁布主体
2015.05	《中国制造2025》	发展针对重大疾病的化学药、中药、生物技术药物新产品，重点包括新机制和新靶点化学药、抗体药物、抗体偶联药物、全新结构蛋白及多肽药物、新型疫苗、临床优势突出的创新中药及个性化治疗药物。提高医疗器械的创新能力和产业化水平，重点发展影像设备、医用机器人等高性能诊疗设备，全降解血管支架等高值医用耗材，可穿戴、远程诊疗等移动医疗产品。实现生物3D打印、诱导多能干细胞等新技术的突破和应用	国务院
2015.08	《干细胞临床研究管理办法（试行）》	规范干细胞临床研究，保护受试者权益	卫计委
2015.12	《国家标准化体系建设发展规划（2016—2020年）》	开展生物医学工程、新型医用材料、高性能医疗仪器设备、医用机器人、家用健康监护诊疗器械、先进生命支持设备以及中医特色诊疗设备等领域的标准化工作	国务院
2016.03	《关于促进医药产业健康发展的指导意见》	推动重大药物产业化。继续推进新药创制，加快开发手性合成、酶催化、结晶控制等化学药制备技术，推动大规模细胞培养及纯化、抗体偶联、无血清无蛋白培养基培养等生物技术研发及工程化，提升长效、缓控释、靶向等新型制剂技术水平	国务院
2016.04	《深化医药卫生体制改革2016年重点工作任务》	明确医改试点省份要在全范围内推广两票制，鼓励一票制，医院和药品生产企业直接结算货款，药企和配送企业计算配送费用	国务院
2016.07	《"十三五"国家科技创新规划》	瞄准世界科技前沿，抢抓生物技术与各领域融合发展的战略机遇，坚持超前部署和创新引领，以生物技术创新带动生命健康、生物制造、生物能源等创新发展，加快推进我国从生物技术大国到生物技术强国的转变。重点部署前沿共性生物技术、新型生物医药、绿色生物制造技术、先进生物医用材料、生物资源利用、生物安全保障、生命科学仪器设备研发等任务，大幅提高生物经济国际竞争力	国务院

续表

时间	政策法规	主要内容/目标规划	颁布主体
2016.10	《关于加强生育全程基本医疗保健服务的若干意见》	完善基因检测技术临床应用管理,推进基因检测技术应用示范中心建设,推动基因检测技术在出生缺陷综合防治中的科学应用	卫计委
2016.11	《"十三五"国家战略性新兴产业发展规划》	构建生物医药新体系,推动生物医药行业跨越升级,创新生物医药监管方式,提升生物医学工程发展水平,发展智能化移动化新型医疗设备,开发高性能医疗设备与核心部件	国务院
2016.12	《"十三五"生物产业发展规划》	以临床价值为核心,在治疗适应症与新靶点验证、临床前与临床试验、产品设计优化与产业化等全程进行精准监管,提供安全有效的数据信息,实现药物精准研发	国家发改委
2017.05	《"十三五"生物技术创新专项规划》	到2020年,实现生物技术领域整体"并跑"、部分"领跑",基础研究取得重大原创性成果,突破一批核心关键技术,完善生物技术标准体系,培育一批具有重大创新能力的企业,基本形成较完整的生物技术创新体系,生物技术产业初具规模,国际竞争力大幅提升	科技部
2017.06	《"十三五"卫生与健康科技创新专项规划》	要求加强干细胞和再生医学、免疫治疗、基因治疗、细胞治疗等关键技术研究,加快生物治疗前沿技术的临床应用,创新治疗技术,提高临床救治水平	科技部、国家卫生计生委、国家体育总局、国家食品药品监管总局、国家中医药管理局、中央军委后勤保障部
2017.09	《细胞库质量管理规范》	按照细胞储存的工艺特点,提出了细胞库在各个方面和工艺环节应该遵守的质量管理原则	中国医药生物技术协会
2017.10	《关于深化审评审批制度改革鼓励药品医疗器械创新的意见》	对创新药、罕见病治疗药品、儿童专用药、创新治疗用生物制品以及挑战专利成功药品注册申请人提交的自行取得且未披露的试验数据和其他数据,给予一定的数据保护期	国家发改委
2018.03	《关于巩固破除以药补医成果持续深化公立医院综合改革的通知》	继续控制医疗费用不合理增长,不搞"一刀切";扩大按病种付费,推动医疗开支的结构性调整;落实药品购销两票制等	国家卫计委、财政部、国家发改委

续表

时间	政策法规	主要内容/目标规划	颁布主体
2018.04	《关于改革完善仿制药供应保障及使用政策的意见》	提出加快推进仿制药质量和疗效一致性评价工作，通过一致性评价药品要及时纳入采购目录，有限使用	国务院办公厅
2018.07	《接受药品境外临床试验数据的技术指导原则》	对接受境外临床试验数据的适用范围、基本原则、完整性要求、数据提交的技术要求以及接受程度均给予明确	国家药品监督管理局
2018.11	《中华人民共和国疫苗管理法》公开征求公众意见	《疫苗管理法》对于违法行为处罚力度、疫苗、药品安全事件、药品监管等方面的条款做进一步完善	国家市场监管总局
	《4+7城市药品集中采购文件》	节省医保基金，在保障药品质量的同时大幅降低药价，促进仿制药替代原研，通过降药价和保用量，大幅降低药企销售成本，减少药代人数	国家医保局

补药，深化公立医院综合改革；《4+7城市药品集中采购文件》则旨在降低药价，节省医保基金费用；《关于改革完善仿制药供应保障及使用政策的意见》旨在推进仿制药一致性评价，令仿制药发展迎来机遇期。

三 产业链图谱

（一）生物制药产业链

由图2可以看出，生物制药产业链分为生物技术、生物药制造等部分。

从细分领域看，基因疗法正在成为生物医药领域的重要细分行业。基因疗法覆盖了许多治疗领域，特别是肿瘤、罕见疾病、帕金森氏症、艾滋病、严重的综合免疫缺陷（SCID）和血友病。2017年11月，美国食品药品监督管理局（FDA）表示，基因疗法现在将有资格获得快速批准，这将使更多的疗法更快地推向市场。据Coherent Market Insights统计，全球细胞和基因治疗市场在2017年的价值为6.02亿美元，预计在预测期（2018~2026年）的年复合增长率为21.9%。截至2018年9月24日，美国有431种细胞疗法正在接受调查，中国以335种细胞疗法位列第二，美国和中国是细胞疗法发展的全球领导者。

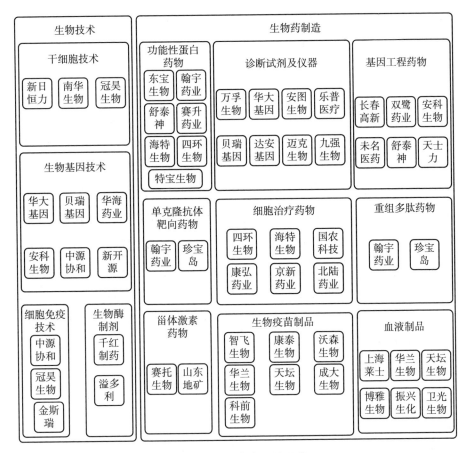

图2 生物制药产业链图谱

疫苗也是生物医药领域里的重要细分市场，2018年全球疫苗市场规模为364.5亿美元，预计到2023年全球市场将达到504.2亿美元，年复合增长率为6.7%。市场的增长归因于疾病流行率的上升、疫苗开发资金的增加以及公司加强研发的举措增加。

酶在所有活细胞中都很重要，因为它们作为生物催化剂可以加速化学反应且不会在这个过程中被消耗。酶是每个生命实体的关键元素，也是生物医药市场的重要组成部分。预计到2024年全球特种酶市场将超过65亿美元。北美市场占主导地位，因为该地区制药和诊断行业对特种酶的需求量很大，欧洲在全球特种酶市场上的份额位居第2。由于生活水平的提高和疾病的增加，亚太市场正以11%的年复合增长率高速增长。预计到2024年，亚太市场将引领全球特种酶的潜在市场。

（二）全球市场

从全球市场看，各国分别出台各自的生物技术产业规划，以推动行业发展：美国于2012年出台《国家生物经济蓝图》，明确将"支持研究以奠定21世纪生物经济基础"作为科技预算的优先重点；德国在2013年出台《生物经济战略》，提出通过大力发展生物经济，实现经济社会转型，增加就业机会，提高德国在经济和科研领域的全球竞争力；俄罗斯、印度、韩国、日本等国也纷纷出台了有关鼓励支持政策，以推动本国生物技术行业的发展。

我国自提出《中国制造2025》并将生物技术作为重难点发展产业以来，生物技术领域的基础研究有了重大发展，连续5年在生命科学领域的论文发表量、生物技术专利申请量方面位居全球第二，国际影响力大幅提升。2010 ~ 2017年中国生物技术行业在全球影响力变化见图3。

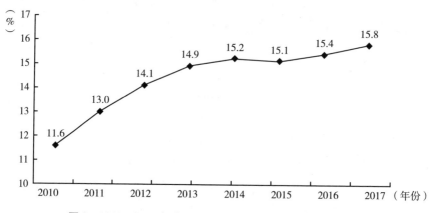

图3 2010 ~ 2017年中国生物技术行业在全球影响力变化

资料来源：前瞻产业研究院。

2018年初，香港修改上市规则，允许尚未盈利或未有收入的生物科技公司赴港上市。这不仅为生物科技公司打开了融资大门，也为投资者提供了更加通畅的退出渠道。2018年末，科创板在上海证券交易所设立并试点注册制，生物医药是其中的重点发展主题，这为国内生物医药企业上市发展提供了重要平台，大幅提振了资本市场信心。

比较中国内地和香港资本市场与美国资本市场（见图4、图5、图6），能看到我国在生物医药的资本市场和行业发展上仍落后于美国。根据 Wind、Capital IQ 数据，截至 2019 年 2 月底，美股市场生物医药板块市值占美股总市值的 9.9%，而 A 股及港股这一比例分别为 6.7% 和 7.9%，美国生物医药板块规模远超 A 股和港股。但我们也应看到，近八年来 A 股及港股生物医药公司市值增长迅速。

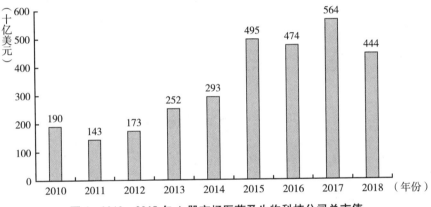

图4 2010～2018 年 A 股市场医药及生物科技公司总市值

资料来源：Wind。

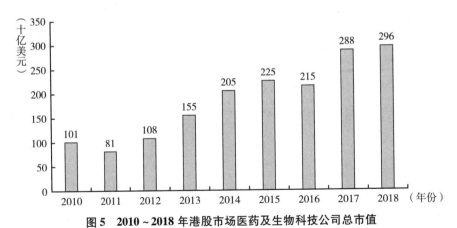

图5 2010～2018 年港股市场医药及生物科技公司总市值

资料来源：Capital IQ。

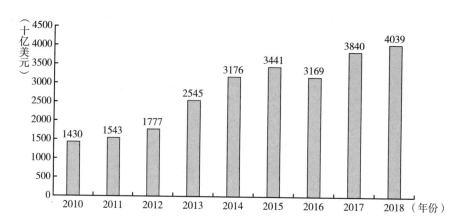

图6 2010～2018年美股市场医药及生物科技公司总市值

资料来源：Capital IQ。

四 产业重大并购交易

（一）上海莱士并购GDS与Biotest

1. 交易概览

2018年11月，上海莱士（002252. SZ）公告，拟作价约50亿美元并购全球血液检测领域的龙头企业GDS（Grifols Diagnostic Solutions）全部或部分股权，以换股作为对价，将引进GDS的原股东暨国际血液巨头基立福（Grifols）作为公司的战略股东；同时，公司拟作价约5.89亿欧元并购德国全产业链血液制品公司Biotest。这两项交易的金额折合人民币将近400亿元，如果交易顺利完成，这将成为中国史上最大的生物医药行业并购交易。

2. 并购方介绍

上海莱士成立于1988年，是一家大型中外合资血液制品公司，2008年登陆中小企业板。公司目前共有上海、郑州、合肥、温州4个血液制品生产基地，产品已经覆盖了白蛋白类、免疫球蛋白类及凝血因子三大类，是目前国内少数可从血浆中提取六种组分的血液制品生产企业，也是国内同行业中凝血因子类产品种类最为齐全的生产企业之一。2017 年公司营业收入 19.3 亿元，归母净利润 8.4 亿元（见表2），截至 2018 年 11 月 27 日，公司市值为 971 亿元。上海莱士共拥有血浆站 41 家，产能超过 2000 吨，2017 年采浆量近 1100 吨。截至 2017 年 12 月 31 日，上海莱士已在近 20 个国家和地区注册，是国内少数能够出口血液制品的生产企业。公司的长期规划是成为世界级的血液制品产业巨头。

表 2　上海莱士财务数据

单位：亿元

	2018 年 1~9 月	2017 年	2016 年
营业收入	14.1	19.3	23.3
毛利润	9.4	12.3	14.8
归母净利润	12.9	8.4	16.1

我国血浆站数量有限，血浆站数量及采浆量成为血液制品公司发展的主要约束因素之一。血浆站的审核条件严格，其设立需经所在地区的市级卫生行政部门审查并经省级政府卫生行政部门审批，增设血浆站难度较高。血液制品是从健康人血浆中分离出的人血白蛋白、免疫球蛋白和凝血因子等，具有一定的生物特异性，世界卫生组织（WHO）鼓励各国实现血液制品的自给自足，但目前能够实现的仅有美国。我国现阶段许可进口的唯一血液制品人血白蛋白有 60% 来自进口，近年来进口占比呈上升趋势，需求缺口越来越大。

依照血液采浆量排名，上海莱士跻身我国四家血液制品龙头企业，具有比较稀缺的血浆站资源。在血浆资源有限的情况下，如何控制成本、提高单位血浆的综合利用水平，从而提升单位血浆带来的收入，是上海莱士成为世界级血液制品巨头需要克服的挑战。

与此同时，上海莱士因为投入大量资金进入股市而饱受争议。2015 年 1 月，上海莱士耗资近 5 亿元投资中小板股票万丰奥威，2016 年 2 月再次追加投资 6500 万元，并于 2016 年 10 月出售该股票，获利 6.68 亿元。依照相同方式，上海莱士又先后买入了富春环保和兴源环境两只股票。2015~2017年，上海莱士分别获得股票投资收益 8.7 亿元、8.3 亿元、2.5 亿元，占利润总额的比例分别达到 50%、42%、25%。受巨额投资收益的激励，上市公司在股票投资上不断加码：2015 年 1 月，上海莱士宣布拟使用最高不超过 10 亿元用于风险投资，使用期限为 2 年；2016 年 2 月，公司将投资上限提升至 40 亿元，使用期限调整为自此开始的 3 年。2018 年，上海莱士投资的几只股票在年初便出现闪崩现象。2018 年一季度公告显示，上海莱士投资浮亏 8.98 亿元，导致一季度净利润为负。而 2018 年半年报显示，上海莱士投资亏损已经扩大至近 14 亿元。

2017 年 4 月，同方股份曾经谋求与上海莱士进行换股合并，但由于此次发行股份购买资产事项未获得国有资产监督管理部门的事前审批而终止。这一事项向市场释放出上海莱士大股东的减持意向，从而使市场猜测此次"蛇吞象"式并购中上市公司的动机可能在于资本而非产业。

3. 被并购方介绍

GDS 位于西班牙，拥有超过 75 年的历史，是全球领先的体外诊断检测企业。该公司的主要业务包括核酸检测（NAT）、免疫检测、抗原抗体等，其中核算检测市场全球份额超过 50%。GDS 具有检测 HIV、肝炎、登革热病毒、塞卡病毒、埃博拉病毒等几十种病毒的丰富产品线，拥有全球首创的单分子免疫检测技术（SMC），比现有酶联免疫检测技术灵敏度高1000 倍。基于此技术的新一代免疫检测产品将成为取代现有免疫检测技术的革命性产品。该公司掌握了诊断行业的上游核心技术，能够生产诊断行业必需的抗原，是雅培、西门子诊断、奥森多等诊断公司的抗原供应商。此次并购完成后，上海莱士将与 GDS 母公司——Grifols 合作，共同开拓全球血液制品市场。

Biotest 公司位于德国，具有 70 年血液制品制造经验，拥有包括人血白蛋白、免疫球蛋白和凝血因子三大类产品，其中富含 IgM（免疫球蛋白）的产品（Pentaglobin）为全球独家产品，用于细菌性感染、免疫功能抑制和急性继发性抗体缺乏综合征。Biotest 在德国、匈牙利和捷克等国家共拥有 19 家血浆站，在德国黑森州德赖埃希总部拥有一座血液制品工厂，年产能约 1300 吨，新建工厂的年产能约 1400 吨。收购完成后，无论从血浆规模还是从血液制品数量来看，上海莱士都将跨入全球前五名，成为世界级血液制品企业。Biotest 财务数据情况见表 3。

表 3　Biotest 财务数据

单位：百万欧元

项目	2017 年	2016 年	2015 年
营业收入	378.1	408.0	534.6
毛利润	123.5	169.4	208.9
归母净利润	3.5	45.7	82.5

4. 后续整合计划

GDS 母公司——Grifols 创立于 1940 年，总部位于西班牙巴塞罗那，全职雇员 14749 人，是一家生物制药公司，主要制造人血白蛋白等血清相关产品，是欧洲最大、全球第四大的血浆产品公司。截至 2018 年 12 月 28 日，Grifols 市值 136 亿欧元，总收入 43 亿欧元，净利润 7 亿欧元。根据管理层报表，2018 年前三季度 GDS 占 Grifols 收入比重约为 15%，是其重要的收入来源。

在并购 GDS 的交易方案中，尤为引人注目的是对此次交易完成后上市公司控制权的表述。如果收购 GDS 的交易得以顺利完成，则 Grifols 公司将通过换股成为上海莱士的第二大股东。科瑞天成同意在交割完成后向 Grifols 委托其持有的上海莱士股份的投票表决权，以使 Grifols 可以实现合并上海莱士财务报表的目的。而科瑞天成在本次发行股份购买资产实施前后均为上海莱士的第一大股东以及控股股东，郑跃文在本次发行股份购买资产实施前后均为上海莱士的实际控制人。Grifols 希望通过此次交易能够合并上海莱士，以增强产业影响力；而上海莱士的实际控制人则希望将 Grifols 作为战略投资人，提高其所持有的上海莱士股权价值。双重目标的实现，需要依据Grifols和上海莱士的最终博弈，以及监管部门对于海外投资者投资A股公司跨境换股的审批，方式新颖，但具有相当大的不确定性。

对于Biotest的并购，Biotest拥有国内尚属空白的皮下注射免疫球蛋白、凝血因子IX、凝血因子X、富含IgM（免疫球蛋白）等品种的研发和生产技术。本次重组成功后，上海莱士可通过技术合作等方式获得这些品种的研发和生产技术，申报临床试验，进而完善现有产品结构，扩大国内市场占有率，提升盈利能力，将有利于进一步缩小中国血液制品企业与国际领先企业的差距。

5. 潜在风险

此次并购仍然存在较多不确定性，主要表现在以下五个方面。

（1）上海莱士经营业绩和支付能力的不确定性

上海莱士2018年前三季度归属于母公司股东的净利润为–12.93亿元。截至2018年上半年末，公司现金及现金等价物余额为12.39亿元，与并购交易金额存在较大差距，上市公司支付并购标的现金对价能力存疑。上海莱士大股东的股票质押率较高。在此次并购预案公告时，上海莱士前两大股东科瑞天成、莱士中国股票质押比例分别为95%、99%。2018年12月，莱士中国由于质押式回购违约，已经触发少量被动式减持。鉴于此，上海莱士存在控制权变动风险。

（2）监管审核的不确定性

2018年12月，上海莱士收到《许可类重组问询函》，问询函关注了本次交易涉及的境内外监管审批事项、Grifols投资上海莱士相关安排、Biotest收购对价及两家标的公司财务状况等方面。由于此次交易涉及跨境换股、借壳上市、反垄断审查等诸多方面的审批，监管审核当中的不确定性因素较多。

（3）后续整合的不确定性

上海莱士和交易标的在企业文化、管理制度、业务开拓及销售网络布局等方面存在诸多不同，管理层在人员构成、知识构成、专业能力、语言环境等方面存在一定差异，本次交易后的整合能否顺利实施存在一定的不确定性。

（4）商誉减值风险

上海莱士此前并购较为活跃，2018年三季报显示账面商誉余额为57亿元，占净资产比例超过了50%。历史上的收购在合并报表层面产生较高商誉。本次交易完成后，在上市公司合并报表层面将新增商誉。如果这些商誉代表的资产未来经营状况不达预期，则将存在较高的减值风险。商誉减值将直接减少当期利润，若一旦集中计提大额的商誉减值，将对上市公司产生重大不利影响。

（5）市场风险

2018年全年，A股市场持续下跌。中小板指数低迷，全年下跌近40%。上海莱士因筹划重大资产重组于2月停牌，后因停牌新规限制，于12月初复牌，随后迅速下跌超过60%的市值（见图7）。股价下跌触发了大股东股票质押平仓风险，同时对本次交易换股数量产生较大影响。如果未来在定价基准日后上市公司股票价格再次大幅波动，则可能影响此次交易的完成。

图7 上海莱士及A股2018年跌幅

资料来源：Wind。

（二）东方新星并购奥赛康

1. 交易概览

2018 年 11 月 29 日，东方新星（002755.SZ）收购奥赛康药业 100% 股权获得证监会审核通过，奥赛康成功借壳上市。本次交易采用资产置换方式，置入资产作价为 765000.00 万元，置出资产作价为 58250.00 万元，上述差额 706750.00 万元由上市公司以发行股份的方式向奥赛康药业的全体股东购买。奥赛康承诺 2018 ~ 2020 年净利润分别不低于 63070.00 万元、68762.00 万元及 74246.00 万元。根据 2018 年承诺的净利润，此次交易价格对应市盈率为 11.21 倍。交易完成后，上市公司将转型进入医药制造行业，南京奥赛康投资管理有限公司成为公司控股股东，陈庆财成为上市公司实际控制人。借壳上市成功后首个交易日，东方新星股价下跌 6%。

此次交易是奥赛康时隔六年后第三次登陆资本市场的尝试，从 2018 年 7 月公布交易预案到 2018 年 11 月通过审核，过程较为顺利。2012 年，奥赛康曾经通过 IPO 审核，后因老股套现金额远超新股发行募资金额，引起了舆论的高度关注，被迫在发行阶段取消上市。2018 年 3 月，大通燃气（000593.SZ）宣布拟收购奥赛康药业 100% 股权，但由于在税费和交易对价上未达成协定，被迫中止重组。

2. 并购方介绍

东方新星于 2007 年 12 月 5 日由新星有限整体变更为股份公司，其前身为中石化勘察设计院，主营业务是为石油化工行业、新型煤化工行业的大型建设项目提供工程勘察和岩土工程施工服务，是该领域运营时间最长、经验最丰富的企业之一。自成立以来，公司承担了川气东输、黄岛、湛江国家战略石油储备库及新粤管线等高技术含量的国家级重点项目的工程勘察任务。2011 年至 2017 年底，公司的主要客户为中石化及其旗下子公司；2011 ~ 2013 年东方新星向中石化及其子公司合计销售的收入占当期营业收入的比例大于 80%；从 2014 年开始占比有所下降，截至 2017 年底所占比例为

38.87%。

2015 年 5 月 15 日，东方新星在深交所中小板上市。上市后由于宏观经济环境和全球石油价格波动，其主要客户缩减或放缓勘探及开采业务的资本支出，东方新星上市后营收与净利润开始大幅下跌。2017 年收购天津中德工程设计有限公司后，东方新星的基本面略有好转。2015 年到 2017 年，上市公司实现的归属于母公司股东的净利润分别为 1886.45 万元、460.46 万元和 1096.69 万元。自 2016 年三季度起，东方新星股价进入了下行通道。此次交易停牌时，公司市值约为 16.90 亿元，较市值最高点已跌去 77%，面临退市危机。2018 年 5 月，上市刚满 3 年的股票解禁后，东方新星实际控制人与其 23 名一致行动人决定不再延长一致行动协议，自此该公司变更为无控股股东及实际控制人状态。

3. 被并购方介绍

南京奥赛康药业有限公司，成立于 2003 年，主要从事消化类和抗肿瘤类药物的研发、生产和销售。在消化类药品方面，奥赛康药业以仿制药生产为主，主要产品是能有效抑制胃酸生成且副作用小的质子泵抑制剂。作为国内最大的 PPI（质子泵抑制剂）注射剂生产企业，奥赛康的 PPI 产品涵盖了已上市六个剂型中的五个。2017 年奥赛康药业在 PPI 注射剂领域的市场份额为 24.03%，处于市场领先地位，市场份额与第二、第三名厂商之和接近。在抗肿瘤方面，奈达铂类药物为奥赛康药业的主要产品，其中奥诺先产品为国内首个上市品种；奥先达（奥美拉唑）市场份额在 2017 年达到 24.76%，名列行业第三。作为全国医药行业百强企业，奥赛康药业具有较强的研发能力，已申请专利 249 项，获授权专利 165 项，其中 1 项发明专利获得了中国专利金奖。

近三年来，奥赛康药业保持了收入增长，但净利润水平稍有下滑。2017 年奥赛康药业实现营业收入 340485.87 万元，净利润 60727.51 万元，营业净利润率接近 18%，盈利能力较强，经营状况良好（见表 4）。

表4　南京奥赛康药业2015~2017年营业收入与净利润

单位：万元，%

项目	2017年	2016年	2015年
营业总收入	340485.87	309218.52	301117.45
同比增长率	10.11	2.69	—
净利润	60727.51	62989.97	50900.42
同比增长率	-3.60	23.75	—

4. 后续整合计划

根据交易方案，上市公司指定全资子公司作为其资产与负债的划转主体，将除对该指定主体的长期股权投资外的全部资产和负债通过划转注入指定主体，奥赛康全体股东指定第三方承接置出资产。此外，上市公司根据"人随业务和资产走"的原则，将截至置出资产交割日全部员工的劳动关系、社会保险关系和其他依法应向员工提供的福利、支付欠付工资、已在或潜在劳动纠纷都交由指定主体负责解决。明确剥离资产的处置和员工安顿方案，有助于上市公司甩掉历史包袱，专注新的主营业务发展。

交易完成后，上市公司将通过加强国内外产学研企的合作，加速产品商业化，强化现有细分领域领导地位，从而开拓新市场和新领域；通过对标国标最高标准，完成国内外注册双报，推动产品进入国际主流市场。奥赛康目前有37个在研项目，范围涉及新一代手性质子泵抑制剂及其新型缓释剂型、抗肿瘤及免疫机能调节用药和血液系统用药等领域，2015~2017年研发投入支出占营业收入的比例也在逐年提高，并且高于同行业已上市可比公司水平。上市公司未来将继续围绕现有核心药物研发平台，加大研发投入，进入糖尿病、深度感染等临床亟须用药领域。

5. 潜在风险

奥赛康药业承诺2018~2020年净利润分别不低于63070.00万元、68762.00万元及74246.00万元。以上业绩承诺是基于政策、市场环境预期，针对奥赛康药业现有主营业务、产品线储备及未来发展规划等因素而做出的判断。若未来宏观经济、市场环境与监管政策等外部环境恶化，或奥赛康药业未来经营未达到预期，可能导致业绩承诺与未来实际业绩存在差异。比如，近年来奥赛康药业重要产品中奥西康占主营业务收入的比例较高，接近50%，若未来奥西康销售出现重大不利变化，上市公司的营业收入将受到严重影响，净利润也将因此下滑；再者，药品审评标准的逐步提高和药品中标价格迫于竞争不断下降都会给公司带来不同程度的经营风险，进而影响公司创造营收和利润的能力。若业绩承诺方不能履行业绩承诺义务，最终将损害上市公司中小股东的利益。

此外，近年来奥赛康药业销售费用率较高，其业务人员于2009～2016年曾多次卷入商业贿赂案件，通过给相关涉事医生回扣的方式，在全国多个城市的医院向科室病人推销公司药品。若奥赛康药业借壳上市后未能对其销售管理做出有效规范调整，业务人员日后可能采用类似方式提升销售，带来被监管处罚的风险。

（三）武田制药并购Shire

1. 交易概览

2018年5月8日，武田制药（Takeda）与爱尔兰大型制药企业Shire正式达成了收购协议。考虑到Shire市值及收入均大幅高于武田制药，此次交易Takeda采取了较为激进的"蛇吞象"策略。在此前，Shire收到了来自AbbVie、Allergan、武田在内多家药企的多轮报价，公司估值从最开始的550亿美元上升至最终的644亿美元，现金支付比例一路攀升。在第五版草案中，武田将以460亿英镑（约合644亿美元）、44.4%的现金支付比例对Shire进行收购（见表5）。收购完成后，Shire将持有武田50%的股权。消息公布后，Takeda的股票价格3天内下跌15%，Shire的股票价格3天内下跌11%，表明市场对两家大型企业的整合之路疑虑重重。

表5 2018年武田对 Shire 的五次报价一览

时间	交易总价	支付方式		新武田中 Shire 股份占比
		现金	合并后武田流通股	
3月29日	410亿英镑/约574亿美元	16英镑/股	28英镑/股	50%
4月11日	430亿英镑/约602亿美元	16.75英镑/股	28.75英镑/股	51%
4月13日	440亿英镑/约616亿美元	17.75英镑/股	28.75英镑/股	51%
4月20日	440亿英镑/约616亿美元	21英镑/股	26英镑/股	47%
4月24日	460亿英镑/约644亿美元	21.75英镑/股	27.26英镑/股	50%

2. 并购方介绍

武田制药是一家拥有200多年历史的知名日本药企，在东京交易所上市，目前市值为291亿美元，拥有全球雇员30000名。武田是亚洲最大的制药公司，在全球制药公司50强中排第19位。1781年，武田的前身"近江屋"创立，开始作为小型药品批发商经营。随着规模逐渐壮大，公司开始以"武田药品"注册，并转型研发。1945年起，武田制药开始涉足维生素和抗生素领域，并于1949年在东京和大阪上市。在日本站稳脚跟后，武田开始逐步向海外扩张，1962年在中国台湾建立生产和销售中心，1977年与雅培成立合资公司，随后公司在法国、德国、意大利等欧洲地区逐渐成立子公司。地域布局完成后，公司新药上市的进程开始加快，先后上市了丙瑞林、兰索拉唑（缓释胶囊）、坎地沙坦、吡格列酮等重磅产品。2000年，医药市场迎来"me‐too"鼎盛时期，武田也加大了"me‐too"药品的研发投入。然而2000年以来，随着FDA对"me‐too"药品的审批趋严，数个重磅产品研发先后失败，2007年起武田制药的净利润开始呈现下滑趋势，股价开始走入低迷期。

2005年开始，武田制药开启了收购之路，先后收购了 Syrrx、Amgen 日本分公司、千禧制药、奈科明、Inviragen 等多家公司。2014年公司聘请了来自 GSK 的 Christophe Weber 担任首席执行官，成为公司创立200年以来首任非日本籍首席执行官，标志着武田全球化转型的决心。武田将业务聚集在肿瘤、消化、神经学三大领域，同时希望通过在新兴市场的发展推动公司业务。

经过多年发展，武田已经发展为一家真正意义上的国际化公司，实现了所有权和经营权的分离。公司前五大股东主要为全球及日本资产管理公司（见表6），而管理层中CEO与首席科学家也均为来自国际知名药企的职业经理人。首席执行官Christophe Weber此前曾任GSK疫苗高管及GSK比利时分部的负责人，首席科学家Andrew博士此前曾任赛诺菲药品研发转换部门高级管理人员。

表6　武田前五大股东

前五大股东	持股比例
BlackRock,Inc.	6.89%
Nissay Asset Management Corporation	5.73%
Sumitomo Mitsui Trust Asset Management Co. ,Ltd.	4.76%
Mitsubishi UFJ Kokusai Asset Management Co. ,Ltd.	3.98%
Nomura Asset Management Co. ,Ltd.	3.33%

武田自创立起，一直秉承着诚实、公正、正直、不屈的价值观，公司高度重视研发创新，近五年来每年研发投入均接近30亿美元。武田在日本湘南和美国波士顿、圣地亚哥设有研发基地，公司会定期披露每年在研产品进度和未来研发计划。公司目前正在主导41项研发项目，为推动研发创新进程，公司2017年与56家合作伙伴建立了联合研发的伙伴关系。根据公司披露信息，公司内部研发人员流失率为0.9%，低于全行业3.4%的水平；公司84%的研发人员实际参与了创新研发项目，高于全行业74%的水平。武田希望通过研发推动公司转型成为拥有面向下一代医疗技术的创新型公司，这也为武田能够整合Shire奠定了组织基础。

3. 被并购方介绍

Shire是一家成立于1986年的爱尔兰药企，在伦敦交易所上市，目前市值为 413 亿美元，拥有全球雇员 23044 名。Shire 在全球制药公司 50 强中排名第 22 位，在罕见病领域具有全球领先地位。创立之初，公司主要做钙片的研发，在治疗领域重点也放在骨质疏松上。公司运营慢慢走上轨道后，开始着力研发神经退行性疾病，包括阿尔兹海默症、肾衰竭等。目前，Shire 在血液、免疫、肿瘤等治疗领域拥有丰富产品。血友病作为 Shire 的重要领域，一直保持稳健增长。然而近年来，罗氏制药子公司基因泰克（Genentech）的 Hemlibra 获批上市，成为治疗血友病的重磅产品，争夺 Shire 的市场份额。另外，Shire 的另一个重磅产品——治疗溃疡性结肠炎的 Lialda，也被 FDA 批准了仿制药上市申请。在多重压力下，Shire 管理层下调了对公司未来收入的预期，也成为促成此次收购的重要原因。Shire 股东情况见表 7。

表 7　Shire 前五大股东

股东名称	持股比例
BlackRock,Inc.	7.22%
Kilsby,Susan Saltzbart	6.44%
Adage Capital Management,L.P.	3.16%
The Vanguard Group,Inc.	3.09%
Standard Life Aberdeen plc	3.01%

Shire 现任首席执行官 Ornskov 博士有丰富的国际药企工作经验，曾经先后在拜耳、默克、博士伦公司工作。现任首席科学家 Busch 博士业内闻名，曾经发表 400 余篇专著，并任多个国际科学委员会成员，此前在拜耳研发部门工作多年。

Shire 的企业文化强调以新的理念、新的创意及新的思维方式点亮未来，鼓励员工大胆创新、挑战现状，帮助罹患各种罕见病和疑难杂症的患者提高生活质量。Shire 致力于让员工能够与积极、负责、注重结果且善于管理人员的领导者共事。Shire 十分注重员工对于罕见病群体的关怀意识，公司设

立了用于罕见病群体的社交账号，鼓励患者在上面分享自己的故事，同时将
患者的治疗体验与研发过程相结合，将患者意见加入 FDA 药品评审的过程
中，公司同时赞助培养更多护士和遗传学家，希望解决这些工作在罕见病治
疗中的短缺。

4. 后续整合计划

此次并购完成后，新武田的收入将超过 3 万亿日元，跃居全球第九位。
在全球制药市场上，划时代的新药研究开发能力成为在竞争中处于不败之地
的关键。武田收购 Shire 是为了提高新药开发能力和经济收益，获得有力的
新药候补（见表 8）。2017 年，武田大约花费了 28.5 亿美元的研发费用，而
Shire 在 2017 年花费了 17 亿美元。总之，收购后的研发成本将会达到 45 亿
美元，武田的目标是减少其中的 6 亿美元。根据武田公布的裁员计划，公司
将减少约 1000 个工作岗位。即使在完成裁员之后，新公司每年的研发开支
仍然接近 40 亿美元。该交易预计将于 2019 年正式完成，武田同时十分看好
Shire 正在进行的早期基因治疗研发工作，如果 Shire 旗下正在接受 FDA 优
先评审的血管性水肿药物 lanadelumab 能够顺利获批上市，将带来巨大的经
济利益。

表 8　武田和 Shire 现有产品对比

| | 肿瘤 | 肠胃病 | 神经系统 | 罕见病 | | | 血浆源性疗法 | 眼科、普药、疫苗及其他 |
				溶小体储积症	HAE	血液病		
武田核心产品	NINLARO	Entyvio	Trintellix				Kenketu glovenin-I	Nesina
	ADCETRIS	Takecab	Azilect				KENKETU NONTHRON	Uloric
	ALUNBRIG	amitiza					KENKETU ALBUMIN	Colcrys
	ICLUSIG	DEXILANT						edarbi
	VELCADE	ALoFISEL						AZILVA

续表

	肿瘤	肠胃病	神经系统	罕见病			血浆源性疗法	眼科、普药、疫苗及其他
				溶小体储积症	HAE	血液病		
Shire核心产品		Gattex	Vyvanse	elaprase	CINRYZE	ADVATE	Cuvitru	Xiidra
		PENTASA	intuniv	VPRIV	firazyr	FEIBA	HyQvia	Natpara
		Lialda	Mydayis	REPLAGAL	KALBITOR	Adynovate	Flexbumin	
			BUCCLAM			Veyvondi	Glassia	
						RIXUBIS	Aralast	
						AGRYLIN		
						Obizur		

5. 潜在风险

巨额收购费用带来的沉重财务负担使得此次并购饱受质疑。2017年底，武田账面资金约为43亿美元。为了完成此次并购，武田不得不借贷超过200亿美元资金。与此同时，Shire由于此前320亿美元大额并购也背负了较大债务负担。此次收购如果成功，武田负债将达到560亿美元，如果不能通过高速增长和稳定现金流逐步消化债务负担影响，未来武田将面临较大流动性压力，市场风险较大。

（四）赛诺菲并购Bioverativ

1. 交易概览

2018年1月22日，法国医疗集团赛诺菲同意以116亿美元现金收购罕见血液疾病疗法公司Bioverativ的全部流通股，这个价格较Bioverativ消息公布前收盘价溢价约65%，为赛诺菲集团7年以来最大并购。一周以后，赛诺菲继续以48亿美元收购Ablynx，为竞争对手诺和诺德报价的1.5倍。一个月内接连两起大额并购，体现出赛诺菲作为医疗巨头加码罕见病药物布局的决心。消息公布后，赛诺菲股价3天内小幅下跌3%，Bioverativ股价3天内大幅上涨145.02%。

赛诺菲近年来的收购历程并不顺利，2016 年收购 Medivation 时不敌辉瑞，2017 年收购 Actelion 时又不敌强生。这次交易是赛诺菲 2011 年以 200亿美元收购美国生物科技公司 Genzyme 以来的最大收购，体现了赛诺菲对于此次交易志在必得的决心。

2. 并购方介绍

赛诺菲总部位于法国巴黎，成立于 1973 年，是全球第五大药企，其股票先后于巴黎泛欧交易所及纽约证券交易所上市，目前市值为 1107 亿美元，全球范围内拥有超过 100000 名雇员。赛诺菲拥有五大全球事业部：糖尿病 &心血管疾病、普药与新兴市场、赛诺菲健赞（特药）、赛诺菲巴斯德（疫苗业务）和消费者健康保健药物事业部。

赛诺菲创立之初为法国国有石油公司 Elf Aquitaine 的子公司，由 Elf Aquitaine 旗下的多家医疗保健、化妆品和动物营养公司合并而成。随着公司逐渐发展壮大，赛诺菲开始运用资本运作，通过并购拓展新的市场和产品业务线。1993 年赛诺菲通过收购匈牙利制药公司 Chinoin 进入东欧市场，在同一年，赛诺菲借助与 Sterling Winthrop 的合作进入北美市场。为了增强销售和营销力量，挖掘北美市场潜力，赛诺菲在一年后收购 Sterling Winthrop 的处方药业务。1999 年赛诺菲与当时的法国第三大制药企业 Synthélabo 合并，这次合并减轻了赛诺菲被收购的压力，并使公司获得了包括安眠药安必恩在内的一系列重磅产品。为进一步巩固公司产品地位，增强公司在北美等重要市场的销售和营销能力，赛诺菲于 2004 年大胆地向规模是其两倍的竞争对手安万特（Aventis）发起恶意收购，欲以小吃大。在法国政府的撮合下，赛诺菲最终以 545 亿欧元的价格成功收购安万特，公司也更名为赛诺菲安万特（Sanofi-Aventis）。经过此次收购，赛诺菲生产规模扩大，成本降低，同时收获了安万特在美国的高市场占有率以及全球领先的疫苗业务。2011年赛诺菲又以 200 亿美元的报价收购专注于罕见病治疗的生物科技公司Genzyme，将"戈谢病"治疗药 Cerezyme 和"庞贝病"治疗药 Myozyme 两款重磅产品收入囊中，成为全球罕见病领域的开拓者与领导者。赛诺菲股东情况见表9。

表9　赛诺菲前五大股东

股东名称	持股比例
L'Oréal S. A.	9.56%
BlackRock, Inc.	5.88%
Dodge & Cox	4.63%
The Vanguard Group, Inc.	2.47%
Ostrum Asset Management	2.41%

　　现如今的赛诺菲已经从一家传统的法国制药企业，成长为既注重研发，又能熟练运用资本运作拓展新业务、新产品线的多元化巨型跨国药企。为应对快速变化的市场，赛诺菲于2015年制定了"2020战略规划路线图"，计划通过优化组织和投资关键产品及业务线，在2015～2020年实现年复合销售增长率达到3%～4%。赛诺菲2020年路线图的优先事项之一是"重塑投资组合"，将重点放在公司目前拥有或能够有效建立领导地位的领域。

　　赛诺菲此次并购，一方面是为了弥补糖尿病和心血管业务线上的人员损失，另一方面是为在日益增长的血友病市场建立领导地位，进而为旗下主要药物Fitusiran的全球发展和商业化奠定基础。近年来，赛诺菲在糖尿病业务上面临的竞争日趋剧烈，赛诺菲最畅销的药物Lantus胰岛素专利于2015年到期，自此之后，更便宜的仿制药进入市场，从药品中获得的利润下降。为了应对瞬息万变的市场，2018年1月，赛诺菲宣布在美国裁员400人，裁员主要针对糖尿病和心脏病药物销售团队。Fitusiran是一种针对A型和B型血友病的RNAi疗法，是赛诺菲与Alnylam合作开发的项目。此次收购后，赛诺菲将利用Bioverativ的临床专业知识和自己现有的商业平台来推进Fitusiran项目。

　　3. 被并购方介绍

　　Bioverativ是一家专注于发现、研究、开发和商业化治疗血友病及其他血液疾病疗法的生物科技公司，于2017年初从Biogen拆分出来并在纳斯达克独立上市，并购前Bioverativ的收盘价为64.11美元，总市值69.38亿美元，静态市盈率为19.49倍。公司继承了Biogen两款成熟的血友病治疗产品 Eloctate 和 Alprolix，分别用于治疗血友病 A 和血友病 B。

血友病主要包括血友病 A 和血友病 B，据全球血友病联盟（WFH）预测，全球血友病患者约为 18 万人，其中约 15 万人患有血友病 A，约 3 万人患有血友病 B，血友病治疗药物每年的销售额约为 100 亿美元，预计到 2022年，每年增长 7% 以上。Bioverativ 是美国首家推出长效血友病治疗药物的公司，旗下两款药物 Eloctate 和 Alprolix 均使用了 Fc 融合蛋白（Fc fusion protein）技术，相比一般的凝血因子替代疗法在人体内有更长的半衰期，因此所需注射频率更低。作为最早上市的延长半衰期（EHL）治疗药，Eloctate 和 Alprolix 收获了巨大的市场成功，2017 年销售额分别达 6.15 亿美元和 2.9 亿美元。除了两种已上市的产品外，用于治疗罕见血液疾病冷凝素病的候选药物 BIVV - 009 处于临床三期，已获得 FDA 突破性疗法认定。候选药物 BIVV - 001 和 BIVV - 002 是公司基于创新的 Fc 融合技术研发的血友病治疗药物，其中 BIVV - 001 获得 FDA 孤儿药认定。Bioverativ 的研发储备还包含了镰刀型贫血症、地中海型贫血症等罕见血液疾病领域。

Bioverativ 现任首席执行官 John Cox 自 2010 年起担任 Biogen 的制药业务和技术主管，2003 年以来一直任职于 Biogen。全球治疗业务主管 Rogerio Vivaldi 曾在 Genzyme 和 Spark 工作过。临床开发执行主任 Bill Hobbs 博士是镰状细胞疾病专家，这反映了 Bioverativ 从以血友病治疗为主转向以更广泛的罕见血液疾病专科治疗为长期目标。为贯彻公司战略，2017 年 6 月，Bioverativ 收购了 TrueNorth 及其罕见的血液病候选药物 TNT009。并购前 Bioverativ 股东情况见表 10。

表 10　并购前 Bioverativ 前五大股东

股东名称	持股比例
Vanguard Group Inc.	8.53%
PRIMECAP Management Company	7.04%
Vanguard PRIMECAP Inv.	4.29%
State Street Corp.	3.98%
Healthcor Management LP.	3.47%

近年来，血友病治疗药物市场正变得越来越拥挤。数家多年耕耘血友病产品的公司纷纷推出了新的长效药物，如治疗血友病 A 的药物——Shire 的 Adynovate、拜耳的 Kovaltry 以及 CSL 的 Afstyla 等；治疗血友病 B 的药物——CSL 的 Idelvion 与诺和诺德的 Rebinyn 等。与此同时，一些突破性技术可能会带来破坏性威胁，比如近期获批上市的 Roche 的双特异性抗体 Hemlibra 和 Alnylam，预计于 2020 年上市的 RNA 干扰药物 Fitusiran。突破性技术可能带来的改善包括需要的治疗频率降低以及使患者更容易自行给药（只需要皮下给药）。Saprk、BioMarin 等公司正在研发的基因治疗药物，更是让人们看到了彻底治愈血友病的希望。Bioverativ 的营收严重依赖 Elocate 和 Alprolix 这两款产品，然而它们所服务的血友病市场的竞争在加剧，这可能会给公司长期增长带来压力。此外，Bioverativ 的产品线大部分仍然处于临床前阶段，距离登陆市场还有几年的距离，无法支撑领先产品以外的增长，这可能是促成此次收购的重要原因。

4. 后续整合计划

并购完成后 Bioverativ 将继续作为独立公司存续，并成为赛诺菲的间接全资子公司。赛诺菲对 EHL 市场前景持积极态度，认为随着患者年龄的增长（老年患者需要更多药物）、越来越多的患者选择更昂贵的预防性治疗以及诊断和治疗率的不断提高，全球血友病市场将持续增长。Bioverativ 与其他 EHL 治疗的区别在于它的首次上市地位、超过两年的支持安全性的实际数据以及领先的 Fc 融合技术。赛诺菲相信在可预见的将来，Bioverativ 成熟的产品线将是血友病患者的标准治疗方法，这次并购能够促进赛诺菲的营收和利润持续增长，资本回报预计将在三年内超过资本成本。赛诺菲将能够利用 Bioverativ 的临床专业知识和现有的商业平台，推进重磅产品 Fitusiran，贯彻 2020 年路线图，加强在罕见血液疾病领域的领导力。赛诺菲首席执行官 Olivier Brandi Court 表示，Bioverati 在血友病市场的地位不断提高，这次交易能加强其在血友病领域的领导地位，也为其他罕见血液疾病治疗的发展创造平台。Bioverativ 通过延长半衰期因子的替代疗法，成功推动医疗新标准实行。两家公司将携手合作，为全球患者研发更多的创新药物。

  Bioverativ 在被收购后不仅能在产品线研发上获得赛诺菲的极大支持，还能借助赛诺菲的全球影响力和在新兴市场建立的基础设施向新市场扩展。Bioverativ 首席执行官 John Cox 指出，"赛诺菲带来了久经考验的能力和全球基础设施，我们相信这将有助于更快速地扩大患者在全球范围内获得药品的机会，并进一步推动我们改变罕见血液疾病患者生活的使命"。

  5. 潜在风险

  第一，大额并购给赛诺菲带来一定的偿债压力。一个月内接连进行两起大额并购，赛诺菲表示它将以现有现金资源和债务发行相结合的方式为收购提供资金，显然在资金方面承受了一定的压力。不过与赛诺菲 2017 年 126 亿美元的账面现金相比，超额支付的金额相对较小。

  第二，并购形成大额商誉，而 Bioverativ 的盈利能力存在不确定性。Bioverativ 2017 年资产净额为 8.97 亿美元，考虑知识产权等无形资产价值后，并购仍会产生接近 100 亿美元的商誉。如果 Bioverativ 并购后不能继续保持高增长，高企的商誉将给公司带来较大的压力。根据公司披露的信息，Bioverativ 2017 年净利润增长较上一年有较大幅度下滑。

  血友病市场因新药物治疗的到来而存在不确定性，而且鉴于 2019 年在美国推出的 EHL 治疗方案数量众多，付款人如私人健康保险机构可能会变得更加严格，迫使患者转向提供最高折扣的产品，从而产生定价压力，政府也可能会调整产品的适用范围和定价，以控制医疗成本。这些不确定性最终可能导致 Bioverativ 的两只成熟产品 Eloctate 和 Alprolix 绩效不达预期。

  Bioverativ 在生产、分销等方面很大程度上依赖第三方合作伙伴，比如 Biogen 是 Bioverativ 目前唯一的 Elocate 和 Alprolix 生产商与供应商。Biogen 和其他第三方供应商是独立的实体，这些第三方受公司无法控制的自身独特运营和财务风险的影响，其中的任何一方都有可能不能及时、有效地履行其义务。例如，第三方可能无法或不愿意根据产品的需求增加生产能力。由于这些服务的专业性，寻找替代供应商可能需要耗费大量的时间和费用。此外，由于 Bioverativ 目前的产品是生物制品，它们的加工步骤比大多数化学药品更困难。如果第三方的设施或操作未能通过任何监管机构的检查，在产品的制造、填充、包装或储存过程中出现的任何延迟、中断或其他问题，都可能导致 FDA 或其他美国或非美国监管机构的行政制裁。任何一种情况都可能导致收入损失和其他不利的业务损失，降低公司的盈利能力或损害公司的声誉。

智能制造产业并购发展报告

摘　要： 智能制造是将信息技术、智能技术、数字技术等与制造技术结合，对制造过程感知、推理和决策并实现全过程控制。智能制造的本质是通过让生产线上的数据彼此关联并进行智能决策，从而实现下游推动上游的柔性生产链条。随着中国劳动力成本和工业转型需求的提升、政策和技术的支持，中国智能制造进入实质性落地阶段。当前中国制造业总体处于自动化＋信息化阶段，但制造业有众多细分领域，不同领域的工业化改革进程有较大差别，不同阶段的需求将催生广阔的智能制造空间。中国智能制造整体市场已达千亿规模，且增速不断加快。当前智能制造改革主要聚焦生产环节，工业机器人、工业软件、工业互联及大数据、工业智能为关键领域。

关键词： 智能制造　制造业转型　自动化　信息化

一　产业发展概述

智能制造（Smart Manufacturing）是指将信息技术、智能技术、数字技术等与制造技术结合，对制造过程感知、推理和决策，实现全过程控制。智能制造是制造业产业链上的全方位变革，涵盖了生产方式、管理、产品服务以及业态模式等各个环节的智能化。智能制造的发展目标是实现关键工序智能化、关键岗位机器人替代、生产过程智能优化控制、供应链优化，建设重点产业智能工厂和数字化车间，从而达到降低运营成本、缩短产品生产周期，提高产品质量的目的。智能制造主要应用产业包括机械、仪器和制造、能源、运载、化工、轻工纺织、冶金、信息电子、服务业等。

智能制造的发展需要经历四个阶段，即自动化、信息化、互联化和智能化。这其中每一个阶段都代表着智能制造体系更进一步的成熟：自动化指采用高自动化水平的智能装备替代或改造低自动化水平的设备；信息化是指使用智能化原件提高设备、产品的信息化处理能力；互联化是指通过传感器将工厂各装备间进行网络连接，形成工厂物联网、服务网、数据网和工厂间的互联网；智能化则指通过机器视觉等技术实现智能监控及决策。当前，我国还处于从自动化向信息化升级的阶段，未来几年，工业机器人、数控机床、工业视觉、自动化设备将成为重要发展市场。

据统计，截至2018年底，我国智能制造规模约为1.7万亿元，近7年来年均复合增长率在20%以上（见图1），远远高于我国制造业的年均增速6.5%。预计2019年中国智能制造行业市场规模将超过1.9万亿元。

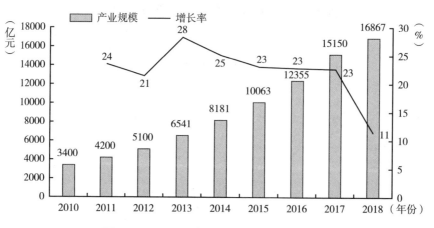

图1 2010～2018年中国智能制造市场规模

资料来源：前瞻产业研究院。

二 产业政策

我国智能制造产业的相关政策文件主要由国务院和工信部主导发布

（见表1）。智能制造概念最早来源于 2012 年 3 月出台的《智能制造科技
"十二五"专项规划》，该文件提出了我国发展智能制造的目标，即提高自
动化，减少资源消耗，同时提出了发展智能制造的五个方向。2015 年国务
院提出《中国制造 2025》，推动智能化和信息化升级，提出通过传感器、机
器视觉等应用，实现大数据的采集、反应和对未来的预测，在产品的开发、
设计和制造、质量和管理体系三方面形成有效闭环。2016 年发布的《智能
制造发展规划（2016～2020 年)》为"十三五"期间我国智能制造的发展
指明了具体方向，提出了 2025 年前推进智能制造的"两步走"战略。2017
年国务院发布《关于深化"互联网+先进制造业"发展工业互联网的指导
意见》，提出到 2035 年，建成国际领先的工业互联网网络基础设施平台，形
成国际先进的技术与产业体系，工业互联网全面深度应用并在优势行业形成
创新引领能力，安全保障能力全面提升，重点领域实现国际领先。

2018 年国家进一步出台相关政策文件鼓励智能制造产业发展，除了在
《2018 年政府工作报告》中提出推进智能制造发展外，工信部发布《工业互
联网发展行动计划（2018～2020 年)》《国家智能制造标准体系建设指南
（2018 年版)》等文件来完善智能制造产业标准体系，为智能制造产业健康
发展明确方向。

表 1   智能制造产业政策

时间	政策法规	主要内容/规划目标	颁布主体
2015.05	《中国制造 2025》	重点发展新一代信息技术、高档数控机床和机器人、航空航天装备、海洋工程装备及高技术船舶、先进轨道交通设备、节能与新能源汽车、电力装备、新材料、生物医药及高性能医疗器械、农业机械装备十大产业	国务院
2015.07	《国务院关于积极推进"互联网+"行动的指导意见》	加强智能制造顶层设计。加快重点产业装备智能化,组织高档数控机床与基础制造装备专项。推动车联网技术研发、标准制定。推动智能穿戴、服务机器人等新型智能硬件产品研发和产业化。组织开展智能制造试点示范,推进工业互联网发展部署。加快基于 IPv6、工业以太网、泛在无线、软件定义网络（SDN）、5G 及工业云计算、大数据等新型技术的工业互联网部署	国务院

续表

时间	政策法规	主要内容/规划目标	颁布主体
2016.04	《机器人产业发展规划(2016~2020 年)》	到 2020 年，自主品牌工业机器人年产量达到 10 万台，六轴及以上工业机器人年产量达到 5 万台以上。服务机器人年销售收入超过 300 亿元。培育 3 家以上具有国际竞争力的龙头企业，打造 5 个以上机器人配套产业集群	工信部、国家发改委、财政部
2016.05	《关于深化制造业与互联网融合发展的指导意见》	打造制造企业互联网"双创"平台。推动互联网企业构建制造业"双创"服务体系。支持制造企业与互联网企业跨界融合。到 2018 年底，制造业重点产业骨干企业互联网"双创"平台普及率达到 80%	国务院
2016.07	《"十三五"国家科技创新规划》	智能制造和机器人成为"科技创新－2030 项目"重大工程之一	国务院
2016.12	《智能制造发展规划(2016~2020 年)》	提出了"两步走"战略：到 2020 年智能制造发展基础和支撑能力明显增强，传统制造业重点产业基本实现数字化制造，有条件、有基础的重点产业智能转型取得明显进展；到 2025 年智能制造支撑体系基本建立，重点产业初步实现智能转型	工信部、财政部
2017.11	《关于深化"互联网＋先进制造业"发展工业互联网的指导意见》	到 2025 年，基本形成具备国际竞争力的基础设施和产业体系，覆盖各地区、各行业的工业互联网网络基础设施基本建成。工业互联网标识解析体系不断健全并规模化推广。形成 3~5 个达到国际水准的工业互联网平台。基本建立起较为完备可靠的工业互联网安全保障体系。 到 2035 年，建成国际领先的工业互联网网络基础设施和平台，形成国际先进的技术与产业体系，工业互联网全面深度应用并在优势行业形成创新引领能力，安全保障能力全面提升，重点领域实现国际领先	国务院
2017.12	《促进新一代人工智能产业发展三年行动计划(2018~2020 年)》	深化发展智能制造，鼓励新一代人工智能技术在工业产业各环节的探索应用，提升智能制造关键技术装备创新能力，培育推广智能制造新模式	工信部
2018.03	《2018 年政府工作报告》	提出实施"中国制造 2025"，推进工业强基、智能制造、绿色制造等重大工程，先进制造业加快发展	国务院

时间	政策法规	主要内容/规划目标	颁布主体
2018.06	《工业互联网发展行动计划（2018～2020年）》和《工业互联网专项工作组2018年工作计划》	针对智能制造标准跨行业、跨领域、跨专业的特点，立足国内需求，兼顾国际体系，建立涵盖基础共性、关键技术和行业应用等三类标准的国家智能制造标准体系	工信部、国家标准化管理委员会
2018.10	《国家智能制造标准体系建设指南（2018年版）》	到2019年，累计制修订300项以上智能制造标准，全面覆盖基础共性标准和关键技术标准，逐步建立起较为完善的智能制造标准体系。建设智能制造标准试验验证平台，提升公共服务能力，提高标准应用水平和国际化水平	工信部、国家标准化管理委员会
2018.11	《新一代人工智能产业创新重点任务揭榜工作方案》	征集并遴选一批掌握关键核心技术，具备较强创新能力的单位集中攻关，重点突破一批技术先进、性能优秀、应用效果好的人工智能标志性产品、平台和服务，为产业界创新发展树立标杆和方向，培育人工智能产业创新发展的主力军	工信部

三　产业链图谱

（一）产业链图谱

图2从感知层、网络层、执行层三个维度展示了智能制造产业图谱，下面就其中的一些关键技术探索其产业现状及前景。

机器视觉系统的原理是用计算机或图像处理器以及相关设备来模拟人类视觉功能，从客观事物的图像中提取信息进行处理，获得相关视觉信息并加以理解，最终用于实际检测和控制等领域。机器视觉是将图像转换成数字信号进行分析处理的技术，涉及人工智能、计算机科学、图像处理、模式识别等诸多领域。与人类视觉相比，机器视觉的优势极为明显，如机器视觉可以在各种恶劣环境下进行高速在线检测，同时还能够在长时间内不间断进行工作。随着微处理器、半导体技术的进步，机器视觉的垂直应用领域也不断拓

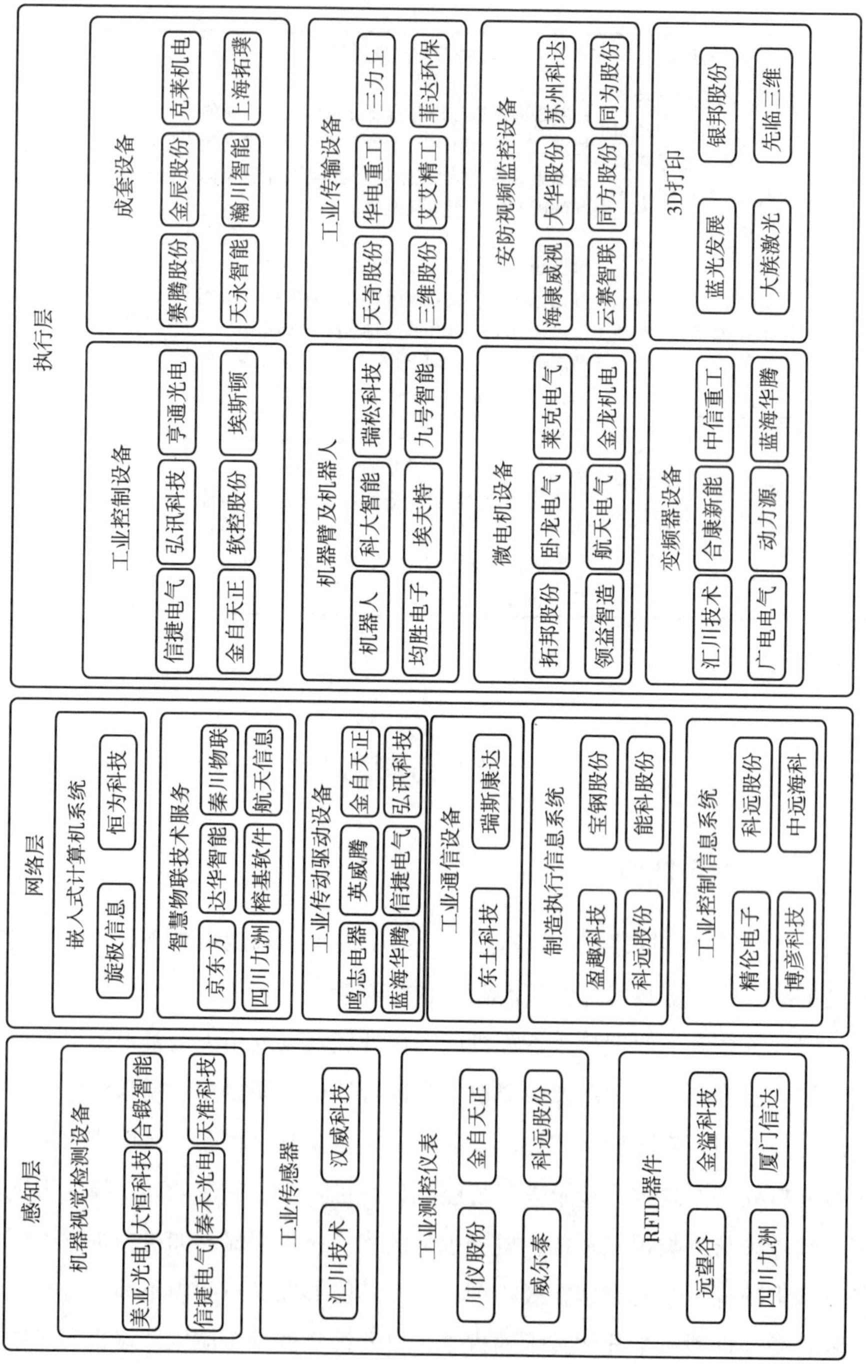

执行层

成套设备：赛腾股份、金辰股份、天永智能、克莱机电、上海拓璞、瀚川智能

工业传输设备：天奇股份、华电重工、三维股份、三力士、艾艾精工、菲达环保

安防视频监控设备：海康威视、大华股份、云赛智联、苏州科达、同为股份、洛阳

3D打印：蓝光发展、大族激光、银邦股份、先临三维

工业控制设备：信捷电气、弘讯科技、亨通光电、金自天正、软控股份、埃斯顿

机器臂及机器人：机器人、科大智能、瑞松科技、均胜电子、埃夫特、九号智能

微电机设备：拓邦股份、卧龙电气、莱克电气、领益智造、航天电气、金龙机电

变频器设备：汇川技术、合康新能、中信重工、广电电气、动力源、蓝海华腾

网络层

嵌入式计算机系统：旋极信息、恒为科技

智慧物联技术服务：京东方、达华智能、秦川物联、四川九洲、榕基软件、航天信息

工业传动驱动设备：鸣志电器、英威腾、金自天正、蓝海华腾、信捷电气、弘讯科技

工业通信设备：东土科技、瑞斯康达

制造执行信息系统：盈趣科技、宝钢股份、科远股份、能科股份

工业控制信息系统：精伦电子、博彦科技、科远股份、中远海科

感知层

机器视觉检测设备：美亚光电、大恒科技、合锻智能、信捷电气、秦禾光电、天准科技

工业传感器：汇川技术、汉威科技

工业测控仪表：川仪股份、金自天正、威尔泰、科远股份

RFID器件：远望谷、金溢科技、四川九洲、夏门信达

图 2　智能制造产业链图谱

宽，从最开始主要用于电子装配检测，发展到在识别、检测、测量和机械手定位等工业应用领域。速度快、信息量大、功能多日益成为机器视觉技术的主要特点。机器视觉系统主要由硬件（光源和视觉模块）和软件（算法和图片视觉软件）组成，其识别过程的速度和质量取决于算法的编程能力、积累的工件数据或工业经验，其中视觉软件占成本的70%以上。2018年，消费电子行业是机器视觉最大的垂直细分市场，在总体市场中所占份额约为53%。汽车制造业以30%的市场份额位居第二，增长率为20%左右。

传感器是一种精密的设备，能将物理参数（如温度、血压、湿度、速度等）转换成电信号传播出去。传感器是构成智能制造的基础组件，被广泛部署于工厂生产的边缘，以收集过去制造企业无法获取的数据。2018年全球传感器和控制器市场规模为56亿美元，预计到2020年将上涨至61亿美元。

工业通信是制造企业提高生产力的关键，它能有效帮助企业管理控制机器、设备和整个生产线。除了传统设备之间的有线通信，制造企业越来越依赖无线连接。目前无线工业通信主要有广域网络通信，即低功耗广域网（LPWAN）和近距离网络通信即局域网（LAN）两种方式。LAN可以覆盖1公里内的连接，正被越来越多地用于工厂等工业环境中。不过相关分析认为在工业环境中，有线设备连接仍然是目前最便宜和最可靠的选项。

在整个制造业中，缺乏熟练劳动力一直被认为是一个瓶颈。而中国随着老龄化的加剧和人口红利的结束，也将面临劳动力缺乏的问题。工业机器人行业目前主要由日本和欧洲大型企业主导，汽车和电子行业是当前最大的两个工业机器人垂直行业，此外，仓库/物流机器人和协作机器人正在兴起。就区域而言，中国是机器人需求的全球领导者，国际机器人联合会（IFR）预计2018年出货的42.1万台机器人中，中国的机器人需求约占40%，超过日本、韩国、美国和德国。

3D打印为柔性供应链提供了可能，在传统制造模式下，企业需要先预测市场需求确定生产数量，然后再开展生产，一旦工厂开始运作，不论供过于求还是供少于求，生产线都难以停下进行调整。3D打印可以实现灵活的生产规模调整，只需要加减机器数量就可以调节产量。3D打印甚至还能根据市场需求对产品做出调整，帮助企业实现个性化定制生产。IDC 发布的全球 3D 打印支出指南显示，2018 年全球 3D 打印支出（包括硬件、材料、软件和服务）约为 114 亿美元，同比增长 19.9%。

（二）全球发展比较

根据 Zion Market Research 和 GlobeNewswire 的统计，2017 年全球智能制造行业市场规模为 1523 亿美元，2018 年智能制造市场价值为 1843.44 亿美元，预计到 2023 年将增长至 4790.1 亿美元，2018～2023 年复合年增长率约为 21.04%。FMI 预测 2018 年由美国主导的北美市场占全球智能制造市场总额的 25%。据此推算，2018 年北美智能制造行业的市场规模约为 426.95 亿美元至 460.86 亿美元。

当前，中国智能制造总体水平还偏低，属于第二梯队（见图 3）。中国相对于其他 21 个国家来说属于第二梯队先进型国家，强于南非、巴西、印度等新兴制造业国家，但与美国、日本、德国还有较大差距，总体水平偏

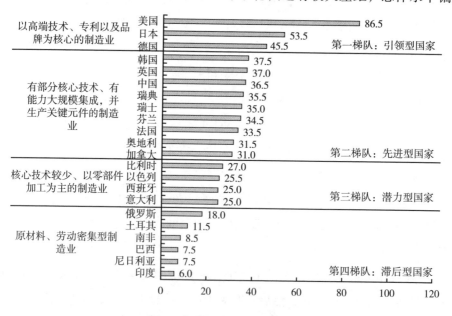

图 3　全球智能制造发展指数

资料来源：中国经济信息社。

低。当前中国制造企业总体处于自动化＋信息化阶段，随着智能制造推进，中国有望在 2025 年实现总体进入信息化＋互联化阶段。

四　产业重大并购交易

（一）青岛海尔间接收购斐雪派克

1. 交易概览

2018 年 4 月 26 日，青岛海尔（600690.SH）宣布以一次性支付现金的方式，从海尔集团承债式收购海尔新西兰投资控股有限公司（Haier New Zealand Investment Holdings Company Limited），间接收购其全资持有的斐雪派克（Fisher & Paykel Appliances Holdings Limited）的全部股权，其中，股权交易价格为 19.05 亿元，承接交易标的股东借款本息价格为 36.13 亿元。本次交易价格对应斐雪派克公司 2017 年净利润的市盈率为 7.63 倍。消息公布后，青岛海尔股票价格下跌 1.81%。

在此次协议收购前，海尔集团于 2009 年通过参与斐雪派克股权融资计划，获得该公司 20% 的股份；2012 年，海尔集团成功收购斐雪派克剩余的80% 股份；2015 年，海尔集团将其持有的斐雪派克相关资产委托给青岛海尔经营和管理，并承诺在 2020 年 6 月之前向青岛海尔注入斐雪派克的相关资产，进而解决同业竞争事项；2017 年 6 月，青岛海尔宣布收购斐雪派克生产设备有限公司（Fisher & Paykel Production Machinery Limited）的全部股权。本次关联交易完成后，斐雪派克成为青岛海尔全资子公司，将推动青岛海尔进一步扩大全球化战略版图，同时巩固青岛海尔在高端家电市场的品牌优势。

2. 收购方介绍

青岛海尔股份有限公司成立于 1989 年，是全球知名家用电器制造商之一。其经营范围覆盖电器、电子产品、工业自动化控制设备和家用电器及电子产品技术咨询服务等。1993 年 11 月 19 日，青岛海尔在上海证券交易所上市，目前市值为 984.56 亿元。2018 年 10 月 24 日，青岛海尔成为国内首家在德国法兰克福交易所主板上市发行 D 股（ISIN：CNE1000031C1）的公司。此次 D 股上市有利于青岛海尔进一步打造和提升在欧洲的知名度，并且有效整合欧洲相关资产和业务。

2005 年后，青岛海尔正式进入全球化品牌战略阶段，在海外打造自主品牌。2010 年起，青岛海尔开始通过收购加速海外市场布局，2011 年并购日本老牌家电品牌三洋的白电业务，2016 年收购美国通用电气的家电业务（GEA），2018 年先后完成对新西兰顶级家电品牌斐雪派克和意大利家电企业 Candy 的收购。2017 年青岛海尔中国区主营收入占比 57.57%，海外区占比 42.43%。由于近一半营收来自海外，提高自有品牌在东南亚、北美、欧洲三大市场的知名度和市场份额是青岛海尔实现全球大厨电战略的重心。目前，青岛海尔自有品牌中仅有中国区统帅品牌定位较低，主品牌海尔为中高端，其他如卡萨帝、GEA、斐雪派克及 Candy 等均为高端品牌，公司海外市场策略也以推动中高端自有品牌为主。

2016 年 12 月 26 日，青岛海尔宣布将加速从传统家电品牌向物联网生态品牌转型。为了实现物联网企业转型，青岛海尔依靠人单合一的管理模式，发展以小微为基本单位的网状组织，将企业变为创业平台，员工变为创客，通过产品智能化与场景化，建立了 U+智慧家庭云平台、COSMOPlat 工业互联网云平台和顺逛社群交互平台这三大平台。U+智慧家庭云平台是以用户社群为核心，通过自然的人机交互和分布式场景网器，搭建物联云和云脑，为行业提供智慧家庭全场景生态解决方案，为用户提供厨房美食、卫浴洗护、起居、安防、娱乐等家庭生态体验。COSMOPlat 工业互联网云平台是人单合一模式在制造业落地的首创，将产品用户代入生产制造的第一线，解决了大规模生产与个性化定制的矛盾；2017 年青岛海尔通过投资友宝 Ubox 和收购斐雪派克生产设备有限公司，加强智能装备的制造，同时结合自身九大互联工厂，使得 COSMOPlat 平台能够为外部企业智能制造转型升级提供整体解决方案。顺逛社群交互平台则利用全流程产业链优势开放平台入口，打造资源丰富的综合性社群生态，将单一品牌价值转换为全生态共赢的平台价值。2016~2018 年青岛海尔不断深入探索物联场景商务模式，建设智慧家庭生活体验店，向消费者提供成套销售、成套设计、成套服务的一站式服务，进一步实现其生态价值。2017 年，青岛海尔作为全球家电业第一个披露"生态资产"的企业，其 U + 智慧家庭云平台销售实现 100% 增长，接入设备超 2000 万台，智慧家庭场景超 200 个；COSMOPlat 工业互联网云平台互联工程增加至 9 家，覆盖 12 个行业和 11 个区域。2018 年一季度青岛海尔实现生态收入 6.2 亿元，其中 U + 智慧家庭云平台实现生态收入 0.54 亿元，COSMOPlat 工业互联网云平台实现生态收入 5.66 亿元。

2017 年青岛海尔全品类市场份额保持上升态势，冰系产品保持市场份额第一，且进一步拉大了与第二名的差距，公司实现营业收入 1593 亿元，在国内家电行业位列第三，其中电冰箱收入占比 29.58%，洗衣机、空调和厨卫分别占比 19.40%、18.05% 和 17.93%。2017 年净利润为 90.52 亿元，位列行业第三，创历史新高（见表 2）。

表 2　青岛海尔 2015~2017 年度营业收入与净利润

单位：亿元，%

项目	2017 年度	2016 年度	2015 年度
营业收入	1593	1191	898
同比增长率	33.75	32.63	-7.36
净利润	90.52	66.96	59.25
同比增长率	35.19	13.01	-15.95

2018 年 1 月 18 日，青岛海尔可转换公司债券在上海证券交易所上市，发行规模约 30 亿元。这笔募集资金将用于产品线智能制造升级、卡萨帝渠道拓展项目、成套智慧厨电产能布局与营销网络建设项目、布局"一带一路"、海外新兴市场制造基地建设项目、超前研发三大平台项目。青岛海尔通过不断挖掘用户需求图谱，加速扩大其所创造的生态系统，实现更多的生态收入，引领物联网生态品牌。

3. 标的方介绍

斐雪派克厨房电器有限公司自 1934 年以来，依靠追求品质和产品创新，发展成为在 50 个国家或地区开展业务的新西兰国宝级家电公司，并在泰国、中国、意大利和墨西哥设有生产基地，聘用研发人员数也高于行业其他可比公司，其主要业务涵盖灶具、洗碗机、冰箱、抽油烟机、洗衣机和烘干机，以及直驱电机等。

作为全球高端领先品牌，斐雪派克研发的 DishDrawer 洗碗机及 CoolDrawer 采用世界一流的创新技术，符合人体工学设计，最大程度减少了用户的弯腰时间。其研发的 ActiveSmart 全嵌式冰箱利用 ActiveSmart 技术，使得用户打开冰箱门时，冰箱内部可自动感知并调整进入冰箱的冷气流从而调节温度。其研发的嵌入式烤箱具有行业内最大容量，内部通过 ActiveVent 烹调系统调节湿度，在优化烹调效果的前提下，实现了高效节能。斐雪派克厨房电器有限公司包含三家子公司：Production Machinery Limited 公司负责制造生产设备，不断提高电机设计能力和生产能力，以适应来自更多组织和其他第三方客户日益增长的需求；Dynamic Cooking Systems Inc. 是一家生产专业级户内户外烹饪产品的美国公司，其部分产品在澳大利亚和新西兰销售；Fisher & Paykel Italy 则是一家专门从事欧洲烹饪产品的公司。

由于新西兰国土面积较小且人口较少，其市场规模不大，但作为第一个承认中国完全市场经济地位，第一个同中国签署双边自贸协定的国家，新西兰一直致力于发展良好的对华关系。2017 年 3 月，新西兰成为第一个与中国签署"一带一路"合作文件的发达国家，为两国企业未来的合作奠定了坚实的基础。在共建"一带一路"的大背景下，拥有技术优势的斐雪派克与拥有广阔市场的青岛海尔相结合，是优势互补开拓第三方市场以及实现双赢的最佳方式。海尔 - 斐雪派克奥克兰研发中心成立于 2014 年 8 月，借助双品牌的资源协同，新西兰研发中心成为抽屉洗碗机、厨电产品、DD 悬浮洗涤及变温冰箱模块的全球研发中心。斐雪派克利用海尔丰富的滚筒机产品平台，在澳大利亚市场推出斐雪派克品牌滚筒机，上市后的 18 个月内占据了 20% 的市场份额；同时海尔借力斐雪派克的直驱电机技术，在中国一万元以上高端洗衣机市场上占据 60% 以上的市场份额。2017 年，海尔与斐雪派克双品牌在新西兰白电市场上份额排名第一，在澳大利亚白电市场上份额排名第三，可谓发展迅速。

4. 后续整合计划

此次交易完成后，斐雪派克将纳入青岛海尔合并财务报表范围，未来将有效地提高青岛海尔的盈利水平。青岛海尔和斐雪派克未来通过开放协作，以更高的管理水平实现最大化的系统效应，将为更多全球客户带来高端品牌体验与服务。

从研发角度来说，2012 年青岛海尔通过融合和改进斐雪派克的直驱变频电机技术，研发了水晶系列高端滚筒洗衣机，以静音速洗的技术领先国内同行，再次提升了海尔在高端领域的份额；海尔同时利用斐雪派克丰富的智能装备制造经验，为名下的八大互联工厂提供软硬件支持，自主研发了全球领先的工业互联网平台，为企业向物联网生态品牌转型搭建了平台和标准；青岛海尔在本次交易完成后，有望依赖斐雪派克技术优势对厨电产品进行新一轮的研发与升级。从生产角度来说，2013 年斐雪派克通过在青岛建立高端电机的互联网智能工厂，三年内产能提升了约 2.3 倍；全资收购后斐雪派克在泰国建设的电机生产线已投入使用，这不但提高了海尔的产能，也降低了海外生产成本；未来青岛海尔与斐雪派克依靠更充分的核心部件能力整合，消除合作障碍，有望建立更多海外生产线，提高双方的生产能力。从销售角度来说，斐雪派克主要占领了新西兰和澳大利亚市场，同时在北美市场也有一定销售收入；截至 2017 年底，海尔与斐雪派克的双品牌在新西兰的市场份额约为 43%，本次收购交易完成后，青岛海尔可以将斐雪派克的销售渠道与海尔原有销售渠道更好地整合，携手向第三方市场如北美和欧洲市场进行拓展，推动中高端家电品牌的全球化战略协同，扩大青岛海尔未来的盈利空间。

5. 潜在风险

第一，此次交易给青岛海尔带来一定的财务负担。青岛海尔此次以 19.05 亿元收购海尔新西兰投资控股有限公司的同时，还承接其 36.13 亿元的借款本息。青岛海尔 2017 年营业收入为 1593 亿元，净利润 90.52 亿元，盈利能力较好，但其资产负债率高达 69.13%，这意味着收购后海尔要面临较高债务负担和利息成本问题。

第二，斐雪派克业绩受汇率风险影响。青岛海尔的财务报表以人民币计价，斐雪派克的财务报表以新西兰元计价，跨国收购交易双方在合并财务报表时必然涉及汇率风险。

第三，青岛海尔和斐雪派克的整合未来存在一定不确定性。本次收购不仅仅是股权形式上的整合，更重要的是双方在人员、资源、业务和渠道等多方面的整合。由于财务整合制度不完善和财务制度存在差异，企业很容易面临财务整合风险。青岛海尔与斐雪派克整合后的经营状况也可能会因为本地管理模式与异国文化间的矛盾而产生不确定性。

（二）美的收购小天鹅

1. 交易概览

2018 年 10 月 24 日，美的集团（000333.SZ）发布公告，计划以发行 A 股方式，换股吸收合并小天鹅（000418.SZ，200418.SZ），即美的集团向小天鹅除美的集团及 TITONI 外的所有换股股东发行股票，交换该股东所持有的小天鹅 A 股股票及小天鹅 B 股股票。本次交易前，美的集团已经直接及间接持有小天鹅 52.67% 的股权，为小天鹅的控股股东。2018 年是小天鹅成立 60 周年、美的集团成立 50 周年，作为全球第三大洗衣机制造商，小天鹅凭借悠久历史和市场领先地位享受着低资本开支和高现金回报，是名副其实的"小肥鹅"。而美的集团旗下已经拥有包括小天鹅、美的、比利弗和东芝白电在内的四个洗衣机品牌，此次小天鹅私有化，有助于美的集团对旗下洗衣机板块的进一步整合，解决了两家上市公司的关联交易和同业竞争问题。在家电行业市场竞争更加激烈、行业集中度进一步提高的市场环境下，此举有利于美的集团集中优势向行业领军者海尔发起挑战。

美的集团对小天鹅的并购主要分三阶段进行。

第一阶段，获得控制权。2008 年 4 月，当时的小天鹅控股股东无锡市国联发展（集团）有限公司将其持有的小天鹅 A 股 87673341 股（占小天鹅总股本的 24.01%）全部转让给美的电器。在该次收购之前，美的电器通过境外全资子公司 Titoni Investments Development Ltd. 于 2007 年 3 月至 5 月在二级市场购入 18000006 股小天鹅 B 股（占当时小天鹅总股本的 4.93%）。本次股权转让完成后，美的电器直接持有小天鹅 A 股 87673341 股（占小天鹅总股本的 24.01%），为小天鹅第一大股东。

第二阶段，获得绝对控股地位。2010 年 12 月，小天鹅向美的电器非公开发行 84832004 股 A 股股票收购美的电器持有的合肥荣事达洗衣设备制造有限公司 69.74% 的股权。交易完成后，美的电器合计持有小天鹅 247193729 股股份，约占小天鹅总股本的 39.08%，小天鹅总股本由 547655760 股变为 632487764 股。2013 年 9 月，美的集团向美的电器全体股东发行 686323389 股股份换股吸收合并美的电器，等吸收合并完成后，美的电器及 TITONI 持有的小天鹅 40.08% 股权由美的集团承继。

美的集团自 2014 年 7 月 3 日起向除美的集团及 TITONI 以外的小天鹅全体流通股股东发出部分要约，按 10.45 元/股的价格收购其所持有的小天鹅 A 股股份，按 10.05 港元/股的价格收购其所持有的小天鹅 B 股股份，预定要约收购数量为 126497553 股，占公司总股本的 20%。截至要约收购期限届满，小天鹅股东中共有 206 户以其持有的 79639774 股股份接受收购要约，包括 16286546 股 A 股及 63353228 股 B 股股份。本次要约完成后，美的集团直接和间接持有小天鹅 333153059 股股份（美的集团持有 238948117 股 A 股，TITONI 持有 94204942 股 B 股），占公司总股本的 52.67%，美的集团获得小天鹅的绝对控股地位。

第三阶段，吸收合并。2018 年 10 月 24 日，美的集团发布公告，计划以发行 A 股方式，换股吸收合并小天鹅。换股吸收合并完成后，小天鹅将终止上市并注销法人资格，美的集团或其全资子公司将承继及承接小天鹅的全部资产、负债、业务、人员、合同及其他一切权利与义务。

2. 收购方介绍

美的集团成立于 1968 年，总部位于广东顺德，是一家集消费电器、暖通空调、机器人与自动化系统、智能供应链（物流）于一体的公司。美的集团是一家国际化企业，在世界范围内拥有约 200 家子公司、60 家海外分支机构，全球员工超过 13 万人。2013 年，美的集团实现整体上市。截至 2018 年 12 月 31 日，美的集团总市值达 2456 亿元，预计 2018 年营业收入超过 2600 亿元。

1968 年，何享健（现为美的集团实际控制人）带领 23 位居民集资 5000 元开始创业。从创办塑料生产组生产塑料和金属制品，到生产汽车配件、生产发电机，再到改革开放后生产家电，推动中国空调产业发展，美的集团一步步发展壮大。1993 年，美的电器在深交所上市，成为中国证监会批准的第一家由乡镇企业改制而成的上市公司。2001 年，美的集团实施 MBO，以何享健为核心的管理层成为公司第一大股东。1997～2001 年，通过集权、分权、授权、用权四方面改革，美的集团逐步建立起现代企业制度。2002～2010 年，美的集团持续完善管理结构、区域结构、经营结构和市场结构，推动跨区域管理和收购兼并，加快全球化进程。2004 年，美的收购荣事达 50.5% 的股权，加快了冰箱洗衣机产业的发展。2005 年，美的收购江苏春华 80% 的股权，加大力度发展吸尘器产业。2008 年，美的受让无锡国联持有的小天鹅 24.01% 的 A 股股票成为小天鹅的控股股东，进一步优化了白色家电产业的战略布局。

2011～2015 年，美的集团开启战略转型阶段，转型主轴为产品领先、效率驱动和全球经营，加大现有产业的研发投入，通过兼并收购布局全球业务，并布局智慧家居、智能制造、机器人、现代物流在内的新产业，以消费者为中心，提升增长质量，推动再发展。

2016 年至今，美的集团转型初见成效：收购东芝白色家电 80.1% 的股权，美的获得东芝品牌 40 年全球授权和 5000 项白电专利；收购意大利中央空调企业 Clivet 80% 的股权，提升大型中央空调全球市场占有率；收购德国机器人制造商 KUKA 94.55% 的股权，获得世界四大机器人家族之一的鼎力支持；控股以色列伺服电机公司 Servotronix；在中国引入德国高端家电品牌 AEG；发布 AI 科技家电、高端品牌 COLMO；发布全新工业互联网平台 M. IoT 等。

吸收合并小天鹅，是美的集团战略转型中对于原有产业整合提升的重要步骤。小天鹅是洗衣机行业的创新标杆，在激烈的家电行业竞争环境下，与小天鹅进行整合，有助于美的集团在全球范围内提供更具竞争力的产品组合，促进美的集团向"智慧家居 + 智能制造"转型，巩固美的集团在家电行业的领先地位。

3. 标的方介绍

小天鹅前身为无锡陶瓷厂，成立于 1958 年 5 月，属国有企业，主要从事陶瓷产品生产加工。1979 年 8 月，无锡陶瓷厂更名为无锡洗衣机厂，主要从事洗衣机生产。同月，无锡第二机床电器厂与无锡洗衣机厂合并。1986年，以无锡洗衣机厂为核心，成立了无锡市小天鹅电器工业公司。随后，小天鹅作为国产洗衣机品牌的先驱一路发展壮大，制造出中国第一台全自动洗衣机，在 1998～2002 年小天鹅连续五年荣获全国总销量冠军。1996～1997年，小天鹅 B 股和 A 股相继在深交所挂牌上市。小天鹅从 20 世纪 90 年代沿用至今的广告"全心全意小天鹅"，成为一代中国人的记忆。

然而，进入 21 世纪后，小天鹅很快便和众多国产品牌一样，遭遇危机。2001 年，中国加入 WTO，承诺至 2005 年机电产品平均关税税率降至 10%。外资企业在采购、出口等方面逐步享受国民待遇，对于中国企业造成了较大冲击。在全行业利润率下降的情况下，洗衣机行业原材料（钢板和塑料）价格上涨，小天鹅面临亏损压力。彼时，小天鹅对市场形势做出了错误判断，继续追求市场占有率和销售额增长，同时采取多元化战略，大力推广洗碗机业务。由于主业亏损，而洗碗机业务也没能获得预期增长，2002 年，小天鹅出现了 6.2 亿元的巨额亏损。为了重新提振品牌，无锡市政府不得不寻求对外出售小天鹅。最初，无锡市政府将小天鹅控制权转让给南京斯威特集团，南京斯威特没有实业背景，虽然从资本层面控制了小天鹅，却并不能扭转小天鹅的经营状况。2005 年，斯威特因违规占用小天鹅资金而身陷信用危机，无法继续履行收购要约。2006 年，经过仲裁，小天鹅控制权再次回到无锡市国资委手中。

第一次出售失败后，无锡市国资委在考虑小天鹅收购方时更加审慎，并采取了公开征集意向受让方的方式寻求二次出售。此次收购过程中，美的集团在与四川长虹和意黛喜的竞争中脱颖而出，成功取得小天鹅控制权。

4. 后续整合计划

2008 年获得小天鹅控制权后，美的集团将小天鹅纳入洗衣机板块，采取"小天鹅""美的"双品牌经营模式，明确了小天鹅中高端的市场定位。在收购后的数年时间，小天鹅紧紧围绕"产品领先、效率驱动、全球经营"的战略主轴，积极开展内外部变革，取得了出色的业绩表现。2008～2017年，公司收入从 42.9 亿元增长至 213.8 亿元，同比增加 4 倍；净利润从 0.3 亿元增长至 17.1 亿元，同比增加 56 倍；经营活动净现金流更是从 –1.3 亿元增长至 20.2 亿元，体现出较高的增长质量。

聚焦主业，剥离不良资产。小天鹅持续推进对非主营业务资产的清理，出售了三江电机、小天鹅陶瓷、精密铸造等几家子公司股权，同时对江波模具公司、（印尼）帕莱玛公司、东芝合资公司进行了清算，为公司集中精力发展洗衣机业务提供支持。2010 年，通过收购荣事达，小天鹅成为美的旗下洗衣机品牌的主导，负责引导国内洗衣机市场从波轮到滚筒的升级换代。

强化基础管理，提升运营效率。美的集团旗下"美的""小天鹅""荣事达"三个洗衣机品牌在收购完成后逐步整合，最终形成了销售、供应链、制造和研发部门的一套班子、统一管理。美的集团同时向洗衣机板块输出基础管理能力，通过梳理业务核心流程，开展组织结构优化，强化考核执行，进一步激发组织活力。

深化营销变革，大力拓展渠道。小天鹅的洗衣机产品与美的集团空调、冰箱形成了良好的销售协同，同时公司精简组织结构，进行销售下沉，提升了售后网点建设与服务能力。公司积极开拓新兴市场销售，实现了出口金额的提升。

持续加大投入，实现产品创新升级。收购完成后，小天鹅持续加大研发投入，提升产品竞争力，在对消费者需求进行深入调研的基础上，推出一系列创新产品，公司产品多次斩获国内外设计大奖。

此次私有化完成后，美的集团与小天鹅潜在同业竞争和关联交易的问题得以解决，小天鹅与美的集团的协同效应进一步增强，小天鹅仍将作为美的集团的洗衣机主打品牌参与市场竞争。

5. 潜在风险

第一，宏观经济风险。经济景气程度、居民消费需求、国内及国际贸易等宏观经济因素变化均可能会对合并后存续的美的集团主要业务产生影响。如果未来我国和国际宏观经济发生不利变化，将可能对美的集团未来的经营造成不利影响。

第二，客户流失风险。小天鹅经过多年发展，已在相关领域积累大量客户资源，支持小天鹅业务的稳定发展。本次私有化完成后，小天鹅将注销法人资格，以小天鹅作为主体签署的相关业务合同由美的集团承继。若合同变更事项与客户沟通未能获得认可，可能导致美的集团存在客户流失风险。

第三，内部管理风险。美的集团下属子公司众多，众多子公司的业务经营都与美的集团最终经营业绩密切相关。随着业务的进一步发展，庞大的业务规模和运营人员对内部管理水平提出了很高的要求。尤其是本次合并交易之后，原小天鹅下属的资产、业务、人员等将由美的集团承接，进一步增加了管理复杂程度。

合并完成后，美的集团若不能继续维持较高管理水平、通过有效整合提升整个美的集团的经营质量，则将可能面临一定的管理风险。

政策监管篇

并购重组监管政策研究报告

摘　要： 近年来，为更好地适应资本市场改革以及并购重组的发展需要，并购重组相关政策法规进行了进一步完善。以此为基础，监管部门坚持正确政策导向，严厉打击忽悠式重组，对借壳交易、跨界并购继续从严审核，遏制借并购重组进行套利的行为，并购重组服务上市公司转型升级的积极作用正在大幅提升，服务实体经济功能更加突出，高端制造、新能源、信息技术等高新技术产业领域标的资产成为上市公司并购重组的重要方向。

　　2018年，证监会上市公司并购重组审核委员会全年共计审核140例上市公司重大资产重组申请，其中获得无条件通过的69例，有条件通过的54例，未通过的共17例，审核通过率为87.9%（无条件通过率为49.3%，有条件通过率为38.6%），未通过率为12.1%。在2018年并购重组审核委员会审核的140例上市公司重大资产重组申请中，高新技术产业并购重组共计86例，约占并购重组审核委员会全年审核申请总数的 61.43%，其中获得无条件通过的 46 例，有条件通过的 35 例，未通过 5 例，高新技术产业并购重组的审核通过率约为 94.19%（无条件通过率为 53.49%，有条件通过率为 40.7%），未通过率约为 5.81%。高新技术产业并购重组不仅在数量上占据了 2018 年上市公司重大资产重组申请的大部分，而且高新技术产业并购重组的审核通过率也要高于 2017 年全年的整体平均水平。

同时应注意到，监管部门在对高新技术产业并购予以大力支持的同时并没有放松审核标准，而是坚持对高新技术产业并购去伪存真，支持上市公司通过实施高新技术产业并购以增强企业竞争力，服务实体经济发展。总之，高新技术产业并购对于当前中国经济结构调整和产业结构优化具有重要意义，是提升经济增长内在质量的重要手段，在满足合规要求的前提下，高新技术产业并购将充分受益于政策对新技术、新业态、新产品并购重组的重点支持，成为未来并购重组市场的热点。

关键词： 并购　政策法规　高新技术产业

一　法规体系概述

我国并购重组政策法规体系主要由国家法律、行政法规、部门规章、规范性文件以及交易所自律规则几个层级构成，其中以证监会制定的关于并购重组的部门规章和规范性文件为最主要部分。

在国家法律层面，《证券法》和《公司法》等法律中对于并购重组涉及的有关事项进行了一般性的原则规定，主要包括：《证券法》第二章关于证券发行以及第四章关于上市公司的收购的规定；《公司法》第九章关于公司合并、分立、增资、减资的规定；《反垄断法》第四章关于经营者集中的规定；《企业破产法》第八章关于重整的规定。

在国务院制定的行政法规层面，2008 年国务院办公厅发布《国务院办公厅关于当前金融促进经济发展的若干意见》（国办发〔2008〕126 号），提出"支持有条件的企业利用资本市场开展兼并重组，促进上市公司行业整合和产业升级，减少审批环节，提升市场效率，不断提高上市公司竞争力""研究完善企业并购税收政策，积极推动企业兼并重组"。2008 年国务院颁布《国务院关于经营者集中申报标准的规定》，规定了经营者集中时应向商务部申报的具体标准。2011 年国务院办公厅发布的《国务院办公厅关于建立外国投资者并购境内企业安全审查制度的通知》（国办发〔2011〕6 号）对外国投资者并购境内企业安全审查制定做出原则性规定。此外，《上市公司监督管理条例》于2006 年起草完毕并向社会公开征求意见，其中专章规定了上市公司发行证券、收购、重大资产重组、合并及分立，但是该条例至今尚未正式颁布实施。

在部门规章层面，证监会制定的一系列规章构成并购重组政策法规体系的基础和核心，主要包括《上市公司收购管理办法》（简称《收购管理办法》）和《上市公司重大资产重组管理办法》（简称《重组管理办法》），规范非上市公司并购重组的《非上市公众公司收购管理办法》和《非上市公众公司重大资产重组管理办法》，以及《上市公司并购重组财务顾问业务管理办法》和《关于破产重整上市公司重大资产重组股份发行定价的补充规定》等。此外，规范并购重组的部门规章还有商务部制定的《关于外国投资者并购境内企业的规定》《商务部实施外国投资者并购境内企业安全审查制度的规定》《关于评估经营者集中竞争影响的暂行规定》，以及相关部门联合制定的《国有股东转让所持上市公司股份管理暂行办法》《外国投资者对上市公司战略投资管理办法》等。

在规范性文件层面，与《收购管理办法》相配套的规范性文件主要有《公开发行证券的公司信息披露内容与格式准则第 17 号——要约收购报告书》《公开发行证券的公司信息披露内容与格式准则第 16 号——上市公司收购报告书》《公开发行证券的公司信息披露内容与格式准则第 15 号——权益变动报告书》《公开发行证券的公司信息披露内容与格式准则第 18 号——被收购公司董事会报告书》《公开发行证券的公司信息披露内容与格式准则第 19 号——豁免要约收购申请文件》等；与《重组管理办法》相配套的规范性文件主要有《关于规范上市公司重大资产重组若干问题的规定》《公开发行证券的公司信息披露内容与格式准则第 26 号——上市公司重大资产重组》《上市公司重大资产重组申报工作指引》《关于加强与上市公司重大资产重组相关股票异常交易监管的暂行规定》《上市公司回购社会公众股份管理办法（试行）》以及证券期货法律适用意见第 4、7、8、9、10、11、12 号等；除此之外，还有证监会制定的《上市公司并购重组审核委员会工作规程》和《关于在借壳上市审核中严格执行首次公开发行股票上市标准的通知》等。

在交易所自律规则层面，主要包括上交所制定的《关于并购重组反馈意见信息披露相关事项的通知》《上市公司重大资产重组信息披露及停复牌业务指引》；深交所制定的《创业板信息披露业务备忘录第 13 号——重大资产重组相关事项》、《上市公司业务办理指南第 10 号——重大资产重组》、《关于做好不需要行政许可的上市公司重大资产重组预案等直通披露工作的通知》（深交所 2014 年 12 月 12 日）、《中小企业板信息披露业务备忘录第 17 号——重大资产重组相关事项》；全国股转系统制定的《关于收购的投资者问答》、《全国股份转让系统就重大资产重组业务指引答记者问》和《挂牌公司并购重组业务问答》（一）、（二）、（三）等。

二　政策法规变动分析

（一）2013～2015 年并购相关政策法规变动情况

推进企业并购重组是推动工业转型升级、加快转变发展方式的重要举措，是提升我国经济国际竞争力、进一步完善社会主义基本经济制度的必然选择。2013 年前后，我国经济增速放缓，外部需求减弱，产能过剩问题日益成为经济复苏的障碍。针对当时普遍存在的产业集中度不高、产能过剩等问题，工信部、国家发改委等 12 部门于 2013 年 1 月 22 日联合发布了《关于加快推进重点行业企业兼并重组的指导意见》。《意见》明确了汽车、钢铁、水泥、船舶、电解铝、稀土、电子信息、医药、农业产业化龙头企业九大行业企业兼并重组的目标和任务。《意见》指出，通过推进企业兼并重组，提高产业集中度，促进规模化、集约化经营，提高市场竞争力，培育一批具有国际竞争力的大型企业集团，推动产业结构优化升级；进一步推动企业转换经营机制，加强和改善内部管理，完善公司治理结构，建立现代企业制度；加快国有经济布局和结构的战略性调整，促进非公有制经济和中小企业发展，完善以公有制为主体、多种所有制经济共同发展的基本经济制度。2013 年 7 月，国务院制定出台了《国务院办公厅关于金融支持经济结构调整和转型升级的指导意见》，综合提出了货币、信贷、证券、保险、外汇等多方面政策措施，围绕继续执行稳健货币政策，引导推动重点领域与行业转型和调整，加大对小微企业、"三农"等国民经济薄弱环节的支持，推动消费升级，支持企业"走出去"等经济结构调整和转型升级的重点领域做了具体规定，其中明确提出对实施产能整合的企业，要通过探索发行优先股、定向开展并购贷款、适当延长贷款期限等方式，支持企业兼并重组。2013 年 9 月，证监会经过三年的技术准备和方案论证，开始在并购重组审核中实施分道制。将按照"先分后合、一票否决、差别审核"的原则，由证券交易所和证监局、证券业协会、财务顾问分别对上市公司合规情况、中介机构执业能力、产业政策及交易类型三个分项进行评价，之后根据分项评价的汇总结果，将并购重组申请划入豁免/快速、正常、审慎三条审核通道。其中，进入豁免/快速通道、不涉及发行股份的项目，豁免审核，由证监会直接核准；涉及发行股份的，实行快速审核，取消预审环节，直接提请并购重组审核委员会审议。进入审慎通道的项目，依据《证券期货市场诚信监督管理暂行办法》，综合考虑诚信状况等相关因素，审慎审核申请人提出的并购重组申请事项，必要时加大核查力度。进入正常通道的项目，按照现有流程审核。整个评价过程采用客观标准，结果自动生成。随后上海证券交易所和深圳证券交易所均分别发布了《关于配合做好并购重组审核分道制相关工作的通知》。

2014 年 3 月 24 日，国务院印发《国务院关于进一步优化企业兼并重组市场环境的意见》。《意见》针对企业兼并重组面临的突出矛盾和问题，重点提出了七个方面的政策措施。一是加快推进审批制度改革。系统梳理相关审批事项，缩小审批范围，取消下放部分审批事项，优化企业兼并重组审批流程，简化相关证照变更手续。二是改善金融服务。优化信贷融资服务，丰富企业兼并重组融资渠道和支付方式，完善资本市场，发挥资本市场作用。三是落实和完善财税政策。完善企业所得税、土地增值税政策，扩大特殊性税务处理政策的适用范围，落实增值税、营业税等优惠政策，加大财政资金投入。四是完善土地管理和职工安置政策。完善土地使用优惠政策，加快办理相关土地转让、变更等手续，做好兼并重组企业职工安置工作，对有效稳定职工队伍的企业给予稳定岗位补贴。五是加强产业政策引导。发挥产业政策作用，促进强强联合，鼓励跨国并购，加强重组整合。六是进一步加强服务和管理。推进服务体系建设，建立统计监测制度，规范企业兼并重组行为。七是健全企业兼并重组的体制机制。充分发挥市场机制作用，消除跨地区兼并重组障碍，放宽民营资本市场准入，深化国有企业改革。2014 年 5 月 8 日，国务院印发了《国务院关于进一步促进资本市场健康发展的若干意见》，其中在发展多层次股票市场的意见部分，专门提出"鼓励市场化并购重组，充分发挥资本市场在企业并购重组过程中的主渠道作用，强化资本市场的产权定价和交易功能，拓宽并购融资渠道，丰富并购支付方式。尊重企业自主决策，鼓励各类资本公平参与并购，破除市场壁垒和行业分割，实现公司产权和控制权跨地区、跨所有制顺畅转让"。为贯彻落实《国务院关于进一步优化企业兼并重组市场环境的意见》和《国务院关于进一步促进资本市场健康发展的若干意见》，2014 年 10 月，证监会修订《上市公司重大资产重组管理办法》和《上市公司收购管理办法》。此次修订以"放松管制、加强监管"为理念，进一步减少和简化并购重组行政许可，在强化信息披露、加强事中事后监管、督促中介机构归位尽责、保护投资者权益等方面作出配套安排。此次修订主要包括以下内容。一是取消对不构成借壳上市的上市公司重大购买、出售、置换资产行为的审批；取消要约收购事前审批及两项要约收购豁免情形的审批。二是完善发行股份购买资产的市场化定价机制，对发行股份的定价增加了定价弹性和调价机制规定。三是完善借壳上市的定义，明确对借壳上市执行与 IPO 审核等同的要求，明确创业板上市公司不允许借壳上市。四是进一步丰富并购重组支付工具，为上市公司发行优先股、定向发行可转换债券、定向权证作为并购重组支付方式预留制度空间。五是取消向非关联第三方发行股份购买资产的门槛限制和盈利预测补偿强制性规定要求，尊重市场化博弈。六是丰富要约收购履约保证制度，降低要约收购成本，强化财务顾问责任。七是明确分道制审核，加强事中事后监管，督促有关主体归位尽责。特别是《上市公司重大资产重组管理办法》还明确提出了鼓励依法设立的并购基金、股权投资基金、创业投资基金、产业投资基金等投资机构参与上市公司并购重组。

为贯彻落实《国务院关于进一步优化企业兼并重组市场环境的意见》，2015 年 1 月财政部、国家税务总局联合发布了《关于促进企业重组有关企业所得税处理问题的通知》和《关于非货币性资产投资企业所得税政策问题的通知》，对兼并重组过程中享受企业所得税递延处理特殊政策的条件进行调整。其中，规定企业进行股权收购和资产收购时，对被收购股权或资产比例的要求由原来的不低于 75% 降低为不低于 50%；具有 100% 控股关系的母子企业之间按账面值划转股权或资产，也可适用递延纳税政策，使更多企业兼并重组可以适用特殊性税务处理政策，即有关股权或资产按历史成本计价，暂不征收企业所得税。2015 年 3 月，银监会修订并发布《商业银行并购贷款风险管理指引》，要求银行业金融机构要积极支持优化产业结构，按照依法合规、审慎经营、风险可控、商业可持续的原则，积极稳妥开展并购贷款业务，提高对企业兼并重组的金融服务水平。为进一步发挥资本市场促进企业重组的作用，加大并购重组融资力度，提升资本市场服务实体经济的能力，2015 年 4 月证监会发布了修订后的《第十三条、第四十三条的适用意见——证券期货法律适用意见第 12 号》，将发行股份购买资产中的募集配套资金比例由 25% 提升至 100%。即上市公司发行股份购买资产同时募集配套资金比例不超过拟购买资产交易价格 100% 的，一并由并购重组审核

委员会予以审核；超过 100% 的，一并由发行审核委员会予以审核。2015 年
8 月，为进一步提高上市公司质量，建立健全投资者回报机制，提升上市公
司投资价值，促进结构调整和资本市场稳定健康发展，证监会、财政部、国
务院国资委、银监会四部门联合发布《关于鼓励上市公司兼并重组、现金
分红及回购股份的通知》，大力推进上市公司并购重组，积极鼓励上市公司
现金分红，支持上市公司回购股份，提升资本市场效率和活力。

（二）2016年9月修改的《上市公司重大资产重组管理办法》

近年来关于并购重组政策法规最重要的变化是 2016 年 9 月 1 日中国证
监会 2016 年第 10 次主席办公会议审议通过的《关于修改〈上市公司重大
资产重组管理办法〉的决定》。依据该决定相应修改了《上市公司重大资产
重组管理办法》的五个条款，具体修改的内容主要涉及以下几方面。

1. 细化借壳上市的认定标准

《重组管理办法》在修改前关于借壳上市的判断标准只有一个，即收购
关联人资产总额达到上市公司资产总额 100%，相对容易被规避。本次进行
修改后，除创业板和金融资产外，上市公司控制权发生变更之日累计 60 个
月内，向收购人及其关联人购买资产导致资产总额、营业收入、净利润、资
产净额、发行股份数量五个量化指标其中任一项指标达到或超过 100%，即
构成借壳上市，应当按照规定报经中国证监会核准。此外，即使上述五个量
化指标均未达到 100%，但只要上市公司向收购人及其关联人购买资产可能
导致上市公司主营业务发生根本变化，也将构成借壳上市。最后，重组新规
还为借壳上市的认定标准设置了兜底条款，即"中国证监会认定的可能导
致上市公司发生根本变化的其他情形"。

2. 明确上市公司控制权的标准

上市公司控制权系按照《上市公司收购管理办法》第八十四条的规定
进行认定。此外，对上市公司股权分散情况下管理层控制的情况进行了界
定，即"上市公司股权分散，董事、高级管理人员可以支配公司重大的财
务和经营决策的，视为具有上市公司控制权"。

3. 取消配套融资

重组新规取消了借壳上市可以募集资金的安排，提高对重组方的实力要求，上市公司发行股份购买资产属于借壳上市的，不可以同时募集配套资金，从而提高借壳上市的门槛，并且有助于避免重组方及其关联人通过配套融资进行利益输送。

4. 延长锁定期

购买的资产总额占上市公司控制权发生变更的前一个会计年度经审计的合并财务会计报告期末资产总额的比例达到100%以上的，上市公司收购人及关联人应公开承诺在交易后36个月不转让股份，其他参与人应承诺24个月不转让股份。

5. 增加对上市公司及原控股股东的合规性要求

上市公司或其控股股东、实际控制人近三年存在违法违规或近一年被交易所公开谴责的不得卖壳。

6. 加强监管，增加规避借壳上市的追责条款

若购买的资产总额占上市公司控制权发生变更的前一个会计年度经审计的合并财务会计报告期末资产总额的比例达到100%以上，但未经中国证监会核准而擅自实施的，若交易尚未完成，证监会责令上市公司补充披露相关信息、暂停交易；若交易已经完成，对公司进行警告，罚款，相关责任人员采取市场禁入，构成犯罪的，依法移送司法机关。

总体来看，根据2016年新修改的《重组管理办法》，除了借壳上市和发行股份以外，上市公司的重大资产重组不再需要经过证监会的行政许可，对于不构成借壳上市的上市公司重大购买、出售、置换资产行为全部取消了审批，这实际上在制度层面为上市公司并购重组松绑，鼓励上市公司善用资本市场来推进并购重组。与此同时，新修改的《重组管理办法》参照国际成熟市场经验进一步细化完善了关于借壳上市的规定，涉及借壳上市的重大资产重组取消配套融资，延长股东股份锁定期等，因而被称为史上最严借壳新规，其根本目的是抑制投机"炒壳"，同时继续支持上市公司通过健康的方式并购重组提升上市公司质量，引导更多资金投向实体经济。

（三）2017 年并购相关政策法规变动情况

2017 年 1 月 20 日，证监会新闻发言人表示，上市公司并购重组是提高上市公司质量、支持实体经济转型升级的有效手段，但市场秩序尚不规范，存在投机"炒壳"的痼疾顽疾，以及"忽悠式"、"跟风式"和盲目跨界重组的问题。早在 2016 年 9 月，证监会修订发布《上市公司重大资产重组管理办法》，有力遏制了投机"炒壳"和关联人减持套利。同时，对并购配套融资进行严格限制，严厉打击并购重组伴生的内幕交易等违法行为。下一步，证监会将进一步加强并购重组监管，持续完善相关制度规则，重点遏制"忽悠式"、"跟风式"和盲目跨界重组，引导资金更多投向有利于产业整合升级的并购重组，趋利避害，更好发挥并购重组的积极作用。

2017 年 6 月，中国证券业协会第六次会员大会在京举行，证监会主席刘士余发表讲话，提出证券公司要在并购重组、盘活存量上做文章，为国企国资改革、化解过剩产能、"僵尸企业"的市场出清、创新催化等方面提供更加专业化的服务，加快对产业转型升级的支持力度。

2017 年 9 月 22 日，证监会宣布对《公开发行证券的公司信息披露内容与格式准则第 26 号——上市公司重大资产重组（2014 年修订）》进行相应修订，公布实施《公开发行证券的公司信息披露内容与格式准则第 26 号——上市公司重大资产重组（2017 年修订）》。新修订的并购重组信息披露规则简化重组预案披露内容，缩短停牌时间，对"三类股东"要求穿透披露至最终出资人，并要求全程披露重组后大股东减持计划，修改主要涉及以下几方面内容。

1. 简化重组预案披露内容，缩短停牌时间

通过简化重组预案披露内容，减少停牌期间工作量，进一步缩短上市公司停牌时间。本次修订明确上市公司在重组预案中无须披露交易标的的历史沿革及是否存在出资瑕疵或影响其合法存续的情况等信息，具体信息可在重组报告书中予以披露；缩小中介机构在预案阶段的尽职调查范围，仅为"重组预案已披露的内容"；不强制要求在首次董事会决议公告前取得交易

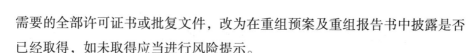

需要的全部许可证书或批复文件，改为在重组预案及重组报告书中披露是否已经取得，如未取得应当进行风险提示。

2. 限制打击"忽悠式""跟风式"重组

为切实保护投资者合法权益，防止控股股东发布重组预案，抬高股价，乘机高位减持获利后，再终止重组，本次修订要求重组预案和重组报告书中应披露：上市公司的控股股东及其一致行动人对本次重组的原则性意见，及控股股东及其一致行动人、董事、监事、高级管理人员自本次重组复牌之日起至实施完毕期间的股份减持计划；上市公司披露为无控股股东的，应当比照前述要求，披露第一大股东及持股5%以上股东的意见及减持计划；在重组实施情况报告书中应披露减持情况是否与已披露的计划一致。

3. 明确"穿透"披露标准，提高交易透明度

为防范"杠杆融资"可能引发的相关风险，本次修订对合伙企业等作为交易对方时的信息披露要求做了进一步细化：交易对方为合伙企业的，应当穿透披露至最终出资人，同时还应披露合伙人、最终出资人与参与本次交易的其他有关主体的关联关系；交易完成后合伙企业成为上市公司第一大股东或持股5%以上股东的，还应当披露最终出资人的资金来源，合伙企业利润分配、亏损负担及合伙事务执行的有关协议安排，本次交易停牌前六个月内及停牌期间合伙人入伙、退伙等变动情况；交易对方为契约型私募基金、券商资产管理计划、基金专户及基金子公司产品、信托计划、理财产品、保险资管计划、专为本次交易设立的公司等，比照对合伙企业的上述要求进行披露。在修改之前的规定中，契约型私募基金、券商资产管理计划、基金专户及基金子公司产品、信托计划、理财产品、保险资管计划、专为本次交易设立的公司并无在列。

（四）2018年并购相关政策法规变动情况

1. 修改《并购重组委工作规程》

2018年7月6日，证监会公布了修改后的《中国证券监督管理委员会上市公司并购重组审核委员会工作规程》（以下简称《并购重组委工作规

程》），该规程自发布之日起实施。此前《并购重组委工作规程》较大的一次修订是在 2014 年完成的，本次《并购重组委工作规程》的修改核心主要聚焦两部分：一是重新规定了新一届并购重组委委员的选拔、构成、换届，二是进一步约束并购重组委的权力。

本次《并购重组委工作规程》的主要修改内容具体如下。一是强化保护投资者合法权益的宗旨。在提高审核工作质量和透明度的基础上，进一步强调保护投资者合法权益的宗旨，将保护投资者合法权益贯穿审核工作始终。二是优化委员选聘机制。设立并购重组委遴选委员会，按照公开、公平、公正的原则选聘并购重组委委员。三是建立专项监察机制。证监会设立发行与并购重组审核监察委员会，对并购重组委审核工作进行独立监察。四是适度扩大委员会规模。委员总人数由 35 名增加至 40 名，证监会内部委员由不超过 7 名修改为不超过 11 名。五是调短委员任职期限。将委员每届任期 2 年改为每届任期 1 年，连续任期最长不超过 2 届。六是优化委员任职条件。提高选聘委员的标准，在原有廉政要求、专业素质、遵纪守法等资格条件的基础上，要求委员具有较高的政治思想素质、理论水平和道德修养。七是完善回避规定。近年来，为防范利益冲突，除执行现行回避规定外，委员所在工作单位如持有与并购重组申请事项相关的公司证券或股份，委员本人均严格回避。本次修改将这一做法在规则层面加以固化，同时将委员的亲属范围扩大为配偶、父母、子女、兄弟姐妹、配偶的父母、子女的配偶、兄弟姐妹的配偶。八是强化委员工作单位责任。并购重组委委员因违法违规被解聘的，取消其所在工作单位 5 年内再次推荐并购重组委委员的资格，并购重组委委员为国家机关、事业单位工作人员的，通报其所在工作单位，由其所在工作单位作出相应处分。

2. 细化资产重组定价机制，发行价格可双向调整

2018 年 9 月 7 日，证监会发布《关于发行股份购买资产发行价格调整机制的相关问题与解答》，明确规定上市公司发行股份购买资产的，可以按照《上市公司重大资产重组办法》第四十五条的规定设置发行价格调整机制，保护上市公司的股东利益，发行价格调整方案的设定应当符合五项具体要求。

本次发布的《关于发行股份购买资产发行价格调整机制的相关问题与解答》，进一步明确了价格调整需满足的条件为市场、同行业指数以及上市公司股票价格同时发生了重大变化，同时还要求发行价格调整方案设置双向调整机制，如果仅单向调整，应说明理由，是否有利于中小股东保护，这不仅保护资产方利益，也保护了中小股东利益。

此外，《关于发行股份购买资产发行价格调整机制的相关问题与解答》对信息披露的要求更加全面，决定对发行价格进行调整的，应对发行价格调整可能产生的影响、价格调整的合理性、是否有利于股东保护等进行充分评估论证并做信息披露，并应同时披露董事会就此决策的勤勉尽责情况。

此前，上市公司发行股份购买资产时只存在定价下调机制，资产方和上市公司股东方都倾向于在市场上行时实施并购重组，发行价格确定后股价快速上涨，股东方获得资本利得，资产方获得的股份对价增加，而定价双向调整机制的确立不仅有利于为市场上行周期的并购重组降温，而且也有助于鼓励各方在弱市时进行并购重组。

3. 启动"小额快速"并购重组审核机制

2018年10月8日，证监会发布《关于并购重组"小额快速"审核适用情形的相关问题与解答》，推出了"小额快速"并购重组审核机制，对不构成重大资产重组且满足一定条件的发行股份购买资产交易，在证监会受理之后将直接交上市公司并购重组审核委员会审议，减少了预审、反馈等环节，压缩了审核时间，加快了并购重组审核速度。

根据本次发布的《关于并购重组"小额快速"审核适用情形的相关问题与解答》，并购重组"小额快速"审核的适用情形包括（满足其一即适用）：（1）最近12个月累计交易金额不超过5亿元；（2）最近12个月累计发行股份不超过本次交易前总股本的5%，且最近12个月累计交易金额不超过10亿元。不适用"小额快速"审核的并购重组交易包括（满足任意一条即不适用）：（1）募集配套资金支付交易现金对价的，或者募集配套资金超过5000万元；（2）按照"分道制"分类结果属于审慎审核类别的。

根据《上市公司重大资产重组管理办法》等文件的规定，以现金方式支付的并购重组交易不需经证监会审核，因此在过去，一部分上市公司为加快并购重组速度，愿意选择使用全现金方式完成金额相对较小的并购重组交易。2018 年以来，随着经济下行压力加大，企业现金流普遍吃紧，上市公司在并购支付方式上所面临的约束一定程度上降低了其实施并购的意愿。在此背景之下，证监会推出"小额快速"并购重组审核机制使得股权收购成为同样高效的支付选项，这有助于鼓励企业考虑通过股权收购方式进行并购交易，缓解了上市公司小额并购的现金压力。

在"小额快速"通道启动后，拓尔思成为第一家通过该通道进行审核的公司。2018 年 9 月 26 日，拓尔思收到证监会对该公司发行股份购买资产事项的受理通知，2018 年 10 月 18 日上会审核，仅用了 13 个工作日。

4. 放开配套融资政策

2018 年 10 月 12 日，证监会发布《关于上市公司发行股份购买资产同时募集配套资金的相关问题与解答（2018 年修订)》，对上市公司发行股份、购买资产同时募集配套资金的现行监管要求进行修订和补充，相对于 2016 年监管问答的严格规定，本次监管问答有了较大程度的放松。

2016 年发行股份购买资产同时募集配套资金的监管问答规定，募集配套资金不能用于补充上市公司和标的资产流动资金、偿还债务。本次监管问答再次恢复了并购配套融资补充公司流动性和偿还债务的用途，但是比例有一定限制，即募集配套资金用于补充公司流动资金、偿还债务的比例不应超过交易作价的 25%，或者不超过募集配套资金总额的 50%。

2016 年发行股份购买资产同时募集配套资金的监管问答规定，拟购买资产交易价格不包括交易对方在本次交易停牌前六个月内及停牌期间以现金增资入股标的资产部分对应的交易价格，旨在防止突击入股套现。为避免矫枉过正，本次监管问答对上述规定进行了一定松绑，即在满足一定条件下（在上市公司董事会首次就重大资产重组作出决议前该等资金有明确且合理的用途），可以包含交易对方在本次交易停牌前六个月内及停牌期间以现金增资入股标的资产部分对应的交易价格，实际上提高了配套融资规模的上限。

2016 年发行股份购买资产同时募集配套资金的监管问答规定，上市公司控股股东、实际控制人及其一致行动人拟认购募集配套资金的，以及其在本次交易停牌前六个月内及停牌期间取得标的资产权益，并以该部分权益认购的上市公司股份，相应股份在认定控制权是否变更时均应剔除计算。本次监管问答有条件地允许上市公司控股股东、实际控制人及其一致行动人通过认购募集配套资金或突击取得标的资产权益的方式稳定控制权：对于上市公司控股股东、实际控制人及其一致行动人已就认购配融股份所需资金和所得股份锁定作出切实、可行安排，能够确保按期、足额认购且取得股份后不会出现变相转让等情形的可纳入控制权认定的股份比例计算；上市公司董事会首次就重大资产重组作出决议前，前述主体已通过足额缴纳出资、足额支付对价获得的标的资产权益也可纳入控制权认定的股份比例计算范畴。独立财务顾问应就前述主体是否按期、足额认购配套募集资金相应股份，取得股份后是否变相转让，取得标的资产权益后有无抽逃出资等开展专项核查。

2016 年发行股份购买资产同时募集配套资金的监管问答规定，除上市公司控股股东、实控人及其控制的关联人，以及通过认购本次发行的股份取得上市公司控制权的主体之外的特定对象取得本次发行的股份时，对其用于认购股份的资产持续拥有权益的时间不足 12 个月的，特定对象以资产认购而取得的上市公司股份，自股份发行结束之日起 36 个月内不得转让。本次监管问答对上述特定对象认购股份的资产持续拥有权益的时间计算标准进行了更为严格的限定，即自公司登记机关就特定对象持股办理完毕相关登记手续之日起算，但足额缴纳出资日晚于相关登记手续办理完毕之日的，自足额缴纳出资之日起算。这意味着持有标的股份的期限更容易被认定为短于 12 个月，突击入股快进快出的难度和成本提高。

5. 鼓励私募股权基金参与上市公司并购重组

2018 年 10 月 19 日，中国证监会主席刘士余在接受新华社记者采访时表示，鼓励私募股权基金通过参与非公开发行、协议转让、大宗交易等方式，购买已上市公司股票，参与上市公司并购重组。刘士余主席同时指出，鼓励包括私募股权基金在内的各类资管机构以更加市场化的方式募集资金，发起设立主要投资于民营企业的股权投资基金、创业投资基金及债券投资基金，积极参与民营上市公司并购重组。

2018 年 10 月 19 日，中国证券投资基金业协会就"私募股权投资基金参与上市公司并购重组"相关问题答记者问，重申私募股权投资基金可以通过开立证券账户参与非公开发行、协议转让、大宗交易等方式，购买已上市公司股票，参与上市公司并购重组。

2018 年 10 月 21 日，中国证券投资基金业协会发布通知，为支持私募基金管理人和证券期货经营机构（含证券公司私募基金子公司）募集设立的私募基金和资产管理计划参与市场化、法治化并购重组，纾解当前上市公司的股权质押问题，基金业协会将对符合条件的私募基金和资产管理计划特别提供产品备案及重大事项变更的"绿色通道"服务。针对参与上市公司并购重组交易的私募基金和资产管理计划的新增产品备案申请，协会将在材料齐备后 2 个工作日内完成备案并对外公示。针对已备案的私募基金、资产管理计划，因参与上市公司并购重组交易申请变更相关投资策略、投资范围等基金合同（合伙协议或基金公司章程）内容所提交的产品重大事项变更申请，协会将在材料齐备后 2 个工作日内完成基金重大事项变更手续。

6. 新增并购重组审核分道制"豁免/快速通道"产业类型

2018 年 10 月 19 日，证监会发布《关于并购重组审核分道制"豁免/快速通道"产业政策要求的相关问题与解答》，进一步新增并购重组审核分道制"豁免/快速通道"产业类型：高档数控机床和机器人、航空航天装备、海洋工程装备及高技术船舶、先进轨道交通装备、电力装备、新一代信息技术、新材料、环保、新能源、生物产业；党中央、国务院要求的其他亟须加快整合、转型升级的产业。

7. 缩短 IPO 被否后重组上市期限

2018 年 10 月 20 日，证监会发布《关于 IPO 被否企业作为标的资产参与上市公司重组交易的相关问题与解答》，为统一与被否企业重新申报 IPO 的监管标准，支持优质企业参与上市公司并购重组，推动上市公司质量提升，将 IPO 被否企业筹划重组上市的间隔期从 3 年缩短为 6 个月。

为防止部分资质较差的 IPO 被否企业绕道并购重组登陆资本市场，2018

年 2 月 23 日，证监会曾发布《关于 IPO 被否企业作为标的资产参与上市公司重组交易的相关问题与解答》，对 IPO 被否企业筹划重组上市设置了 3 年的间隔期要求。相比之下，本次证监会将 IPO 被否企业重组上市的时间间隔缩短至 6 个月，为并购重组市场提供了更多的大体量重组标的，也充分表明了证监会对并购与资产重组的支持态度。

8. 沪深交易所发文支持上市公司并购重组

2018 年 10 月 21 日，沪深交易所相继表态，认真组织贯彻落实刘鹤副总理关于股市的工作要求，将从纾解股权质押风险、支持并购重组、支持上市公司回购等方面巩固市场发展。

上交所提出，将紧紧围绕供给侧结构性改革，支持上市公司通过并购重组出清落后产能，增强核心竞争力；将重点支持新技术、新业态、新产品通过并购重组进入上市公司，充分发挥好并购重组在支持产业结构转型升级、上市公司做优做强的独特优势。

深交所提出，将加快制度建设，研究修订完善股份回购制度配套规则，支持具备条件的上市公司依法合规回购股份，推进并购重组市场化改革；加大对产业整合、转型升级、海外兼并等交易的支持力度；鼓励产业并购基金及创新支付工具的运用，助力上市公司依托并购重组转型升级和高质量发展。

9. 试点定向可转债并购

2018 年 11 月 1 日，证监会发布《证监会试点定向可转债并购支持上市公司发展》，支持上市公司在并购重组中定向发行可转债作为支付工具，以增加并购交易谈判的弹性，缓解上市公司现金压力及大股东股权稀释风险，丰富并购重组融资渠道，支持包括民营控股上市公司在内的各类企业通过并购重组做优做强。

可转债兼具股性和债性，与一般债券和银行贷款相比定向可转债成本更低，与定增相比定向可转债的发行程序更加简便灵活，新增定向可转债作为并购重组支付工具有利于弱市环境下并购重组回暖。2018 年 11 月 8 日，A股上市公司并购中首例定向可转债方案出台，赛腾股份发布《发行可转换债券、股份及支付现金购买资产并募集配套资金预案》，以发行定向可转换债券的方式支付交易对价的 60%，即 12600 万元；以现金方式支付菱欧科技交易对价的 30%，即 6300 万元；以发行股份的方式支付交易对价的 10%，即 2100 万元。

10. 三部门发文支持回购

2018 年 11 月 9 日，证监会、财政部、国务院国资委联合发布《关于支持上市公司回购股份的意见》，拓宽了回购资金来源，适当简化实施程序，引导完善治理安排，鼓励各类上市公司实施股权激励或员工持股计划，促进公司夯实估值基础。

自 2018 年 10 月 26 日《公司法》完善公司股份回购制度的修正案获得通过以来，此次证监会、财政部、国务院国资委三部门联合发布的《关于支持上市公司回购股份的意见》就上市公司回购股份行为进一步提出了具体指导性意见。在回购资金来源方面，该《意见》继续支持通过优先股、债权为回购筹集资金，支持实施股份回购的公司以简单快捷的方式进行再融资，实施股份回购的视同现金分红（上市公司以现金为对价，采用要约方式、集中竞价方式回购股份的，视同上市公司现金分红，纳入现金分红的相关比例计算）；在回购公司限制方面，上市金融企业可在合理确定回购实施价格以及切实防范利益输送的基础上，依法回购股份用于实施股权激励或者员工持股计划；在回购实施程序方面，上市公司股价破净或者 20 个交易日内股价跌幅累计达 30%，股份回购减少注册资本的，不受股票上市满一年和现行回购窗口期的限制，股东大会授权实施股份回购的可以一并授权实施再融资。

11. 监管机构提示商誉减值风险

2018 年 11 月 16 日，证监会发布《会计监管风险提示第 8 号——商誉减值》，从商誉减值的会计处理及信息披露、商誉减值事项的审计和与商誉减值事项相关的评估三个方面就常见问题和监管关注事项进行说明。该提示指出按照《企业会计准则第 20 号——企业合并》的规定，在非同一控制下的企业合并中，购买方对合并成本大于合并中取得的被购买方可辨认净资产公允价值份额的差额，应当确认为商誉。此外，提示规定公司应当在资产负债表日判断是否存在可能发生资产减值的迹象，对企业合并所形成的商誉，公司应当至少在每年年终时进行减值测试。

近年来，重要并购政策法规核心内容汇总如表1所示。

表1　2013年以来重要并购政策法规汇总

时间	相关政策	核心内容
2013年1月	《关于加快推进重点行业企业兼并重组的指导意见》（工信部联产业〔2013〕16号）	明确汽车、钢铁、水泥、船舶、电解铝、稀土、电子信息、医药、农业产业化龙头企业九大行业企业兼并重组的目标和任务。指出通过推进企业兼并重组，提高产业集中度，促进规模化、集约化经营，提高市场竞争力，培育一批具有国际竞争力的大型企业集团，推动产业结构优化升级；进一步推动企业转换经营机制，加强和改善内部管理，完善公司治理结构，建立现代企业制度；加快国有经济布局和结构的战略性调整，促进非公有制经济和中小企业发展，完善以公有制为主体、多种所有制经济共同发展的基本经济制度
2013年7月	《国务院办公厅关于金融支持经济结构调整和转型升级的指导意见》（国办发〔2013〕67号）	明确提出对实施产能整合的企业，要通过探索发行优先股、定向开展并购贷款、适当延长贷款期限等方式，支持企业兼并重组
2013年9月	上海证券交易所《关于配合做好并购重组审核分道制相关工作的通知》；深圳证券交易所《关于配合做好并购重组审核分道制相关工作的通知》	自2013年10月8日起正式实施并购重组分道制审核。并购重组审核分道制是指证监会对并购重组行政许可申请审核时，根据财务顾问的执业能力、上市公司的规范运作和诚信状况、产业政策及交易类型的不同，实行差异化的审核制度安排。其中，对符合标准的并购重组申请，实行豁免审核或快速审核
2014年3月	《国务院关于进一步优化企业兼并重组市场环境的意见》（国发〔2014〕14号）	针对企业兼并重组面临的突出矛盾和问题，重点提出了七个方面的政策措施
2014年5月	《国务院关于进一步促进资本市场健康发展的若干意见》（国发〔2014〕17号）	鼓励市场化并购重组。充分发挥资本市场在企业并购重组过程中的主渠道作用，强化资本市场的产权定价和交易功能，拓宽并购融资渠道，丰富并购支付方式。尊重企业自主决策，鼓励各类资本公平参与并购，破除市场壁垒和行业分割，实现公司产权和控制权跨地区、跨所有制顺畅转让

时间	相关政策	核心内容
2014 年 10 月	修订《上市公司重大资产重组管理办法》和《上市公司收购管理办法》	进一步减少和简化并购重组行政许可,在强化信息披露、加强事中事后监管、督促中介机构归位尽责、保护投资者权益等方面作出配套安排
2015 年 1 月	《关于促进企业重组有关企业所得税处理问题的通知》和《关于非货币性资产投资企业所得税政策问题的通知》	对兼并重组过程中享受企业所得税递延处理特殊政策的条件进行调整。其中企业进行股权收购和资产收购时,对被收购股权或资产比例的要求由原来的不低于 75% 降低为不低于 50%;具有 100% 控股关系的母子企业之间按账面值划转股权或资产,也可适用递延纳税政策,使更多企业兼并重组可以适用特殊性税务处理政策,即有关股权或资产按历史成本计价,暂不征收企业所得税
2015 年 3 月	《商业银行并购贷款风险管理指引》(银监发〔2015〕5 号)	银行业金融机构要积极支持优化产业结构,按照依法合规、审慎经营、风险可控、商业可持续的原则,积极稳妥开展并购贷款业务,提高对企业兼并重组的金融服务水平
2015 年 4 月	修订《第十三条、第四十三条的适用意见——证券期货法律适用意见第 12 号》	上市公司发行股份购买资产同时募集配套资金比例不超过拟购买资产交易价格 100% 的,一并由并购重组审核委员会予以审核;超过 100% 的,一并由发行审核委员会予以审核
2015 年 8 月	《关于鼓励上市公司兼并重组、现金分红及回购股份的通知》	大力推进上市公司兼并重组,积极鼓励上市公司现金分红,大力支持上市公司回购股份,提升资本市场效率和活力
2016 年 9 月	修订《上市公司重大资产重组管理办法》	给"炒壳"降温,促进市场估值体系的理性修复,继续支持通过并购重组提升上市公司质量,引导更多资金投向实体经济
2017 年 1 月	证监会新闻发布会	并购重组是支持实体经济的重要手段,但是存在投机炒壳的顽疾。证监会将进一步加强并购重组监管,持续完善相关制度规则,重点遏制忽悠式、跟风式和盲目跨界重组,引导资金更多投向有利于产业整合升级的并购重组。严厉打击并购重组伴生的内幕交易等违法行为
2017 年 6 月	证监会主席刘士余在中国证券业协会第六次会员大会上的讲话	证券公司要在并购重组、盘活存量上做文章,为国企国资改革、化解过剩产能、"僵尸企业"的市场出清、创新催化等方面提供更加专业化的服务,加快对产业转型升级的支持力度

续表

时间	相关政策	核心内容
2017 年 9 月	修订《公开发行证券的公司信息披露内容与格式准则第 26 号——上市公司重大资产重组（2014 年修订）》	新修订的并购重组信息披露规则简化重组预案披露内容，缩短停牌时间，对"三类股东"要求穿透披露至最终出资人，并要求全程披露重组后大股东减持计划
2018 年 2 月	《关于 IPO 被否企业作为标的资产参与上市公司重组交易的相关问题与解答》	对标的资产曾申报 IPO 被否决的重组项目加强监管：对于重组上市类交易（俗称借壳上市），企业在 IPO 被否决后至少应运行 3 年才可筹划重组上市；对于不构成重组上市的其他交易，将加强信息披露监管，重点关注 IPO 被否的具体原因及整改情况、相关财务数据及经营情况与 IPO 申报时相比是否发生重大变动及原因等情况
2018 年 7 月	修改《中国证券监督管理委员会上市公司并购重组审核委员会工作规程》	本次修改重新规定了新一届并购重组委委员的选拔、构成、换届，进一步约束并购重组委的权力，旨在严格选任标准、扩大委员规模，强化权力监督
2018 年 9 月	《关于发行股份购买资产发行价格调整机制的相关问题与解答》	上市公司发行股份购买资产的，可以按照《上市公司重大资产重组办法》第四十五条的规定设置发行价格调整机制，保护上市公司股东利益，发行价格调整方案的设定应当符合五项具体要求
2018 年 10 月	中国证监会主席刘士余接受新华社记者采访	鼓励私募股权基金通过参与非公开发行、协议转让、大宗交易等方式，购买已上市公司股票，参与上市公司并购重组。鼓励包括私募股权基金在内的各类资管机构以更加市场化的方式募集资金，发起设立主要投资于民营企业的股权投资基金、创业投资基金及债券投资基金，积极参与民营上市公司并购重组
	中国证券投资基金业协会发布通知，为纾解股权质押问题的私募基金提供备案"绿色通道"	针对参与上市公司并购重组交易的私募基金和资产管理计划的新增产品备案申请，协会将在材料齐备后 2 个工作日内完成备案并对外公示。针对已备案私募基金、资产管理计划因参与上市公司并购重组交易申请变更相关投资策略、投资范围等基金合同（合伙协议或基金公司章程）内容所提交的产品重大事项变更申请，协会将在材料齐备后 2 个工作日内完成基金重大事项变更手续
	《关于并购重组"小额快速"审核适用情形的相关问题与解答》	推出"小额快速"并购重组审核机制，对不构成重大资产重组且满足一定条件的发行股份购买资产交易，在证监会受理后直接交上市公司并购重组审核委员会审议

时间	相关政策	核心内容
2018 年 10 月	《关于上市公司发行股份购买资产同时募集配套资金的相关问题与解答（2018 年修订）》	并购配套融资可补充公司流动性和偿还债务的用途，但募集配套资金用于补充公司流动资金、偿还债务的比例不应超过交易作价的 25%，或者不超过募集配套资金总额的 50%
	《关于并购重组审核分道制"豁免/快速通道"产业政策要求的相关问题与解答》	新增并购重组审核分道制"豁免/快速通道"产业类型：高档数控机床和机器人、航空航天装备、海洋工程装备及高技术船舶、先进轨道交通装备、电力装备、新一代信息技术、新材料、环保、新能源、生物产业；党中央、国务院要求的其他亟须加快整合、转型升级的产业
	《关于 IPO 被否企业作为标的资产参与上市公司重组交易的相关问题与解答》	IPO 被否企业筹划重组上市的间隔期从 3 年缩短为 6 个月
	沪深交易所发文支持上市公司并购重组	上交所提出，将紧紧围绕供给侧结构性改革，支持上市公司通过并购重组出清落后产能，增强核心竞争力。重点支持新技术、新业态、新产品通过并购重组进入上市公司，充分发挥好并购重组在支持产业结构转型升级、上市公司做优做强的独特优势 深交所提出，加快制度建设，研究修订完善股份回购制度配套规则，支持具备条件的上市公司依法合规回购股份，推进并购重组市场化改革，加大对产业整合、转型升级、海外兼并等交易的支持力度，鼓励产业并购基金及创新支付工具的运用，助力上市公司依托并购重组转型升级和高质量发展
2018 年 11 月	《证监会试点定向可转债并购支持上市公司发展》	支持上市公司在并购重组中定向发行可转债作为支付工具
2018 年 11 月	证监会、财政部、国务院国资委联合发布《关于支持上市公司回购股份的意见》	依法支持各类上市公司回购股份用于实施股权激励及员工持股计划；鼓励运用其他市场工具为股份回购提供融资等支持；简化实施回购的程序；引导完善公司治理安排
	证监会发布《会计监管风险提示第 8 号——商誉减值》	对商誉减值的会计监管风险进行提示，加强对于商誉减值的监管

三 并购重组审核反馈意见分析

2018 年，证监会上市公司并购重组审核委员会全年共召开 72 次会议，共计审核 140 例上市公司重大资产重组申请。其中，获得无条件通过的 69 例，有条件通过的 54 例，未通过的共 17 例，审核通过率为 87.9%（无条件通过率为 49.3%，有条件通过率为 38.6%），未通过率为 12.1%（见图 1）。

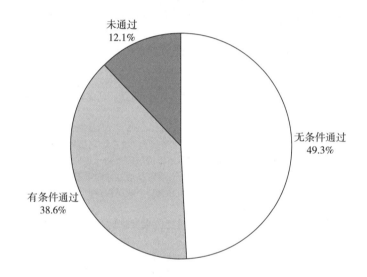

图 1 2018 年证监会并购重组委审核结果

2017 年证监会上市公司并购重组审核委员会全年共召开 76 次会议，共审核 173 例上市公司重大资产重组申请，其中获得无条件通过 97 例，有条件通过 64 例，被否 12 例，审核通过率为 93%（无条件通过率为 56%，有条件通过率为 37%），未通过率为 7%。

（一）2018年上市公司重大资产重组未过会否决理由汇总

2018 年证监会上市公司并购重组审核委员会未审核通过的上市公司重大资产重组共计 17 件，各项目方案被否决的具体原因汇总如下。

2018 年 1 月 10 日，国旅联合股份有限公司发行股份购买资产方案未获通过。并购重组委的审核意见为，申请材料对标的公司的持续盈利能力披露不充分，不符合《上市公司重大资产重组管理办法》第四十三条的规定。

2018 年 2 月 9 日，长城影视股份有限公司购买资产方案未获通过。并购重组委的审核意见为，申请材料显示，标的资产的会计核算基础薄弱，持续盈利能力具有不确定性，且重组完成后上市公司的关联交易增加，不符合《上市公司重大资产重组管理办法》第十一条和第四十三条的相关规定。

2018 年 2 月 9 日，天津中环半导体股份有限公司购买资产方案未获通过。并购重组委的审核意见为，申请材料显示，标的资产未来的持续盈利能力具有不确定性，不符合《上市公司重大资产重组管理办法》第四十三条的相关规定。

2018 年 3 月 14 日，神州数码信息服务股份有限公司发行股份购买资产方案未获通过。并购重组委的审核意见为，标的资产的预测期收入具有较大不确定性，不符合《上市公司重大资产重组管理办法》第四十三条的相关规定。

2018 年 5 月 30 日，上海沃施园艺股份有限公司发行股份购买资产方案未获通过。并购重组委的审核意见为，申请文件关于标的资产后续股权收购对上市公司控制权稳定性的影响披露不充分，不符合《上市公司重大资产重组管理办法》第十一条的相关规定；申请人前次募集资金使用情况不符合《创业板上市公司证券发行管理暂行办法》第十一条的相关规定。

2018 年 6 月 13 日，海宁中国皮革城股份有限公司发行股份购买资产方案未获通过。并购重组委的审核意见为，本次交易不符合《上市公司重大资产重组管理办法》第四条及第六条的相关规定。

2018 年 7 月 18 日，罗顿发展股份有限公司发行股份购买资产方案未获通过。并购重组委的审核意见为，标的公司未来的持续盈利能力存在不确定性，不符合《上市公司重大资产重组管理办法》第十一条及第四十三条的有关规定。

2018 年 9 月 5 日，江苏飞力达国际物流股份有限公司发行股份购买资产方案未获通过。并购重组委的审核意见为，本次交易有关标的资产委托经营安排不符合《上市公司重大资产重组管理办法》第四十三条第一款的规定。

2018 年 9 月 5 日，徐州海伦哲专用车辆股份有限公司发行股份购买资产方案未获通过。并购重组委的审核意见为，申请材料关于标的资产的持续盈利能力披露不充分，不符合《上市公司重大资产重组管理办法》第四十三条第一款的有关规定。

2018 年 9 月 26 日，神州数码集团股份有限公司发行股份购买资产方案未获通过。并购重组委的审核意见为，标的资产的持续盈利能力和合规性披露不够充分，不符合《上市公司重大资产重组管理办法》第四十三条的有关规定。

2018 年 10 月 18 日，四川浩物机电股份有限公司发行股份购买资产方案未获通过。并购重组委的审核意见为，本次交易不利于上市公司减少关联交易，避免同业竞争，不符合《上市公司重大资产重组管理办法》第四十三条的相关规定。

2018 年 10 月 25 日，中粮地产（集团）股份有限公司发行股份购买资产方案未获通过。并购重组委的审核意见为，本次交易标的资产定价的公允性缺乏合理依据，不符合《上市公司重大资产重组管理办法》第十一条的相关规定。

2018 年 10 月 31 日，成都博瑞传播股份有限公司发行股份购买资产方案未获通过。并购重组委的审核意见为，标的资产经营模式及持续盈利能力具有不确定性，不符合《上市公司重大资产重组管理办法》第四十三条的相关规定。

2018 年 12 月 18 日，深圳市远望谷信息技术股份有限公司发行股份购买资产方案未获通过。并购重组委的审核意见为，申请材料关于标的公司的预测收入及业绩实现的可持续性披露不充分，不符合《上市公司重大资产重组管理办法》第四十三条的相关规定。

2018 年 12 月 19 日，通化金马药业集团股份有限公司发行股份购买资产方案未获通过。并购重组委的审核意见为，本次交易业绩补偿承诺的可实现性及标的资产未来的盈利能力存在重大不确定性，不符合《上市公司重大资产重组管理办法》第十一条及第四十三条的相关规定。

2018年12月19日，中孚信息股份有限公司发行股份购买资产方案未获通过。并购重组委的审核意见为，标的资产股东优先购买权潜在纠纷存在重大法律风险，不符合《上市公司重大资产重组管理办法》第四十三条的相关规定。

2018年12月26日，上海润达医疗科技股份有限公司发行股份购买资产方案未获通过。并购重组委的审核意见为，申请材料关于标的公司有关改制及国有产权变动、内控和业务合规性的信息披露不充分，不符合《上市公司重大资产重组管理办法》第四条、第十一条和第四十三条的有关规定。

（二）2018年并购重组委重点关注问题分析

并购重组委进行审核的依据主要是《上市公司重大资产重组管理办法》（以下简称《管理办法》）及其他相关规定。在2018年全年17例未能通过并购重组委审核的方案中，有14例方案不符合《管理办法》第四十三条的规定，6例方案不符合《管理办法》第十一条的规定，2例方案不符合《管理办法》第四条的规定，1例方案不符合《管理办法》第六条的规定。

总体来看，2018年被否案例中不符合《管理办法》第四十三条的出现次数最多。该条款的核心内涵是要求并购重组交易有利于提高上市公司的资产质量、改善财务状况和增强持续盈利能力，有利于上市公司减少关联交易、避免同业竞争、增强独立性，即强强联合的并购重组交易才是符合监管导向的。此外，标的资产定价公允性、资产权属是否清晰、上市公司控制权稳定性以及信息披露质量等因素同样是并购重组委进行审核时的关注要点。

《上市公司重大资产重组管理办法》相关条款具体内容如表2所示。

表 2 《上市公司重大资产重组管理办法》相关条款具体内容

条款	具体内容
第四十三条	上市公司发行股份购买资产，应当符合下列规定： （一）充分说明并披露本次交易有利于提高上市公司资产质量、改善财务状况和增强持续盈利能力，有利于上市公司减少关联交易、避免同业竞争、增强独立性； （二）上市公司最近一年及一期财务会计报告被注册会计师出具无保留意见审计报告；被出具保留意见、否定意见或者无法表示意见的审计报告的，须经注册会计师专项核查确认，该保留意见、否定意见或者无法表示意见所涉及事项的重大影响已经消除或者将通过本次交易予以消除； （三）上市公司及其现任董事、高级管理人员不存在因涉嫌犯罪正被司法机关立案侦查或涉嫌违法违规正被中国证监会立案调查的情形，但是，涉嫌犯罪或违法违规的行为已经终止满 3 年，交易方案有助于消除该行为可能造成的不良后果，且不影响对相关行为人追究责任的除外； （四）充分说明并披露上市公司发行股份所购买的资产为权属清晰的经营性资产，并能在约定期限内办理完毕权属转移手续； （五）中国证监会规定的其他条件。 上市公司为促进行业的整合、转型升级，在其控制权不发生变更的情况下，可以向控股股东、实际控制人或者其控制的关联人之外的特定对象发行股份购买资产。所购买资产与现有主营业务没有显著协同效应的，应当充分说明并披露本次交易后的经营发展战略和业务管理模式，以及业务转型升级可能面临的风险和应对措施。 特定对象以现金或者资产认购上市公司非公开发行的股份后，上市公司用同一次非公开发行所募集的资金向该特定对象购买资产的，视同上市公司发行股份购买资产。
第十一条	上市公司实施重大资产重组，应当就本次交易符合下列要求作出充分说明，并予以披露： （一）符合国家产业政策和有关环境保护、土地管理、反垄断等法律和行政法规的规定； （二）不会导致上市公司不符合股票上市条件； （三）重大资产重组所涉及的资产定价公允，不存在损害上市公司和股东合法权益的情形； （四）重大资产重组所涉及的资产权属清晰，资产过户或者转移不存在法律障碍，相关债权债务处理合法； （五）有利于上市公司增强持续经营能力，不存在可能导致上市公司重组后主要资产为现金或者无具体经营业务的情形； （六）有利于上市公司在业务、资产、财务、人员、机构等方面与实际控制人及其关联人保持独立，符合中国证监会关于上市公司独立性的相关规定； （七）有利于上市公司形成或者保持健全有效的法人治理结构。
第四条	上市公司实施重大资产重组，有关各方必须及时、公平地披露或者提供信息，保证所披露或者提供信息的真实、准确、完整，不得有虚假记载、误导性陈述或者重大遗漏。

续表

条款	具体内容
第六条	为重大资产重组提供服务的证券服务机构和人员,应当遵守法律、行政法规和中国证监会的有关规定,遵循本行业公认的业务标准和道德规范,严格履行职责,对其所制作、出具文件的真实性、准确性和完整性承担责任。 　　前款规定的证券服务机构和人员,不得教唆、协助或者伙同委托人编制或者披露存在虚假记载、误导性陈述或者重大遗漏的报告、公告文件,不得从事不正当竞争,不得利用上市公司重大资产重组谋取不正当利益。

　　进一步分析,2018 年 17 例未通过并购重组委审核方案所涉及的具体问题可以大致归纳为以下几类。

　　(1) 标的资产的持续盈利能力问题。具体可细分为盈利预测缺乏合理依据、持续盈利能力不确定性以及持续盈利能力披露不充分。此项问题在并购重组委援引的否决理由中出现频次最高,达到了 8 次。

　　(2) 法律合规问题。在 2018 年并购重组委援引的否决理由中出现 4 次,沃施股份的审核意见提及前次募集资金使用情况不符合证监会部门规章的相关规定;神州数码的审核意见中提及标的资产的合规性披露不够充分;中孚信息的审核意见提及标的资产股东优先购买权潜在纠纷存在重大法律风险;润达医疗的审核意见提及标的公司有关改制及国有产权变动、内控和业务合规性的信息披露不充分。

　　(3) 关联交易问题。在 2018 年并购重组委援引的否决理由中出现 2 次,长城影视的审核意见中提及并购完成后上市公司关联交易增加;浩物股份的审核意见中提及交易不利于上市公司减少关联交易,避免同业竞争,不符合《管理办法》第四十三条的规定。

　　(4) 业绩实现问题。在 2018 年并购重组委援引的否决理由中出现 2 次,远望谷的审核意见中提及标的公司预测收入及业绩实现的可持续性披露不充分;通化金马的审核意见中提及业绩补偿承诺的可实现性存在重大不确定性。

　　(5) 标的资产定价问题。即交易标的资产定价的公允性缺乏合理依据,这项问题在并购重组委援引的否决理由中出现 1 次,中粮地产的审核意见提及交易标的资产定价的公允性缺乏合理依据。

（6）标的资产预期收入问题。该项问题在并购重组委援引的否决理由中出现 1 次，神州信息的审核意见提及标的资产预测期收入具有较大不确定性。

（7）上市公司控制权稳定性问题。该项问题在并购重组委援引的否决理由中出现 1 次，沃施股份的审核意见提及标的资产后续股权收购对上市公司控制权稳定性的影响披露不充分。

（三）高新技术产业并购重组审核情况分析

从高新技术产业并购重组的角度来看，在 2018 年并购重组审核委员会全年审核的 140 例上市公司重大资产重组申请中，高新技术产业并购重组共计 86 例，约占并购重组审核委员会全年审核申请总数的 61.43%，其中获得无条件通过的 46 例，有条件通过的 35 例，未通过 5 例，高新技术产业并购重组的总体审核通过率为 94.19%（其中无条件通过率为 53.49%，有条件通过率为 40.7%），未通过率为 5.81%。高新技术产业并购重组不仅在数量上占据了 2018 年上市公司重大资产重组申请的大部分，而且高新技术产业并购重组的审核通过率也要高于 2018 年的整体平均水平（2018 年上市公司并购重组的总体审核通过率为 87.9%，未通过率为 12.1%）。

2018 年证监会并购重组委否决的高新技术产业并购重组情况如表 3 所示。

表 3   2018 年证监会并购重组委否决的高新技术产业并购重组情况汇总

会议届次	时间	未获通过项目	否决理由
10	2 月 9 日	天津中环半导体股份有限公司（发行股份购买资产）	申请材料显示，标的资产未来持续盈利能力具有不确定性，不符合《上市公司重大资产重组管理办法》第四十三条相关规定。
25	9 月 5 日	徐州海伦哲专用车辆股份有限公司（发行股份购买资产）	申请材料关于标的资产持续盈利能力披露不充分，不符合《上市公司重大资产重组管理办法》第四十三条第一款的有关规定。

续表

会议届次	时间	未获通过项目	否决理由
49	8月24日	深圳市远望谷信息技术股份有限公司(发行股份购买资产)	申请材料关于标的公司预测收入及业绩实现的可持续性披露不充分,不符合《上市公司重大资产重组管理办法》第四十三条相关规定。
69	12月19日	中孚信息股份有限公司(发行股份购买资产)	标的资产股东优先购买权潜在纠纷存在重大法律风险,不符合《上市公司重大资产重组管理办法》第四十三条相关规定。
70	12月26日	上海润达医疗科技股份有限公司(发行股份购买资产)	申请材料关于标的公司有关改制及国有产权变动、内控和业务合规性的信息披露不充分,不符合《上市公司重大资产重组管理办法》第四条、第十一条和第四十三条有关规定。

2018年证监会并购重组委有条件通过的高新技术产业并购重组情况汇总见表4。

表4 2018年证监会并购重组委有条件通过的高新技术产业并购重组情况汇总

会议届次	时间	有条件通过项目	审核意见
1	1月4日	木林森股份有限公司(发行股份购买资产)	请申请人补充披露标的资产对重组费用计提的充分性及对上市公司未来业绩的影响。
4	1月17日	义乌华鼎锦纶股份有限公司(发行股份购买资产)	请申请人进一步说明对以第三方名义开设店铺情况的风险控制措施。请申请人进一步论证募集配套资金的必要性。
5	1月24日	华灿光电股份有限公司(发行股份购买资产)	请申请人进一步说明和谐芯光由光控浦益实际控制且与NSL、JingtianI及其一致行动人之间不构成一致行动关系的依据,并补充披露IDG资本旗下人民币基金与IDG资本旗下美元基金在人员、管理、决策等方面是否存在关联关系或一致行动关系。
8	2月1日	东方电子股份有限公司(发行股份购买资产)	请申请人进一步说明本次重组后相关方对有关上市公司控制权稳定性所采取的措施是否充分与合理。
9	2月8日	上海康达化工新材料股份有限公司(发行股份购买资产)	请申请人进一步说明募集配套资金的必要性及合规性。
14	3月21日	江苏金通灵流体机械科技股份有限公司(发行股份购买资产)	请申请人补充说明在收益法评估和业绩承诺中考虑本次交易募投项目产生收益的合理性。

续表

会议届次	时间	有条件通过项目	审核意见
14	3月21日	山东国瓷功能材料股份有限公司（发行股份购买资产）	请申请人进一步说明本次交易募集配套资金的必要性与合理性。
19	4月17日	四川中光防雷科技股份有限公司（发行股份购买资产）	请申请人补充披露标的资产控股股东借款在预测期是否存续及筹资成本对标的资产净利润的影响。
21	4月17日	成都前锋电子股份有限公司（发行股份购买资产）	请申请人结合上市公司和标的资产现有货币资金情况、筹资能力和资金用途等，补充披露本次交易募集配套资金的必要性。
23	5月3日	无锡隆盛科技股份有限公司（发行股份购买资产）	请申请人进一步说明本次募集配套资金合规性和必要性的依据。
25	5月23日	南京新街口百货商店股份有限公司（发行股份购买资产）	请申请人进一步补充披露募投项目的审批风险和实施风险，以及对募投项目的影响。
27	6月6日	中源协和细胞基因工程股份有限公司（发行股份购买资产）	请申请人结合近年来相关资本运作情况，补充披露上市公司发展战略，以及本次并购后进一步加强业务整合能力和完善内控管理的具体措施。
29	6月27日	江苏吴江中国东方丝绸市场股份有限公司（发行股份购买资产）	请申请人补充披露标的资产排污许可证的办毕情况。请申请人补充核查并披露实际控制人投资持股香港百思特是否符合个人外汇管理规定。
31	6月27日	北京光环新网科技股份有限公司（发行股份购买资产）	请申请人补充说明云创投资在本次交易中取得的上市公司股份锁定期安排是否合理合规。请申请人补充说明北京百汇达投资管理有限公司和霍尔果斯百汇达股权投资管理合伙企业（有限合伙）之间的法律关系，标的公司历次股权转让的合规性，及其对本次交易的影响。
33	7月5日	肇庆华锋电子铝箔股份有限公司（发行股份购买资产）	请申请人进一步披露本次交易募集配套资金的必要性。请申请人补充披露国家新能源汽车相关政策对标的资产持续经营能力的影响。
35	7月13日	茂业通信网络股份有限公司（发行股份购买资产）	请申请人进一步明确资产认购股份的锁定期安排。
41	8月29日	北京海兰信数据科技股份有限公司（发行股份购买资产）	请申请人结合报告期及2018年1~8月收入实现情况等因素，说明标的公司主要资产持续盈利能力及预期业绩可实现。

会议届次	时间	有条件通过项目	审核意见
41	8月29日	深圳市超频三科技股份有限公司（发行股份购买资产）	请申请人补充说明标的公司报告期内和预测期保持较高毛利率的合理性。请申请人补充说明标的公司历史上所涉股权代持安排的法律风险及是否存在潜在的权属纠纷。
43	9月12日	博天环境集团股份有限公司（发行股份购买资产）	请申请人结合标的资产核心竞争力、核心人员稳定性等进一步说明估值水平的合理性及经营业绩的可持续性。请申请人说明标的资产业绩承诺金额设定依据的合理性。
44	9月21日	中国天楹股份有限公司（发行股份购买资产）	请申请人补充披露标的公司下属公司Firion和ACS签订的收购Urbaser100%股权递延付款和或有支付计划情况及相关资金来源。请申请人补充披露Urbaser子公司与英国Essex County Council诉讼的进展情况和对Urbaser子公司持续经营能力的影响。
46	10月8日	上海城地建设股份有限公司（发行股份购买资产）	请申请人进一步说明上市公司整合管控标的资产的潜在风险及应对措施。请申请人进一步说明标的公司预测业绩的可实现性及上市公司新增商誉的合理性。
46	10月8日	北京钢研高纳科技股份有限公司（发行股份购买资产）	请申请人补充披露本次交易完成后上市公司新增商誉金额的合理性。
47	10月9日	深圳赤湾港航股份有限公司（发行股份购买资产）	请申请人补充披露本次交易完成后上市公司治理安排，以及就降低标的资产占上市公司净资产、净利润比重的承诺和拟采取的措施。
49	10月24日	盈峰环境科技集团股份有限公司（发行股份购买资产）	请申请人结合有关交易对手股份质押情况，进一步说明并补充披露保障本次交易业绩补偿承诺的具体措施。
50	10月25日	北京辰安科技股份有限公司（发行股份购买资产）	请申请人结合目前智慧消防业务开展情况，进一步说明标的资产业绩承诺的可实现性。
52	10月29日	河南思维自动化设备股份有限公司（发行股份购买资产）	请申请人补充披露上市公司在备考合并报表中对于本次交易分步实现企业合并相关会计处理的合规性。
53	10月31日	北京兆易创新科技股份有限公司（发行股份购买资产）	请申请人进一步说明专利未决诉讼事项对标的资产经营的相关影响;请申请人进一步补充说明标的企业利润承诺的合理性及可实现性。

续表

会议届次	时间	有条件通过项目	审核意见
56	11月7日	广东星徽精密制造股份有限公司（发行股份购买资产）	请申请人进一步说明业绩承诺的可实现性，以及交易完成后上市公司对标的资产的具体管控措施。
57	11月8日	利达光电股份有限公司（发行股份购买资产）	请申请人按照《公开发行证券的公司信息披露内容与格式准则第26号——上市公司重大资产重组》相关规定，补充披露南阳川光电力科技有限公司相关信息。
60	11月27日	浙江三维橡胶制品股份有限公司（发行股份购买资产）	请申请人补充披露标的资产沃驰科技的行业竞争优势，并结合最新财务数据说明盈利预测的可实现性。
63	11月29日	立昂技术股份有限公司（发行股份购买资产）	标的公司2005～2016年期间持续存在股东超200人情况，请独立财务顾问及律师进一步核查，并对是否构成重大违法违规发表明确意见。
66	12月6日	星期六股份有限公司（发行股份购买资产）	请申请人进一步说明上市公司对标的资产的整合和管控风险及应对措施；请申请人进一步披露大股东股份质押借款的具体情况以及上市公司实际控制人变化的风险和对策；请申请人进一步说明标的公司商誉确认时客户关系和合同关系未认定为无形资产的依据。
66	12月6日	京蓝科技股份有限公司（发行股份购买资产）	请申请人补充披露本次交易完成后上市公司对标的公司的管控能力及存在的风险；请申请人补充披露上市公司实际控制人股份质押的最新情况及是否存在平仓风险。
67	12月11日	四川天一科技股份有限公司（发行股份购买资产）	请申请人补充说明标的资产对政府补助的依赖情况以及未来的可持续性；请申请人补充说明将部分盈利能力较差的标的资产一并注入上市公司的必要性。
69	12月19日	石家庄通合电子科技股份有限公司	请申请人结合标的资产经营历史和实际情况，进一步披露经营性现金流预测的依据及合理性。

图书在版编目（CIP）数据

中国高新技术产业并购发展报告. 2019 / 王雪松等
著. -- 北京：社会科学文献出版社，2020.4
　（新经济研究丛书）
　ISBN 978 - 7 - 5201 - 5909 - 8

　Ⅰ.①中⋯　Ⅱ.①王⋯　Ⅲ.①高技术产业 - 企业兼并
- 研究报告 - 中国 - 2019　Ⅳ.①F279. 244. 4

　中国版本图书馆 CIP 数据核字（2019）第 289178 号

新经济研究丛书
中国高新技术产业并购发展报告（2019）

著　　者／王雪松 等

出 版 人／谢寿光
组稿编辑／恽　薇　王楠楠
责任编辑／王楠楠
文稿编辑／李肖肖

出　　版／社会科学文献出版社·经济与管理分社（010）59367226
　　　　　地址：北京市北三环中路甲 29 号院华龙大厦　邮编：100029
　　　　　网址：www. ssap. com. cn
发　　行／市场营销中心（010）59367081　59367083
印　　装／三河市东方印刷有限公司

规　　格／开　本：787mm×1092mm　1/16
　　　　　印　张：20　字　数：304 千字
版　　次／2020 年 4 月第 1 版　2020 年 4 月第 1 次印刷
书　　号／ISBN 978 - 7 - 5201 - 5909 - 8
定　　价／98. 00 元